한국인이 자주 틀리는
중국어 문법
오류 분석

한국인이 자주 틀리는

중국어 문법
오류 분석

杨德峰 · 姚骏 지음

심소희 · 김태은 · 박지영 · 이소림 · 김지영 옮김

한국문화사

한국과 중국은 지정학적으로 인접해 있지만 상반되는 언어 특징을 가지고 있다. 중국어는 SVO를 기본어순으로 하며, 대표적인 고립어(isolating language)로서 형태표지가 아닌 어순에 의해 문법관계가 표현된다. 반면 한국어는 SOV를 기본어순으로 하며 대표적인 교착어(agglutinative language)로서 다양한 격조사를 통해 문법관계를 표현한다. 따라서 중국어와 달리 한국어는 어순이 바뀌어도 문장의 기본 의미가 변하지 않는다. 예를 들어 '그가 너를 사랑한다'와 '너를 그가 사랑한다'는 어순이 달라도 의미가 서로 통하지만, '他爱你 그가 너를 사랑한다'와 '你爱他 너는 그를 사랑한다'는 어순이 달라짐에 따라 의미도 달라진다.

한국인 중국어 학습자들은 한국어의 이러한 언어 유형적 특징 때문에 문법적 관계가 주로 어순에 의해 엄밀하게 표현되는 중국어의 특징을 제대로 인지하기 어려울 수 있다. 그뿐만 아니라 한국어는 후치사 언어인 반면에 중국어는 전치사 언어이다. 대표적으로 중국어는 부정법 및 화자의 의도나 판단을 나타내는 핵심 성분이 모두 동사의 앞쪽에 출현하지만, 한국어의 경우 핵심 성분이 동사의 뒤쪽에 위치한다. 이러한 언어적 차이점 때문에 중국어 문장을 배열 순서대로 번역하면 한국어 자체에 문제가 없다고 하더라도 원래의 의미를 온전하게 전달하지 못하게 될 수도 있다. 예를 들어 "好好听着, 甭说话!"의 문장을 "잘 듣기만 하고 말은 하지 마라."라고 해석할 수 있지만, 순서를 바꾸어 "말하지 말고 잘 듣기나 해라."로 해석하는 것이 더 자연스럽고 정확한 번역이다.

이러한 예들을 보더라도 한국어와 중국어는 공통점보다는 차이점이 더 많다. 설령 한국어 어휘의 약 70%가 한자어로 구성되어 한국인 중국어 학습자들이 중국어 단어의 의미를 비교적 수월하게 인지할 수 있다고 하더라도, 중국어 단어를 어순에 맞게 배열하여 문장을 구성함에 있어 모어의 부정적인 간섭은 난공불락의 오류 발생의 주요 원인이 된다. 이러한 상황에서 한국인 중국어 학습자들에게 중국어의 개별 특징만을 열거한 이론 중심의 문법서보다는 한국어와 중국어의 특징을 대조 분석하여 두 언어 사이의 공통점과 차이점을 기술한 한국인 맞춤식의 중국어 문법서가 효과적일 것이다.

본서의 역자들은 2014년 한국연구재단의 글로벌연구네트워크(GRN) 사업에 선정된 <한국인 학습자를 위한 중국어 결합관계 연구(A study of the Chinese collocation for Korean learners)> 프로젝트를 수행하면서 현대 중국어 단어의 결합관계 양상에 대해 진지한 탐색을 해왔다. 중국어 어휘 간의 결합에 있어 한국인 학습자들이 범하는 오류의 형태에 초점을 맞추어 어휘에서 통사로 연구 범위를 확대시켜 논의를 진행하던 중 2016년에 간행된『한국인이 자주 틀리는 중국어 문법 오류 분석(韩国人学汉语常见语法错误释疑)』을 만난 것은 진정 행운이었다.

베이징대학교 대외한어교육대학의 杨德峰, 姚骏 교수는 다년간 한국인 학습자의 작문 자료를 수집하여 <한국인 중국어 학습자 중간언어 코퍼스(韩国学生汉语中介语语料库)>를 구축하였다. 이를 기반으로 한국인 학습자에게서 자주 출현하는 문법 오류를 단어, 문장성분, 문형, 단락 등 네 부분으로 나누어 기술하고, 그 원인을 심도 있게 분석하였다. 기존의 문법 오류 연구는 한국인 학습자들의 오류 현상과 유형을 분류하는 데에만 주력하였지만, 본서는 오류가 발생하는 근본적인 원인에 대해 중점적으로 분석하여 학습자들이 유사한 오류를 반복하여 범하지 않도록 하였으니, 참으로 시의적절한 중국어 문법서가 아닐 수 없다.

본 프로젝트팀은 원서가 출간되자마자 바로 번역작업에 들어갔으나 2017년 끝자락에야 마무리 짓게 된 것은 의외의 복병을 만났기 때문이다. 그것은 다름 아닌 베이징대학교에서 수집한 학습자 오류 데이터가 남북한 중국어 학습자를 모두 포괄하고 있다는 것이었다. 본 프로젝트팀은 저자의 동의를 얻어서 번역 과정 중에 생경하고 이질적인 '북한식' 표현은 정리하고 '대한민국식' 언어를 기반으로 재편집하고 수정하는 작업을 진행하였다. 이러한 과정에서 남북한 단절 60년의 언어 차이 또한 체감할 수 있었다.

　본서는 한국인 중국어 학습자들의 방대한 오류 데이터를 포괄적으로 수집하고, 한중 언어 대조라는 시각에서 중국어 문법 전반에 걸쳐 오류의 원인을 생생하게 밝힌 秀作이다. 그러한 의미에서 본서가 한국에서 출판되는 중국어 문법서의 전환점이 될 것이라는 기대와 함께 향후 한국에서 이루어지는 중국어 교육에 이바지할 수 있기를 소망한다.

2017년도 마지막 달력을 넘기면서
역자 일동

『한국인이 자주 틀리는 중국어 문법 오류 분석(韩国人学汉语常见语法错误释疑)』은 필자와 베이징대학교의 姚骏 박사가 함께 구축한 <한국인 중국어 학습자 중간언어 코퍼스(韩国学生汉语中介语语料库)>를 토대로 한국인 학습자의 중국어 문법 오류를 단어, 문장성분, 문형, 단락으로 나누어 정리하고, 각각의 대표 오류를 제시 및 설명하고 있다. 특히 학습자들이 유사한 오류를 반복하여 범하지 않도록 오류가 발생하는 근본적인 원인에 대해 중점적으로 분석하였다.

이 책의 특징은 다음과 같다.

첫째, 개별 단어의 사용에서 발생하는 오류뿐만 아니라 문장성분, 문형 및 단락의 구성에서 자주 발견되는 오류에 대해서도 전면적이고 체계적으로 정리, 분석하였다.

둘째, 풍부하고 실제적인 예문을 통해 한국인 학습자의 문법 오류를 분석하였다. 해당 예문들은 모두 학습자의 구두 자료와 작문을 통해 수집된 것으로 독자들이 충분히 공감하고 주의를 기울일 수 있게 하였다.

셋째, 각각의 항목에 대한 정확한 용법을 익힐 수 있도록 오류문과 정문을 함께 제시하였다.

넷째, 다양한 독자들의 요구를 만족시키기 위하여 참고 항목을 마련하였다. 참고에서는 문법 항목의 용법을 보다 자세하고 심도 있게 풀이하였으며, 이를 통해 독자들이 문법 지식을 폭넓게 익힐 수 있도록 하였다.

이 책을 통하여 한국 학습자들이 더 이상 동일한 유형의 오류를 범하지 않기를 바라며, 또한 오류에 대해서도 원인을 찾아내어 학습 효율과 중국어 실력을 다질 수 있기를 바란다. 이 책은 중국어를 전공하는 학부생과 대학원

생은 물론 중국어를 공부하는 모든 학습자가 참고하기에 적절하며, 중국어 교육에 종사하는 교사에게도 충분한 참고 가치가 있을 것이라 생각한다.

　이 책에 깊은 관심을 가지고 한국어 번역본의 출간을 위해 힘써주신 이화여자대학교의 심소희 교수 프로젝트팀 모두에게 깊은 감사를 드린다. 이분들의 중국어 교육과 번역에 대한 풍부한 경험이 분명 이 책을 더욱 빛나게 해줄 수 있을 것으로 기대한다.

2017년 12월 6일

杨德峰

개혁개방 이래 중국의 경제가 급속히 발전하면서 전 세계에 중국어 학습 열풍이 불고 있다. 특히 중국과 가장 가까운 이웃나라인 한국에서의 중국어 학습자 수는 나날이 급증하는 추세이며, 중국내 유학생 중에서도 한국인 유학생이 가장 많은 수를 차지하고 있다.

한국과 중국은 동일한 한자문화권에 속하기 때문에 어휘 방면에서 상당히 유사한 점이 있지만, 서로 다른 어족에 속하는 관계로 문법적인 측면에서는 큰 차이를 보인다. 두 언어 간의 이러한 공통점과 차이점은 한국인 학습자가 중국어를 습득하는 과정에서 긍정적인 영향을 끼치기도 하고 부정적인 영향을 끼치기도 한다. 특히 한국어 문법 규칙을 중국어에 그대로 반영하는 것은 오류 발생의 주요 원인이 되기도 한다.

현재까지 한국인 학습자의 중국어 오류 분석에 대한 연구 성과는 적지 않으며, 연구 영역 또한 음운, 어휘, 한자, 문법에 이르기까지 대단히 광범위하게 진행되어 왔다. 이러한 연구 성과가 한국인 학습자를 위한 중국어 교육 및 교재 편찬에 긍정적인 영향을 미쳤음은 의심할 여지가 없다. 그러나 여전히 연구에 미흡한 부분이 있으며, 특히 아래의 다섯 가지 방면에서 한계점을 지닌다.

첫째, 음운, 어휘, 한자, 문법 등 다방면에서 연구가 이루어지고는 있지만 대체로 문법 연구에 편중되어 있다. 문법 연구 역시 일부 단어나 특수 구문 연구에 집중되어 있으며, 단락 방면에 대한 연구는 대단히 부족한 실정이다.

둘째, 중국어 문법의 특정 항목이나 현상만을 집중적으로 다루고 있다. 즉, 한국인 학습자가 범하는 문법 오류에 대한 체계적인 연구나 분석이 이루어지고 있다고 보기 어렵다. 그저 나무만 보고 있을 뿐 숲은 보지 못하고 있는 것이다.

셋째, 현상을 기술한 것은 많으나 분석은 부족하다. 기존의 문법 오류 연구는 한국인 학습자의 문법 오류 현상을 기술하고 오류의 유형을 분류하는데 주력하였고, 오류의 원인에 대한 분석이나 언어 간의 대조 연구에는 상대적으로 소홀하였다. 그 결과, 문제의 핵심인 오류의 근본적인 원인을 밝히지 못했다. 즉 한국인 학습자에게서 자주 발견되는 오류들을 제시하고는 있지만 왜 그러한 오류가 발생되는지 파악하지 못했기 때문에 오류가 반복적으로 발생하는 것을 방지하지 못한 것이다.

넷째, 한국인 학습자가 쉽게 혼동하는 중국어 문법 항목에 대한 명확한 분석이나 설명이 부족하다. 이 때문에 한국인 학습자가 비슷한 문법 항목들 간의 차이점을 제대로 파악하지 못하여 이들을 혼용하는 오류가 자주 발생한다.

다섯째, 언어 자료가 부족하여 연구 결과를 신뢰하기 어렵다. 현재까지 진행된 연구들은 대부분 그 언어 자료가 제한적이며 동질성이 부족하기 때문에 연구 결과를 완벽히 신뢰하기 어렵다. 이러한 점은 중국어 오류 분석 연구의 발전 여지가 많음을 역설하고 있다.

한국인 학습자들의 중국어 문법 오류에 대한 체계적인 분석을 위해 우리는 베이징대학교 대외한어교육대학에서 개발한 <한국인 중국어 학습자 중간언어 코퍼스(韩国学生汉语中介语语料库)> 자료를 토대로 한국인 학습자에게서 자주 출현하는 중국어 문법 오류를 단어, 문장성분, 문형과 단락 등 네 부분으로 나누어 분석을 진행하였으며, 대표적인 오류 유형에 대한 상세한 기술과 분석 하에 오류의 발생 원인을 찾아내는 데 주력하였다. 부디 우리의 분석이 한국인 학습자에게 발견되는 문법 오류의 원인을 이해하고, 나아가 중국어 문법 습득에 도움이 되기를 희망한다.

이 책의 저자가 한국어에 능통하고 한국인 학습자에 대한 이해도도 높지만 학습자의 문법 오류는 매우 복잡한 심리 과정을 통해 도출되는 것이므로 우리의 오류 분석에 부족한 부분이 존재할 수도 있을 것이다. 그러나 우리는 이 책이 한국인 학습자가 중국어 문법 항목을 학습하는데 도움을 줄 수 있을 뿐 아니라 한국인 학습자들을 위한 중국어 교육과 교재 편찬에도 가치 있는 참고 자료가 될 수 있을 것으로 믿는다.

이 책의 출판을 위해 큰 도움을 주신 상무인서관(商务印书馆) 세계중국어 교육 연구센터의 袁舫 주임, 귀한 의견을 주신 원고 감수자, 세심한 교정 작업을 해주신 책임편집자 刘婷婷 선생, 언어 자료 수집과 정리 작업을 도와준 杨德峰 교수의 박사연구생 宋璟瑶、葛锴桢、王森、姚骏 교수의 석사연구생 모두에게 지면을 통해 깊은 감사의 뜻을 전하고자 한다.

杨德峰

‖ 차례 ‖

제1장 품사별 주요 오류 유형

제2장 문장 성분별 주요 오류 유형

제3장 구문별 주요 오류 유형

제4장 단락에서의 주요 오류 유형

제1장 품사별 주요 오류 유형

제1절 명사의 주요 오류 유형

1. 한자어 명사로 대체한 오류

(1) 时候를 时로 잘못 사용한 경우

예문

오류문:[1]

① *老王回到家的**时**，全身发抖得更厉害。

② *找对象的**时**一定要有眼光。

③ *我的同屋做作业的**时**，经常听音乐。

④ *他小的**时**，爸爸妈妈就离婚了。

정문:

⑤ 老王回到家的**时候**，全身发抖得更厉害了。
　　라오왕이 집에 돌아왔을 때 온몸이 더 심하게 떨리고 있었다.

⑥ 找对象的**时候**一定要有眼光。
　　결혼대상을 찾을 때는 반드시 안목이 있어야 한다.

⑦ 我的同屋做作业的**时候**，经常听音乐。
　　내 룸메이트는 숙제를 할 때 음악을 자주 듣는다.

⑧ 他小的**时候**，爸爸妈妈就离婚了。
　　그가 어렸을 때 아버지와 어머니는 이혼을 하셨다.

---

[1] 이 책에서 문법적으로 성립하지 않는 문장은 '*'로 표시한다.

중국어의 时는 관형어의 수식을 받을 때 的를 사용하지 않지만, 时候는 반드시 的를 사용해야 한다. 예문①-④는 모두 时 앞에 的를 사용하고 있으므로 时 대신 时候를 사용해야 바른 문장이 된다. 중국어의 时와 时候는 모두 한국어의 '-(으)ㄹ 때'로 대응되지만, 그 용법에서 차이가 존재한다. 학습자들이 이러한 차이를 구분하지 못하여 위와 같은 오류가 자주 발생한다.

보충설명 1 时와 时候의 차이

1. 동사(구)가 时候를 수식할 때는 的를 사용해야 하지만, 时를 수식할 때는 的를 사용하지 않는다.

   ① 上课的时候不能吃东西。 / 上课时不能吃东西。

   　수업할 때 음식을 먹으면 안 된다.

   ② 考试的时候不许看书。 / 考试时不许看书。

   　시험 볼 때 책을 봐서는 안 된다.

2. 형용사는 的를 사용하여 时候를 수식할 수 있지만, 일반적으로 时를 수식하지는 않는다.

   ① 热的时候把毛衣脱掉。

   　*热时把毛衣脱掉。

   　더울 때는 스웨터를 벗어라.

   ② 这部手机现在太贵了，便宜的时候咱们再买吧。

   　*这部手机现在太贵了，便宜时咱们再买吧。

   　이 핸드폰은 지금 너무 비싸니, 쌀 때 사자.

3. 时候는 当, 在와 함께 부사어로 쓰일 수 있지만, 时는 当, 在와 함께 쓰이지 않는다.

   ① 当大家都在家里休息的时候，他还在办公室里工作。

   　*当大家都在家里休息的时，他还在办公室里工作。

   　모두가 집에서 쉬고 있을 때, 그는 여전히 사무실에서 일을 한다.

② 在这种**时候**, 最好不要出去。

*在这种**时**, 最好不要出去。

이런 때에는 나가지 않는 것이 가장 좋다.

4. 时候는 문어와 구어에서 모두 쓰이지만, 时는 주로 문어에서 쓰인다.

(2) 里, 里面을 内里, 内面으로 잘못 사용한 경우

예문

오류문:

① *爱迪生不是班**内里**优秀的孩子。

② *图书馆**内里**有很多人在学习。

③ ***内面**有一个球, 还有两个网球拍。

④ *你在**内面**, 我在外面。

정문:

⑤ 爱迪生不是班**里**优秀的孩子。

에디슨은 반에서 우수한 아이는 아니었다.

⑥ 图书馆**里**有很多人在学习。

도서관에서 많은 사람들이 공부를 하고 있다.

⑦ **里面**有一个球, 还有两个网球拍。

안에는 공 한 개와 테니스 라켓 두 개가 있다.

⑧ 你在**里面**, 我在外面。

너는 안에 있고 나는 밖에 있다.

분석

예문①-④의 内里, 内面 등의 표현은 중국어에 존재하지 않으므로 이를
각각 里, 里面으로 고쳐야 바른 문장이 된다. '건물 안(建筑物里)', '한
시간 안(一小时内)'과 같이 중국어의 里와 内는 모두 한국어의 '안'으
로 대응될 수 있다. 즉 한국어에서는 里와 内를 구분하지 않는 경우가
있기 때문에 학습자들에게서 里와 内의 혼용 오류가 자주 나타나며, 심

지어 *內里, *內面과 같이 里와 內, 內와 面을 중복하여 사용하는 오류도 발견된다.

(3) 热水를 汤, 温汤으로 잘못 사용한 경우

예문

오류문:

① *他赶紧从游泳池里爬上来，马上泡在**汤**里。
② *洗澡池子里的**汤**有点儿脏了。
③ *他直到躺在**温汤**里才放心。
④ *昨天我洗澡的时候，**温汤**突然没有了。

정문:

⑤ 他赶紧从游泳池里爬上来，马上泡在**热水**里。
그는 수영장에서 재빨리 나와 곧바로 뜨거운 물에 몸을 담갔다.
⑥ 洗澡池子里的**热水**有点儿脏了。
욕조 안의 뜨거운 물이 좀 더러워졌다.
⑦ 他直到躺在**热水**里才放心。
그는 뜨거운 물에 몸을 누이고 나서야 안심했다.
⑧ 昨天我洗澡的时候，**热水**突然没有了。
어제 내가 목욕할 때, 뜨거운 물이 갑자기 나오지 않았다.

분석

중국어의 汤은 '뜨거운 물, 끓는 물'이란 뜻을 나타내기도 하지만, 주로 赴汤蹈火 뜨거운 물에 뛰어들고 타는 불을 밟다(물불을 가리지 않다), 见不善如探汤 선하지 않은 것을 보면 끓는 물을 더듬는 것과 같이 하라 와 같은 성어(成語)나 고문(古文)에서 쓰인다. 예문①, ②는 성어나 고문이 아니므로 汤 대신 热水를 사용해야 바른 표현이 된다. 예문③, ④의 温汤 역시 현대 중국어에서 상용되지 않는 말이므로 温汤 대신 热水를 사용해야 한다. 한국어에서 뜨거운 물이나 뜨거운 물이 담긴 탕을 온탕(溫湯)이라 하는 경우가 있기 때문에, 학습자가 汤 또는 温汤을 사용하여 중국어의 热水를 대신하는 오류가 발생한다.

(4) 男人을 男子, 男性으로 잘못 사용한 경우

예문

오류문:

① *有个**男子**一直看着我。

② *你不是**男子**吗？

③ *一个**男性**突然从水里出来注视着王老师。

④ *在一个晚会上，我朋友认识了那个**男性**。

정문:

⑤ 有个**男人**一直看着我。

어떤 남자가 계속 나를 쳐다보고 있다.

⑥ 你不是**男人**吗？

너는 남자가 아니냐?

⑦ 一个**男人**突然从水里出来注视着王老师。

한 남자가 갑자기 물에서 나와 왕 선생님을 주시하고 있다.

⑧ 在一个晚会上，我朋友认识了那个**男人**。

한 연회에서 내 친구는 그 남자를 알게 되었다.

분석

중국어의 男子도 한국어에서처럼 남자를 의미하지만, 주로 스포츠 경기와 같이 공식적으로 성별을 구분해야 하는 상황에서 사용되며 목적어로는 쓰이지 않는다는 특징이 있다. 따라서 예문①, ②의 男子는 모두 男人으로 고쳐야 바른 문장이 된다. 그리고 男性은 성별을 나타낼 때 사용하며, 그 앞에 수량성분을 사용할 수 없다. 따라서 예문③, ④의 *一个男性, *那个男性은 틀린 표현이며, 男性 대신 男人을 사용해야 한다. 중국어의 男人이 한국어에서 남자(男子) 또는 남성(男性)으로 대응될 수 있기 때문에, 男人 대신 男子나 男性을 사용하는 오류가 자주 발생한다.

男子, 男性, 男人의 차이

1. 男子는 남자(≠女子), 男性은 성별(≠女性), 男人은 성인 남자(≠女人)를 가리킨다.

 ① **男子**比女子力气大。

   남자가 여자보다 힘이 세다.

 ② **男性**现在好找工作，女性不好找。

   남성은 현재 쉽게 일자리를 얻지만 여성은 그렇지 않다.

 ③ 你已经二十岁了，是一个**男人**了，怎么动不动就哭呢？

   너는 스무 살이나 되었고 이제 성인(남자)인데 왜 걸핏하면 우니?

2. 男子는 스포츠 경기에서 많이 사용된다.

   男子200米 남자 200미터　　　**男子**體操 남자 체조　　　**男子**足球 남자 축구

3. 男性은 문어에서, 男人은 구어에서 쓰인다.

(5) 女人을 女性으로 잘못 사용한 경우

예문

오류문:

 ① *这种**女性**怎么可能当首相呢？
 ② *我不喜欢那样的**女性**。
 ③ *日本人残忍的行为被当时做安慰妇的**女性**揭露了。
 ④ *朋友和一个中国**女性**结婚了。

정문:

 ⑤ 这种**女人**怎么可能当首相呢？

   이런 여성이 어떻게 수상이 될 수가 있지?

 ⑥ 我不喜欢那样的**女人**。

   나는 저런 여성을 좋아하지 않는다.

 ⑦ 日本人残忍的行为被当时做安慰妇的**女人**揭露了。

   일본인의 잔인한 행위는 당시의 위안부 여성들에 의해 밝혀졌다.

⑧ 朋友和一个中国**女人**结婚了。

친구가 한 중국 여성과 결혼했다.

분석

성별을 지칭하는 女性은 女性朋友 성별이 여자인 친구, 女性总统 여성 대통령, 女性社区 여성 공간 등과 같이 다른 명사를 직접 수식할 뿐, 중심어로는 쓰이지 않는 것이 특징이다. 예문①-④의 女性은 모두 다른 성분들의 수식을 받는 중심어로 쓰이고 있으므로 바른 표현이 아니며, 이때는 女性 대신 女人을 사용해야 한다. 중국어의 女人은 한국어에서 여성(女性)으로 대응되는 경우가 많기 때문에 학습자들이 女人 대신 女性을 자주 사용하여 오류가 발생한다.

보충설명 3 **女性과 女人의 차이**

1. 女性은 성별(≠男性), 女人은 성인 여자(≠男人)를 가리킨다.
   ① 我们班的同学大部分是**女性**。

   우리 반 학생들은 대부분 여성이다.

   ② 男人能做到的事情，**女人**也能够做到。

   남자가 할 수 있는 일은 여자도 충분히 할 수 있다.

2. 女性은 주로 문어에서 사용되며 주어, 목적어, 관형어로 쓰일 수 있다.
   ① **女性**也应有丰富多彩的生活。

   여성도 마땅히 다양하고 다채로운 생활을 누려야 한다.

   ② 绅士通常很尊重**女性**。

   신사는 보통 여성을 존중한다.

   ③ 他有一些**女性**朋友。

   그는 여자 친구(성별이 여자인 친구)들이 좀 있다.

3. 女人은 주로 구어에서 사용되며 주어, 목적어, 관형어로 쓰일 수 있다.
   ① **女人**不但要工作，还要做家务，所以比男人辛苦。

   여자는 일도 해야 하고, 집안일도 해야 하기 때문에 남자보다 힘들다.

2. 时间, 时候를 期间으로 대체한 오류

예문

오류문:

① *冬天**期间**，人岂能在外边游泳？

② *吃饭**期间**，不要说话。

③ *可以长**期间**借给韩国。

④ *我在那里住了一年的**期间**。

정문:

⑤ 冬天的**时候**，人岂能在外边游泳？

　　겨울에 사람이 어떻게 밖에서 수영을 할 수 있겠니?

⑥ 吃饭的**时候**，不要说话。

　　밥 먹을 때에는 이야기하지 마라.

⑦ 可以长**时间**借给韩国。

　　장기간 한국에 빌려줄 수 있다.

⑧ 我在那里住了一年的**时间**。

　　나는 거기에서 일 년 동안 살았다.

분석

　　중국어에서 *冬天期间, *吃饭期间과 같은 표현은 존재하지 않는다. 따라서 예문①, ②는 期间 대신 时候를 사용하고, 그 앞에 的를 첨가해야 바른 문장이 된다. 예문③, ④의 长, 一年 등도 期间을 수식할 수 없으며, 이때는 期间이 아닌 时间을 사용해야 한다. 이와 같은 오류가 발생하는 원인으로 우선 모국어의 영향을 들 수 있다. 예를 들어 예문⑤의 冬天的时候, 예문⑦의 长时间은 한국어로 겨울 기간(期间), 장기간(期

間)으로 해석할 수 있기 때문에 학습자들이 时候와 时间 대신 期间을 사용하는 오류가 자주 발생한다. 둘째로 중국어의 영향을 들 수 있다. 중국어의 期间, 时候, 时间은 모두 일정 기간을 나타낼 수 있기 때문에 그 용법 차이를 구분하지 못하고 혼용하는 경우가 많다.

보충설명 4　期间, 时间, 时候의 차이

1. 期间은 일정 기간 내(内)를 나타내는 반면, 时间과 时候는 시작과 끝이 있는 일정 기간뿐만 아니라 일정 시점도 나타낼 수 있다.
   ① 战争**期间**实行灯火管制。
      전쟁 기간에는 등화관제를 실시한다.
   ② 这次考试需要多长**时间**?
      이번 시험은 시간이 얼마나 걸립니까?
   ③ 你什么**时候**离开?
      너는 언제 떠나니?

2. 期间은 일정 기간 내(内)를 강조한다. 단독으로 주어나 목적어로 쓰이지 않으며, 앞에 명사성 성분의 수식을 받아야 한다.
   春节**期间**　춘절(음력 설) 기간　　大学**期间**　대학교 재학 기간
   实习**期间**　실습 기간

3. 时候는 단독으로 주어나 목적어로 쓰이지 않는 것이 일반적이며, 앞에 수식어가 있는 경우가 많다.
   ① 什么**时候**出发?
      언제 출발합니까?
   ② 开车的**时候**不能使用手机。
      운전할 때 핸드폰을 사용하면 안 된다.

4. 时间은 단독으로 주어나 목적어로 쓰일 수 있다.
   ① **时间**定下来了吗?
      시간은 정해졌습니까?

> ② 学好汉语需要**时间**。
>
> 　　중국어를 잘 배우려면 시간이 필요하다.
>
> 5. 期间은 문어에 쓰이고, 时间과 时候는 문어와 구어에 모두 쓰인다.

3. 방위사 里의 대체 오류

(1) 방위사 里를 잘못 첨가한 경우

예문

오류문:

① *在北京**里**有很多名胜古迹。
② *其中广州在南方**里**最大，是最有影响的一座城市。
③ *我们住在北京大学**里**。
④ *我永远忘不了在广州**里**的生活。

정문:

⑤ 在北京有很多名胜古迹。

　　베이징에는 명승고적이 많이 있다.

⑥ 其中广州在南方最大，是最有影响的一座城市。

　　그 중에서 광저우가 남방에서 제일 크고, 가장 영향력 있는 도시이다.

⑦ 我们住在北京大学。

　　우리는 베이징대학에 산다.

⑧ 我永远忘不了在广州的生活。

　　나는 광저우에서의 생활을 영원히 잊을 수 없다.

분석

‘在+장소’에서 특정 장소를 나타내는 명사 뒤에는 방위사 里를 사용할 수 없다. 예문①-④의 北京, 南方, 北京大学, 广州는 모두 특정 장소를 나타내는 고유명사이므로 그 뒤의 里를 삭제해야 바른 문장이 된다. 한국어에서 장소를 나타내는 조사인 ‘-에’를 중국어로 직역하면 전치사

在 혹은 방위사 里와 대응될 수 있기 때문에 특정 장소를 나타내는 명사 뒤에도 里를 사용하는 오류가 자주 발견된다.

(2) 上을 里로 잘못 사용한 경우

예문

오류문:

① *网**里**看不到脸，所以人们会说出自己的苦恼或者要解决的问题。
② *报纸**里**有很多广告。
③ *地球**里**有各种过着不同生活的人。
④ *广场**里**很多人跳舞。

정문:

⑤ 网**上**看不到脸，所以人们会说出自己的苦恼或者要解决的问题。
　인터넷에서는 얼굴을 볼 수 없기 때문에 사람들은 자신들의 고민 혹은 해결해야 할 문제들을 말하게 된다.
⑥ 报纸**上**有很多广告。
　신문에는 광고가 많이 있다.
⑦ 地球**上**有各种过着不同生活的人。
　지구상에는 다른 삶을 살아가는 각종 사람들이 존재한다.
⑧ 广场**上**很多人跳舞。
　광장에서 많은 사람들이 춤을 춘다.

분석

网, 报纸, 地球, 广场 등의 명사 뒤에는 上만 사용할 수 있으며 里는 사용할 수 없다. 따라서 예문①-④의 里는 모두 上으로 고쳐야 바른 문장이 된다. 이와 같은 오류가 발생하는 원인으로 우선 한국어의 영향을 들 수 있다. '인터넷에(网上)', '신문에(报纸上)'와 같이 한국어의 '-에'는 중국어의 上과 대응되기도 하지만 '도서관에(图书馆里)'와 같이 里와도 대응된다. 이러한 영향으로 학습자들이 上과 里를 구분하지 못하는 경우가 많으며, 网, 报纸, 地球, 广场 등의 명사 뒤에 里를 잘못 사용하거나, 上과 里를 연이어 사용하는 오류가 발생하기도 한다. 또한 중국어 방위사 里와 上은 그 용법이 매우 복잡하기 때문에 학습자들이 里와 上을 구분하지 못하는 경우가 많다.

보충설명 5 방위사 里와 上의 차이

1. **里**: '일정 경계의 안 또는 이내'를 가리키며, 주요 용법은 다음과 같다.
 (1) '명사+里'는 장소를 나타낸다.
   ① 书包**里**有几本书。
       책가방 안에 책 몇 권이 있다.
   ② 他手**里**拿着一支笔。
       그의 손에는 펜 한 자루가 들려 있다.

 (2) '명사+里'는 시간을 나타낸다.
   ① 夜**里**最好不要出去。
       밤에는 나가지 않는 것이 가장 좋다.
   ② 平时没有时间, 很多事情要在假期**里**做。
       평소에는 시간이 없기 때문에 많은 일을 방학 기간에 해야 한다.

 (3) '명사+里'는 범위를 나타낸다. 자주 호응하는 명사에는 话, 教师, 学生, 成员 등이 있다.
   ① 他话**里**有话, 你没听出来吗？
       그의 말에 다른 뜻이 있다는 것을 너는 알아채지 못했니?
   ② 汉语教师**里**也有不少外国人。
       중국어 교사 중에도 외국인이 적지 않다.

 (4) '기관명사+里'는 기관이나 그 기관의 소재지를 나타낸다.
   ① 省**里**来人了。
       성에 (새)사람이 왔다. (省里는 기관을 가리킨다)
   ② 我去省**里**开会。
       나는 성으로 회의하러 간다. (省里는 기관이 있는 곳을 가리킨다)

(5) '형용사+里'는 방향이나 방면을 나타낸다.

① 她横里看, 竖里瞧, 挑了半天, 最后又不要了。

　　그녀는 이렇게 보고 저렇게 보고 한참을 고르더니 결국 또 사지 않았다.

② 凡是要往好里想。

　　무엇이든 좋은 방향으로 생각해야 한다.

2. 上: '물체의 표면'을 가리키며, 주요 용법은 다음과 같다.

(1) '명사+上'은 물체의 위쪽이나 표면을 나타낸다.

① 桌子上放着一些书。

　　책상 위에 책이 좀 놓여 있다.

② 山上有很多树。

　　산에 나무가 많이 있다.

(2) '명사+上'은 범위를 나타낸다. 자주 호응하는 명사에는 报, 世界, 地球, 月球, 信, 电视, 网 등이 있다.

① 报上说手机要降价了。

　　신문에서는 핸드폰 가격이 곧 떨어질 것이라 한다.

② 我们生活在同一个世界上, 所以大家都应该爱护我们的地球。

　　우리는 하나의 세계에서 함께 생활하고 있기 때문에 모두 우리의 지구를 소중히 여겨야 한다.

③ 地球上的动物越来越少了。

　　지구상의 동물이 점점 줄어들고 있다.

(3) '명사+上'은 방면을 나타나고 在, 从과 결합하여 사용되는 경우가 많다.

① 我在生活上一点问题都没有, 但在学习上有不少困难。

　　나는 생활 면에서는 조금의 문제도 없지만, 공부 면에서는 어려움이 적지 않다.

② 在这个问题上, 我们的看法不一致。

　　이 문제에 있어서 우리의 생각은 일치하지 않는다.

③ 这件事没有从根本上得到解决。

　　이 일은 근본적인 면에서 해결되지 않았다.

(4) '연령+上'은 时/的时候와 같이 '-때/에'를 나타낸다.

① 他八岁**上**来过一次北京。

그는 여덟 살 때 베이징에 한 번 와본 적이 있다.

② 我父母三十五岁**上**才有了我。

나의 부모님은 서른다섯에야 나를 가지셨다.

4. 刚을 刚才로 대체한 오류

예문

오류문:

① *她**刚才**打扫完房间，又乱了。

② *到底怎么回事呢？我看花眼了吗？不是**刚才**打扫完吗？

③ *老师**刚才**走。

④ *我**刚才**复习完汉字，听写没问题。

정문:

⑤ 她**刚**打扫完房间，又乱了。

그녀가 방금 방 청소를 끝냈는데 또 엉망이 되었다.

⑥ 到底怎么回事呢？我看花眼了吗？不是**刚**打扫完吗？

도대체 어떻게 된 일이니? 내 눈이 잘못된 거니? 방금 청소를 마친 거 아니었니?

⑦ 老师**刚**走。

선생님이 방금 떠나셨다.

⑧ 我**刚**复习完汉字，听写没问题。

나는 방금 한자복습을 마쳤으니 받아쓰기는 문제없다.

분석

刚才는 발화 시점보다 조금 전 시간을 나타내는 시간명사인 반면 刚은 부사로서 어떤 동작이나 상황이 조금 전에 발생했음을 나타낸다. 예문 ①-④는 말하는 시점보다 조금 앞선 시간이 아니라 동작이 바로 얼마 전에 발생했음을 나타내므로 刚才 대신 刚을 사용해야 바른 문장이 된다. 이와 같은 오류가 발생하는 원인으로 한국어의 영향을 들 수 있다.

한국어에서 刚과 刚才는 모두 '방금'로 해석될 수 있다. 이처럼 刚과 刚才를 구분하지 않는 경우가 있기 때문에, 학습자들이 刚을 刚才로 잘못 사용하는 오류가 자주 발생한다. 또한 중국어의 영향도 들 수 있다. 刚과 刚才는 모두 동작이나 행위가 바로 얼마 전에 발생했음을 나타낼 때 사용되며, 그 의미 차이가 크지 않기 때문에 학습자들이 혼용하는 경우가 많다.

보충설명 6 刚과 刚才의 차이

1. 刚(부사)

(1) 행위 혹은 상황이 얼마 전에 발생했음을 나타낸다.

① 他们下课五分钟了，我们刚下课。

그들은 수업이 끝난 지 5분이 되었고, 우리는 막 수업을 마쳤다.

② 我刚到学校，等会儿给你打电话。

내가 막 학교에 도착했으니, 조금 이따가 너에게 전화할게.

③ 饭刚做好，你就回来了，你回来得真是时候！

밥이 방금 다 됐는데 네가 마침 왔구나, 정말 때 맞춰 잘 왔다!

(2) 두 가지 상황이 연이어 발생할 때 쓰이며, 후행절에 就가 자주 사용된다.

① 我们刚下车就开始下雨，真倒霉！

우리가 차에서 내리자마자 비가 오기 시작하다니, 정말 운이 없다!

② 刚进入6月，天气就热起来了。

6월이 되자마자 날씨가 더워지기 시작했다.

③ 我刚洗完澡，就停水了。

내가 목욕을 마치자마자 단수가 되었다.

2. 刚才(명사): 말하는 시점보다 조금 전 시간을 나타내며 부사어나 관형어로 쓰일 수 있다.

① 刚才给你打电话，你不在家，你去哪儿了？

방금 전에 너에게 전화했는데, 너 집에 없더라, 너 어디 갔었니?

② **刚才**家里来了一位客人，所以我迟到了。

　　방금 전에 집에 손님이 한 분 오셔서 제가 늦었습니다.

③ **刚才**的事你怎么就忘了呢？你的忘性也太大了！

　　방금 전 일을 넌 어떻게 잊은 것이냐, 건망증도 참 심하다!

5. 以后를 后来로 대체한 오류

예문

오류문:

① *你每天想象你的未来，与其**后来**后悔，不如现在努力学习。

② *长时间坐在椅子上或者躺在床上的话，**后来**他们的腰、眼睛就会有问题。

③ *我现在学习汉语，**后来**想找一个好工作。

④ *明天我们去吃烤鸭，**后来**去看电影。

정문:

⑤ 你每天想象你的未来，与其**以后**后悔，不如现在努力学习。

　　너는 매일 너의 미래를 상상해봐라. 나중에 후회를 하느니 지금 열심히 공부하는 게 낫겠다.

⑥ 长时间坐在椅子上或者躺在床上的话，　**以后**他们的腰、眼睛就会有问题。

　　장시간 의자에 앉아있거나 침대에 누워 있게 되면, 나중에 그들의 허리, 눈은 분명 문제가 생길 것이다.

⑦ 我现在学习汉语，**以后**想找一个好工作。

　　내가 지금 중국어를 공부하는 것은 나중에 좋은 직업을 갖고 싶기 때문이다.

⑧ 明天我们去吃烤鸭，**以后**去看电影。

　　내일 우리 오리구이를 먹고 그 다음에 영화를 보러 가자.

분석

　　后来는 '과거의 어떤 한 시점 이후'를 가리킨다. 예문①-④는 모두 미래를 나타내므로 后来 대신 以后를 사용해야 바른 문장이 된다. 이 같은 오류가 발생하는 원인으로 중국어의 영향을 들 수 있다. 后来와 以后는 모두 어떤 한 시점 이후의 시간을 나타내지만 后来는 과거에만 쓰일 수 있는 반면 以后는 과거, 현재, 미래에 모두 쓰일 수 있다. 학습자들이 이러한 차이를 구분하지 못하여 以后를 써야 하는 상황에 后来를 사용하는 오류가 자주 발생한다.

보충설명 7　以后와 后来의 차이

1. **以后**: 현재 혹은 어떤 시점보다 늦은 시간을 나타내는 명사로 과거, 현재, 미래에 모두 쓰일 수 있다.

(1) **以后**+동사구/절

① **以后**有事来找我, 别客气!

　　앞으로 무슨 일 있으면 나를 찾아와, 사양하지 말고!

② **以后**你不要再来找她了, 她跟你没关系了。

　　앞으로 너 다시는 그녀를 찾아가지마, 그 여자는 이제 너랑 아무 관계없어.

③ **以后**我一定好好学习, 您放心吧。

　　앞으로 꼭 열심히 공부할 테니, 걱정 마세요.

(2) 명사+**以后**

① 改革开放**以后**, 中国的农村发生了很大的变化。

　　개혁개방 이후, 중국의 농촌에는 많은 변화가 발생했다.

② 十年**以后**, 情况会完全不同。

　　십년 후 상황은 완전히 달라질 것이다.

③ 从那**以后**, 他再也没跟我联系过。

　　그 이후로 그는 다시는 나와 연락을 한 적이 없다.

(3) 동사/절+**以后**

① 起床**以后**, 赶快刷牙, 吃饭。

　　일어난 후에 어서 이를 닦고 밥을 먹어라.

② 明天早点走, 下雪**以后**, 路不好走。

　　내일은 일찍 출발하자. 눈이 온 후에는 길이 다니기 힘들거든.

③ 老师说完**以后**，我们就开始讨论。

　　선생님이 말씀을 마치신 후에 우리는 바로 토론하기 시작했다.

(4) 很久/不久+**以后**

① 毕业很久**以后**，他才找到一个好工作。

　　졸업하고 오랜 후에야 그는 좋은 일자리를 구했다.

② 不久**以后**，他们俩就结婚了。

　　얼마 지나지 않아 그 둘은 바로 결혼했다.

2. **后来**: 과거 모 시점 이후의 시간을 나타내는 명사로서 과거에만 쓰일 수 있다. 일반적으로 '后来+동사구/절' 형식을 구성한다.

① 毕业后我在北京工作了一年，**后来**去了上海。

　　졸업 후에 나는 베이징에서 1년 동안 일을 했고, 그 후에 상하이에 갔다.

② 三年前我们还见过一次面，**后来**再也没见过。

　　3년 전에 우리는 한 번 만난 적이 있고, 그 후로는 다시 만난 적이 없다.

제2절 동사의 주요 오류 유형

1. 한자어 동사로 대체한 오류

(1) 了解를 理解로 잘못 사용한 경우

예문

오류문:

① *这首诗能帮助我**理解**中国历史不好的一面。

② *孩子不**理解**爷爷以后的计划，觉得很好奇。

③ *世界上所有的事都从**理解**自己开始。

④ *为了**理解**中国文化，我来了中国。

정문:

⑤ 这首诗能帮助我**了解**中国历史不好的一面。

　　이 시는 내가 중국 역사의 좋지 않은 일면을 잘 알 수 있도록 해 준다.

⑥ 孩子不**了解**爷爷以后的计划，觉得很好奇。

　　아이는 할아버지의 나중 계획을 잘 알지 못해서 이상하다고 생각했다.

⑦ 世界上所有的事都从**了解**自己开始。

　　세상의 모든 일은 모두 자신을 잘 아는 것에서 시작된다.

⑧ 为了**了解**中国文化，我来了中国。

　　중국문화를 알기 위해서 나는 중국에 왔다.

분석

　　중국어에서 理解는 '이해하다', 了解는 '잘 알다'의 뜻을 나타낸다. 예문①-④는 모두 어떤 상황이나 대상에 대해 잘 안다는 의미를 나타내므로 理解가 아니라 了解를 사용해야 바른 문장이 된다. 理解와 了解는 '加深理解/加深了解 더 깊이 이해하다'와 같이 모두 한국어에서 한자어 동사 '이해(理解)하다'로 해석될 수 있다. 이 때문에 학습자들이 了解와 理解를 혼용하는 경우가 자주 발생한다.

보충설명 8　　理解와 了解의 차이

1. 理解: '의미 등을 이해하다'는 뜻을 나타낸다.

　① 你们没有**理解**我的意思。

　　　너희는 내 뜻을 이해하지 못했다.

　② 这个问题很难，孩子**理解**不了。

　　　이 문제는 어려워서 어린아이는 이해할 수 없다.

2. 了解

　(1) '자세히 잘 알다'를 뜻한다.

　① 来中国以前，我对中国一点儿都不**了解**。

　　　중국에 오기 전에 나는 중국에 대해 조금도 알지 못했다.

② 他是我朋友，我非常**了解**他。

　　그는 내 친구이기에 나는 그를 매우 잘 안다.

(2) '알아보다', '조사하다'를 뜻한다.

　① 公司想在那个地方投资，你去**了解**一下那儿的情况。

　　회사가 그곳에 투자하고자 하니 네가 가서 거기 상황을 좀 알아보아라.

　② 校长到学生宿舍**了解**情况去了。

　　교장 선생님이 학생 기숙사에 상황을 알아보러 가셨다.

(2) 得到를 收到로 잘못 사용한 경우

예문

오류문:

　① *我们**收到**一个好结果。

　② *它的种子**收到**营养后，就开始生长了。

　③ *考试谁都希望**收到**好成绩。

　④ *这次比赛，我们**收到**了冠军。

정문:

　⑤ 我们**得到**一个好结果。

　　우리는 좋은 결과를 얻었다.

　⑥ 它的种子**得到**营养后，就开始生长了。

　　그것의 씨앗은 영양을 공급받은 후에 곧 자라기 시작했다.

　⑦ 考试谁都希望**得到**好成绩。

　　시험에서는 누구든지 좋은 성적을 받기를 바란다.

　⑧ 这次比赛，我们**得到**了冠军。

　　이번 시합에서 우리는 1등을 차지했다.

분석

收到는 '누군가에게서 무엇을 받다'는 뜻을 나타내며, 得到는 '무엇을 자신의 소유로 하다, 획득하다'는 뜻을 나타낸다. 예문①-④는 모두 '누군가에게서 무엇을 받는다'는 뜻을 나타내지 않으므로 收到 대신 得到

를 사용해야 바른 문장이 된다. 收到礼物 선물을 받다 나 得到一个好结果 좋은 결과를 받다 와 같이 收到와 得到는 한국어에서 모두 '받다'로 해석될 수 있기 때문에 학습자들이 이 둘을 혼용하는 경우가 자주 발생한다.

보충설명 9 收到와 得到의 차이

1. 收到: '누군가에게 무엇을 받다'를 뜻하며, 일반적으로 구체적인 사물을 나타내는 명사를 목적어로 가진다.
   ① 我**收到**妈妈的信了, 你呢?
      나는 엄마의 편지를 받았어, 너는?
   ② 家里给我寄的圣诞礼物**收到**了。
      집에서 나에게 부친 성탄선물을 받았다.
   ③ 刚才我**收到**一条老师的短信, 说明天有听写。
      방금 전에 내가 선생님의 메시지를 하나 받았는데, 내일 받아쓰기가 있다고 하신다.

2. 得到: '자신의 소유로 하다, 획득하다'를 뜻하며, 일반적으로 칭찬, 기회, 결과 등의 추상명사를 목적어로 가진다.
   ① 我从来没有希望从你那里**得到**表扬。
      나는 여태껏 너에게서 칭찬을 받을 거라 기대한 적이 없다.
   ② 五年前我**得到**一次去中国学习汉语的机会, 但是我放弃了。
      5년 전에 나는 중국에 가서 중국어를 배울 기회를 한 번 얻었지만 포기했다.

---

(3) 参观을 访问으로 잘못 사용한 경우

예문

오류문:

① *下星期, 我去中国**访问**。
② *我**访问**过清华大学。
③ *爸爸下决心趁儿子放假, 带着儿子**访问**农村。
④ *当我们**访问**他上过的小学时, 他很高兴。

정문:

⑤ 下星期, 我去中国**参观**。

　　다음 주에 나는 중국에 견학 간다.

⑥ 我**参观**过清华大学。

　　나는 칭화대학교를 견학한 적이 있다.

⑦ 爸爸下决心趁儿子放假, 带着儿子**参观**农村。

　　아버지는 아들이 방학한 김에 아들을 데리고 농촌을 견학하기로 결심했다.

⑧ 当我们**参观**他上过的小学时, 他很高兴。

　　우리가 그가 다녔던 초등학교를 견학 갔을 때 그는 매우 기뻐했다.

분석

访问은 교류의 목적으로 특정 장소나 사람을 방문할 때 사용하고, 参观은 견학의 목적으로 어떤 장소에 갈 때 사용한다. 예문①-④는 방문한 대상과의 교류를 나타내지는 않으므로 访问 대신 参观을 써야 바른 문장이 된다. 이러한 오류가 발생하는 원인으로 한국어의 영향을 들 수 있다. 예를 들어 '해외 동포 귀국 방문(海外同胞回国参观)'과 같이 한국어의 한자어 방문(访问)은 '참관' 또는 '견학'의 의미도 가지기 때문에 参观 대신 访问을 잘못 사용하는 오류가 자주 발생한다.

보충설명 10 　访问과 参观의 차이

1. **访问**: '교류의 목적으로 방문하다'를 뜻하며 대개 정부 기관 타인 등의 초청을 받아 이루어지는 경우가 많다

① 应中国国家主席的邀请, 美国总统明天来中国**访问**。

　　중국 국가주석의 초청을 받아 미국 대통령이 내일 중국을 방문한다.

② 我校校长下周三去美国**访问**。

　　우리 학교 교장선생님은 다음 주 수요일에 미국을 방문한다.

③ 两年前, 我曾经**访问**过那个演员。

　　2년 전에 나는 그 연기자를 방문 취재한 적이 있다.

2. **参观**: '어떤 장소를 견학하거나 시찰하다'를 뜻한다.

　① 两年前我就**参观**过故宫。

　　　2년 전에 나는 고궁을 견학한 적이 있다.

　② 我们都去那儿**参观**过。

　　　우리는 모두 거기에 견학하러 간 적이 있다.

(4) 旅游를 游行으로 잘못 사용한 경우

예문

오류문:

① *季先生看了一个**游行**节目。

② *他准备**游行**物品。

③ *今年暑假我还没有**游行**计划。

④ *中国很大，值得**游行**的地方非常多。

정문:

⑤ 季先生看了一个**旅游**节目。

　　찌 선생은 여행 프로그램을 하나 보았다.

⑥ 他准备**旅游**物品。

　　그는 여행물품을 준비한다.

⑦ 今年暑假我还没有**旅游**计划。

　　올 여름방학에 나는 아직 여행 계획이 없다.

⑧ 中国很大，值得**旅游**的地方非常多。

　　중국은 커서 여행할 만한 곳이 매우 많다.

분석

중국어의 游行은 '도처를 떠돌아다니며 행적이 고정적이지 않다'는 뜻을 나타내는데, 이는 游行四方 사방을 정처 없이 떠돌아다니다 와 같은 소수의 숙어에서만 제한적으로 사용된다. 또한 游行은 관형어로 쓰일 수 없는 특징이 있다. 따라서 예문①-④는 모두 游行 대신 旅游를 사용해야 바른 문장이 된다. 학습자들이 游行과 旅游의 의미와 용법의 차이를 숙지하지 못하여 이 둘을 자주 혼용한다.

보충설명 11 游行과 旅游의 차이

1. 游行

 (1) '일정한 목적지 없이 도처를 떠돌아다니다'는 뜻을 나타내며, 소수의
   숙어에서 제한적으로 쓰인다.
   ① 这些年他**游行**四方，根本就没回过家。
     요 몇 년 그는 정처 없이 사방을 떠돌아다니며 아예 집에 돌아간 적이 없다.

 (2) '경축, 기념 혹은 시위 등의 목적으로 거리에서 무리지어 다니다'는
   뜻을 나타낸다.
   ① 在中国，**游行**必须得到政府批准。
     중국에서 시위행진은 반드시 정부의 허가를 받아야 한다.
   ② 为庆祝国庆，长安街上将举行大型**游行**活动。
     국경절을 기념하기 위해 창안거리에서 대형 퍼레이드가 진행될 것이다.

2. 旅游: '여행 혹은 유람하다'의 뜻을 나타낸다.

   ① 我喜欢**旅游**。
     나는 여행하는 것을 좋아한다.
   ② 我们家每年都来中国**旅游**。
     우리 집은 해마다 중국에 여행하러 온다.
   ③ 春天是**旅游**的最好时候。
     봄은 여행하기에 가장 좋은 때이다.

---

(5) 刮风을 吹风으로 잘못 사용한 경우

예문

오류문:

 ① *风不会**吹**得太大。

② ***吹**非常大的**风**的话，我们就不去了。

③ *冬天这儿**吹北风**。

④ *外边又**吹风**又下雨。

정문:

⑤ 风不会**刮**得太大。

바람이 그리 심하게 불지는 않을 것이다.

⑥ **刮**非常大的**风**的话，我们就不去了。

바람이 매우 심하게 분다면, 우리는 가지 않을 것이다.

⑦ 冬天这儿**刮北风**。

겨울에 여기는 북풍이 분다.

⑧ 外边又**刮风**又下雨。

밖에는 바람도 불고 비도 온다.

중국어에서 바람이 부는 것은 일반적으로 刮风이라고 하고, 吹风은 불어오는 바람을 쏘이거나 맞는 것을 나타낸다. 따라서 예문①-④의 吹风은 모두 刮风으로 고쳐야 바른 표현이 된다. 학습자들이 刮风과 吹风의 차이를 숙지하지 못하여 이 둘을 혼용하는 오류가 자주 발생한다.

2. 会를 可以로 대체한 오류

예문

오류문:

① *从山上摔下来的话，他**可以**死。

② *在山路上开车的人**可以**不小心撞到我。

③ *如果小李不小心掉进水里，有谁**可以**救小李呢？

④ *现在没有公共汽车，不**可以**回来了。

정문:

⑤ 从山上摔下来的话，他**会**死。

산 위에서 떨어지면 그는 죽을 수 있다.

⑥ 在山路上开车的人会不小心撞到我。

산길에서 운전하는 사람이 잘못해서 나를 칠 수도 있다

⑦ 如果小李不小心掉进水里，有谁会救小李呢？

만약 샤오리가 잘못하여 물에 빠진다면, 누가 샤오리를 구할까?

⑧ 现在没有公共汽车，不会回来了。

지금은 버스가 없으니 돌아올 수 없을 것이다.

분석

会는 미래의 가능성을 나타낼 수 있지만 可以는 그러한 뜻을 가지고 있지 않다. 예문①-④가 나타내는 것은 모두 추측으로 일종의 가능성을 나타내기 때문에, 可以 대신 会를 사용해야 바른 문장이 된다. 한국어에서 미래의 발생 가능성을 나타내는 말로 '-(으)ㄹ 수 있다'가 있는데, 이는 중국어에서 可以, 会, 能과 모두 대응될 수 있다. 이 때문에 학습자들이 이들을 혼용하는 경우가 자주 발생한다(본 절의 3, 4 참고).

보충설명 12 可以와 会의 차이

1. 可以는 주관적 혹은 객관적으로 어떤 능력을 가지고 있음을 나타내지만, 会는 학습 후에 가지게 되는 능력을 나타낸다.

   ① 他可以一夜不睡觉。

   그는 하룻밤은 안 잘 수 있다.

   ② 来中国以前，我不会说汉语。

   중국에 오기 전에, 나는 중국어를 할 줄 몰랐다.

2. 可以는 허락을 나타내며, 의문문과 긍정문에 쓰인다.

   ① A: 我能进来吗？   B: 可以。

   　　제가 들어가도 되겠습니까?   됩니다.

   ② 现在大家可以去吃饭了。

   이제 모두 식사하러 가셔도 됩니다.

3. 会는 어떤 일에 능함을 나타내며, 잘할 수 있음을 강조한다.

① 哥哥真**会**说，妈妈听了哥哥的话气立刻就消了。

　　오빠는 말을 정말 잘해서, 엄마는 오빠의 말을 들으면 바로 화를 푸신다.

② 她**会**吃、**会**穿、**会**玩儿。

　　그녀는 잘 먹고, 잘 입고, 잘 놀 줄 안다.

4. 会는 가능성이 있음을 나타낸다.

① 天气预报说明天还**会**下雪。

　　일기예보에 따르면 내일도 눈이 내릴 것이라고 한다.

② 别等了，他不**会**来了。

　　기다리지 마라. 그는 오지 않을 거야.

3. 能을 会로 대체한 오류

예문

오류문:

① *他有自信心，认为自己一定**会**写出好歌曲，也一定会成功。

② *我复习好了，我**会**考90分。

③ *通过网络不管什么样的知识都**会**查到、学到。

④ *我觉得这首诗**会**表现我们留学生的心情。

정문:

⑤ 他有自信心，认为自己一定**能**写出好歌曲，也一定会成功。

　　그는 자신감이 있어서, 자기가 반드시 좋은 곡을 써낼 수 있고, 성공할 수 있을 것이라고 생각한다.

⑥ 我复习好了，我**能**考90分。

　　나는 복습을 잘 했으니, 90점을 받을 수 있다.

⑦ 通过网络不管什么样的知识都**能**查到、学到。

　　인터넷을 통하면 어떤 지식이든 다 찾아내고 배울 수 있다.

⑧ 我觉得这首诗**能**表现我们留学生的心情。

　　나는 이 시가 우리 유학생의 심정을 잘 표현해 줄 수 있다고 생각한다.

能은 어떤 능력을 가지고 있음을 나타낸다. 会도 능력이 있음을 나타내지만, 이때의 능력은 배워서 얻게 된 능력을 말한다. 예문①, ②는 모두 능력이 있음을 말하고 있지만, 그 능력은 배워서 얻게 된 능력이 아니므로 会 대신 能을 사용해야 바른 문장이 된다. 또한 能은 어떠한 객관적인 조건을 갖추고 있음을 나타내기도 하는데 会는 이러한 뜻을 가지지 않는다. 예문③, ④는 모두 객관적인 조건을 말하고 있으므로 会가 아닌 能을 사용해야 한다. 한국어에서는 모두 '-(으)ㄹ 수 있다'로 해석되며 会와 能을 특별히 구분하지 않는다. 이 때문에 학습자들이 会와 能의 차이를 잘 인지하지 못하여 이 둘을 혼용하는 오류가 자주 발생한다.

보충설명 13 会와 能의 차이

1. 会 (보충설명12 참고)

2. 能

(1) 어떤 능력을 가지고 있음을 나타낸다.

① 我能学好汉语。

나는 중국어를 잘 배울 수 있다.

② 他能喝一瓶啤酒。

그는 맥주를 한 병은 마실 수 있다.

(2) 어떠한 객관적인 조건을 갖추고 있음을 나타낸다.

① 这些活下午五点以前能干完。

이 일들은 오후 5시 이전에 다 마칠 수 있다.

② 这个房间能住三个人。

이 방은 세 명이 묵을 수 있다.

(3) 허가의 의미를 나타내며 의문문과 부정문에 쓰인다.

① A : 我能出去一下吗?　　　　　　　　B : 不能。

제가 좀 나가도 되겠습니까?　　　　　　안 됩니다.

---

② A：明天我有事，**能**请假吗？　　　　　　B：**不能**。

　　　내일은 제가 일이 있는데 휴가를 내도 되겠습니까?　　안 됩니다.

(4) 어떤 일을 양적으로 많이 할 수 있음을 강조한다.

① 哥哥真**能**喝，已经喝了十瓶啤酒。

　　오빠는 술을 정말 잘 마신다, 벌써 맥주를 10병이나 마셨다.

② 你真**能**睡，十一点了还不起床。

　　너 참 잘 자는구나, 11시가 되었는데 아직도 일어나질 않다니.

(5) 어떤 용도에 사용될 수 있음을 나타낸다.

① 芹菜的叶子**能**吃。

　　샐러리의 잎은 먹을 수 있다.

② 橘子皮**能**做菜。

　　귤껍질은 요리가 가능하다.

4. 会를 能으로 대체한 오류

예문

오류문:

① *我没学过羽毛球，我不**能**打羽毛球。

② *去年刚到的时候一句汉语也不**能**说，但现在可以说简单的汉语了。

③ *我有两年在公司工作的经验，还**能**讲英语，所以我去应聘。

④ *他学了一年汉语，但是不**能**写汉字。

정문:

⑤ 我没学过羽毛球，我不**会**打羽毛球。

　　나는 배드민턴을 배워본 적이 없어서, 배드민턴을 칠 줄 모른다.

⑥ 去年刚到的时候一句汉语也不**会**说，但现在可以说简单的汉语了。

　　작년에 막 도착했을 때는 중국어를 한마디도 못했지만, 지금은 간단한 중국어는 할 수 있게 되었다.

⑦ 我有两年在公司工作的经验, 还**会**讲英语, 所以我去应聘。

나는 2년 동안 회사에서 일한 경험이 있고 영어도 할 수 있기 때문에 지원하러 간다.

⑧ 他学了一年汉语, 但是不**会**写汉字。

그는 중국어를 1년 배웠지만, 한자를 쓸 줄 모른다.

분석

能과 会는 모두 능력이 있음을 나타내지만 会가 나타내는 것은 배워서 갖게 된 능력이다. 예문①-④에서 말하는 능력은 배워야 할 수 있는 것이므로 能 대신 会를 사용해야 바른 문장이 된다. 能과 会는 한국어에서 모두 '-(으)ㄹ 수 있다'로 해석되기 때문에 학습자들이 会와 能의 차이를 잘 인지하지 못하고 혼용하는 경우가 자주 발생한다.

5. 认为를 以为로 대체한 오류

예문

오류문:

① *古时候, 在日本一个村子里住着一个傻老头, 为什么大家都**以为**他是傻子呢？

② *他**以为**花郎道是新罗的。

③ *老师**以为**这次我写的不错。

④ *我们班的同学都**以为**她很漂亮。

정문:

⑤ 古时候, 在日本一个村子里住着一个傻老头, 为什么大家都**认为**他是傻子呢？

옛날에 일본의 한 마을에 멍청한 노인네가 한 명 살았는데, 왜 모두가 그를 멍청이라고 생각했던 걸까?

⑥ 他**认为**花郎道是新罗的。

그는 화랑도가 신라의 것이라고 생각한다.

⑦ 老师**认为**这次我写的不错。

선생님은 이번에 내가 쓴 것이 꽤 괜찮다고 생각하신다.

⑧ 我们班的同学都**认为**她很漂亮。

　　우리 반 친구들은 모두 그녀가 예쁘다고 생각한다.

분석

以为와 认为는 모두 어떤 상황에 대해 자신의 생각을 제시하거나 판단하는 것을 나타내지만, 以为는 어떤 생각이나 판단이 사실과 다를 때 사용한다. 예문①의 他是傻子와 예문②의 花郎道是新罗的는 잘못된 생각이나 판단을 나타내는 것이 아니므로 以为 대신 认为를 사용해야 한다. 예문③의 我写的不错와 예문④의 她很漂亮도 역시 주관적인 생각일 뿐 잘못된 판단이라 볼 수 없기 때문에 以为가 아닌 认为를 사용해야 바른 표현이 된다. 이러한 오류가 발생하는 원인으로 한국어의 영향을 들 수 있다. 以为와 认为는 한국어에서 동사 '생각하다'에 대응되어 人们都以为他是傻瓜와 人们都认为他是傻瓜는 모두 '사람들은 그가 바보라고 생각한다', 老师以为这次我写的不错와 老师认为这次我写的不错는 모두 '선생님께서는 이번에 내가 쓴 것이 괜찮다고 생각하신다'로 해석할 수 있다. 이러한 영향으로 학습자들이 以为와 认为를 혼용하는 경우가 자주 발생한다.

6. 觉得를 感觉로 대체한 오류

예문

오류문:

① *我们**感觉**屋里摆设很雅致。

② *他**感觉**没有自信，没有力气。

③ *中国是我实现梦想的国家，所以我**感觉**特别有趣。

④ *开始学汉语，大家都**感觉**汉语难。

정문:

⑤ 我们**觉得**屋里摆设很雅致。

　　우리는 방안의 배치가 참 우아하다고 생각한다.

⑥ 他**觉得**没有自信，没有力气。

그는 자신감도 없고 기력도 없다고 느꼈다.

⑦ 中国是我实现梦想的国家，所以我**觉得**特别有趣。

중국은 내가 꿈을 이룬 나라이기 때문에 나는 특별히 흥미를 느낀다.

⑧ 开始学汉语，大家都**觉得**汉语难。

중국어를 배우기 시작할 때는 모두들 중국어가 어렵다고 생각한다.

觉得는 어떤 생각이나 판단을 제시할 때 사용하고, 感觉는 신체적인 감각을 나타낼 때 사용한다. 예문①-④는 모두 신체적인 감각이 아닌 생각이나 판단을 나타내므로 感觉 대신 觉得를 사용해야 바른 표현이 된다. 반면 한국어에서는 생각이나 판단, 신체적인 감각 모두 '느끼다'로 표현할 수 있다. 예를 들면, 중국어의 觉得没有自信 자신감이 없다고 느끼다, 觉得特别有趣 특히 재미있다고 느끼다, 感觉痛 통증을 느끼다 와 같이 觉得와 感觉는 모두 한국어로 '느끼다'라고 해석될 수 있기 때문에 이 둘을 구분하지 못하고 혼용하는 오류가 자주 발생한다.

보충설명 14 感觉와 觉得의 차이

1. 感觉와 觉得는 모두 동사로 쓰일 수 있지만, 感觉는 명사로도 쓰일 수 있다.

① 吃辣椒以后，你的舌头有什么**感觉**？

고추를 먹고 나면 너는 혀에 어떤 느낌이 드니?

② 我的脚都站麻了，没有**感觉**了。

나는 서 있다가 발에 쥐가 나서 감각이 없어졌다.

2. 觉得는 어떠한 생각이나 판단을 나타내지만 感觉에는 그런 의미가 없다.

① 我**觉得**你这么做不太好。

나는 네가 이렇게 하는 것이 별로 좋지 않다고 생각해.

② 在做决定以前，我**觉得**最好和父母商量一下。

결정하기 전에 나는 부모님과 상의해 보는 것이 가장 좋다고 생각해.

3. 기분이나 몸의 상태를 나타낼 때는 感觉와 觉得 모두 사용할 수 있다.

① A : 今天感觉怎么样？　　　B : 感觉/觉得好多了。

　　오늘은 느낌이 어떠니?　　　　　많이 좋아진 느낌입니다.

② 游完泳以后，我感觉/觉得有点儿累。

　　수영을 마치고 난 뒤 나는 조금 피곤하게 느껴졌다.

7. 不得의 어순 오류

예문

오류문:

① *这件事不得怨他。

② *那个人不得小看。

③ *那儿很危险，不得去。

④ *这个东西有毒，不得吃。

정문:

⑤ 这件事怨不得他。

　　이 일은 그를 탓하면 안 된다.

⑥ 那个人小看不得。

　　그 사람은 얕잡아 보면 안 된다.

⑦ 那儿很危险，去不得。

　　그곳은 위험하니 가면 안 된다.

⑧ 这个东西有毒，吃不得。

　　이 음식은 독이 있으니 먹으면 안 된다.

분석

조동사 不得는 명령문에서 금지를 나타낼 수 있는데, 이때 뒤따르는 술어는 일반적으로 不得越过黄线 노란 선을 넘어가지 말라 와 같이 4자(四字) 형식을 갖는다. 예문①-④는 모두 명령문이 아니고 술어가 네 글자도 아니므로 不得를 사용하는 것은 적합하지 않다. 이런 경우에는 不得를 동사 怨, 小看, 去, 吃 뒤로 이동시켜 '마땅히 -해서는 안 된다(不应该)'

의 의미를 나타내는 보어로 사용해야 한다. 중국어에는 '不得+동사'와 '동사+不得'의 두 가지 형식이 모두 존재한다. '不得+동사'는 명령문에서의 금지를 나타나고, '동사+不得'는 당위적인 금지와 불가를 나타내기 때문에 의미적으로도 상당히 유사하다. 이러한 영향으로 학습자들이 당위적인 금지를 나타내는 不得를 동사 앞 조동사로 사용하는 오류가 자주 발생한다.

8. 이합사 중첩식의 오류

예문

오류문:

① *爸爸和儿子在公园**散步散步**。
② *我每天都去外边**跑步跑步**。
③ *周末我经常去**游泳游泳**。
④ *我喜欢**跳舞跳舞**。

정문:

⑤ 爸爸和儿子在公园**散散步**。
　아버지와 아들이 공원에서 산책을 한다.
⑥ 我每天都去外边**跑跑步**。
　나는 매일 밖에 나가 달리기를 한다.
⑦ 周末我经常去**游游泳**。
　주말에 나는 종종 수영을 하러 간다.
⑧ 我喜欢**跳跳舞**。
　나는 춤추기를 좋아한다.

분석

중국어의 이합사를 중첩할 경우 AAB형식, 즉 동사인 첫 번째 형태소만 중첩하는 것이 원칙이다. 예문①-④의 散步, 跑步, 游泳, 跳舞는 모두 이합사이므로 *散步散步, *跑步跑步, *游泳游泳, *跳舞跳舞가 아닌 散散步, 跑跑步, 游游泳, 跳跳舞로 중첩해야 바른 문장이 된다. 중국어의 이음절 동사는 学习学习, 休息休息와 같이 ABAB형식으로 중첩하는 것이 일반적이다. 이 영향으로 학습자들이 이합사 역시 ABAB형식으로 중첩하는 오류가 자주 발생한다.

보충설명 15 이합사의 용법

중국어에는 见面만나다, 睡觉잠을 자다, 洗澡목욕하다, 毕业졸업하다, 生气화내다, 聊天수다떨다, 游泳수영하다, 滑冰스케이트 타다, 结婚결혼하다, 离婚이혼하다, 担心걱정하다, 道歉사과하다, 招手손짓하다, 发火화내다 등과 같이 수많은 이합사가 존재하는데 이들은 고정된 하나의 단어처럼 쓰일 수 있다.

① 我们什么时候**见面**？

우리 언제 만날까?

② 孩子想**睡觉**。

아이가 잠을 자고 싶어 한다.

③ 咱们去**游泳**吧。

우리 수영하러 가자.

이합사는 두 형태소 사이에 동태조사 了, 着, 过나 수량보어 또는 수량 관형어 등을 사용할 수 있다.

① 我们老师非常好，从来没有**发**过**火**。

우리 선생님은 정말 좋아. 여태껏 화를 내신 적이 없어서.

② 他**结**过一次**婚**，你不知道吗？

그가 한 번 결혼한 적 있는 것을 넌 몰랐니?

③ 她生气了，你给她**道**个**歉**吧。

그녀가 화가 났으니 네가 그녀에게 사과해라.

참고

이합사 뒤에는 동태조사 过, 着나 수량성분 및 목적어가 올 수 없다.

① *他离婚**过**。 　→ 　他离**过**婚。

그는 이혼한 적이 있다.

② *孩子们正在滑冰**着**。 　→ 　孩子们正在滑**着**冰。

아이들이 스케이트를 타고 있는 중이다.

③ *昨天晚上我睡了觉**五个小时**。 → 昨天晚上我睡了**五个小时**觉。

어제 밤에 나는 잠을 5시간 잤다.

④ *我想**见面**李老师。 → 我想跟李老师**见面**。

나는 이 선생님과 만나고 싶다.

제3절 형용사의 주요 오류 유형

1. 大의 오류

예문

오류문:

① *我在外面都能听到刘明的**大**哭声。

② *你别**大**声音说话。

③ *太阳很**大**的一个夏天, 我们去了长城。

정문:

④ 我在外面都能听到刘明**很大**的哭声。

나는 밖에서도 리우밍의 큰 울음소리를 들을 수 있었다.

⑤ 你别**大声**说话。

너 큰 소리로 이야기하지 마.

⑥ 太阳很**毒**的一个夏天, 我们去了长城。

햇볕이 아주 뜨거운 어느 여름에 우리는 만리장성에 갔다

분석

중국어에서 大는 大声, 大太阳, 大夏天, 大热天 등과 같이 명사를 직접 수식하는 경우도 있지만 *大哭声, *大声音 등과 같은 표현은 존재하지 않는다. 따라서 예문①의 大는 '很大+的'의 형식으로 哭声을 수식해야 하고, 이 때 刘明 뒤의 的는 삭제할 수 있다. 예문②는 大声音 대신 大声을 사용하는 것이 바른 표현이다. 형용사 大는 太阳을 직접 수식하

여 大太阳的天气 매우 더운 날씨 나 太阳很大 날씨가 매우 덥다 라고 표현할
수 있다. 그러나 太阳很大의 경우 예문③의 *太阳很大的夏天과 같이
관형어로는 쓰이지 않는다. 이 경우 大 대신 毒를 사용하는 것이 바른
표현이다. 한국어에서 大와 대응되는 '크다'는 그 결합 범위가 중국어의
大보다 훨씬 넓어서 '큰 울음소리(很大的哭声)', '큰 소리(大声/很大的
声音)'과 같이 '소리' 등의 명사를 직접 수식할 수 있다. 이 때문에 학습
자들에게서 위와 같은 오류가 쉽게 발생된다.

2. 坏의 오류

예문

오류문:

① *坏酒也可以让人感到幸福。
② *这件事带来了坏影响。
③ *这么坏成绩怎么能考上大学呢？
④ *这是一个坏想法。

정문:

⑤ 不好的酒也可以让人感到幸福。
  좋지 않은 술도 사람을 행복하게 만들 수 있다.
⑥ 这件事带来了不好/很坏的影响。
  이 일은 좋지 않은/나쁜 영향을 가져왔다.
⑦ 这么不好的成绩怎么能考上大学呢？
  이렇게 안 좋은 성적으로 어떻게 대학에 들어갈 수 있겠니?
⑧ 这是一个不好的想法。
  이것은 좋지 않은 생각이다.

분석

坏는 성질이나 성격이 불량하거나 나쁘다는 뜻을 나타낸다. 酒의 품질
은 好나 不好로 형용할 수 있는데 예문①은 坏를 사용하였으므로 坏
대신 '不好+的'를 사용해야 바른 문장이 된다. 예문②의 影响은 不好
나 坏로 모두 형용할 수 있지만, 坏가 일음절 형용사이므로 이음절 동사

인 影响을 수식할 경우 '很坏+的'의 형식을 사용해야 한다. 또한 坏는 成绩, 想法를 수식하는 관형어로는 쓰일 수 없으므로 예문③과 ④도 坏가 아닌 '不好+的'를 사용해야 한다. 坏와 不好는 한국어에서 각각 '나쁘다'와 '좋지 않다'로 해석되며 '나쁜 영향'이나 '좋지 않은 영향'과 같이 이 둘을 특별히 구분하지 않는 경우가 있다. 이 때문에 학습자들이 坏와 不好를 구분하지 못하고 혼용하는 오류가 자주 발생한다.

보충설명 16 坏와 不好의 차이

1. 坏

(1) 성질이나 성격이 불량하거나 좋지 않은 영향을 미치는 것을 나타낸다.

① 他是个坏人, 你少跟他来往。

　　그는 나쁜 사람이니 너는 그와 너무 자주 왕래하지 말거라.

② 父母应该教育孩子不能做坏事。

　　부모는 마땅히 자녀가 나쁜 일을 하지 못하도록 교육해야 한다.

(2) 완전하지 않거나 해(害)가 되는 상태로 변하는 것을 나타낸다.

① 我的自行车坏了, 要去修一下。

　　내 자전거가 고장 나서 좀 고치러 가야겠다.

② 他的手机坏了, 所以没给你打电话。

　　그의 핸드폰이 고장 나서 너에게 전화를 하지 못했어.

③ 这个水果坏了, 扔了吧。

　　이 과일은 상했으니 버려라.

2. **不好**: 장점이 적고 만족스럽지 못함을 나타내며, 관형어로 쓰일 때는 的를 사용해야 한다.

① 不去上课, 也不告诉老师, 这么做不好吧？

　　수업도 가지 않고 선생님께 말씀도 안 드리다니, 이렇게 하면 좋지 않겠지?

② 这件事产生了一些不好的影响, 你打算怎么办？

　　이 일이 좋지 않은 영향을 끼쳤으니 너는 어떻게 할 작정이니?

3. 平安의 오류

예문

오류문:

① *我觉得路上不**平安**，所以我不去。

② *这里多么**平安**啊。

③ *他只想坐在沙发里，**平安**地看还没看完的节目。

④ *考试的时候很紧张，现在**平安**了。

정문:

⑤ 我觉得路上不**安全**，所以我不去。

　　나는 길이 안전하지 않다고 생각하기 때문에 가지 않을 거야.

⑥ 这里多么**平静**啊。

　　여기는 얼마나 평온한지!

⑦ 他只想坐在沙发里，**平静**地看还没看完的节目。

　　그는 그저 소파에 눌러 앉아 조용히 아직 다 보지 못한 프로그램을 보고 싶어 한다.

⑧ 考试的时候很紧张，现在**平静**了。

　　시험을 볼 때는 긴장했었는데 지금은 편안해졌다.

분석

중국어의 平安은 사고나 위험이 없는 평안한 상태를 나타내며, 주로 축복이나 기원을 나타내는 말에 자주 사용된다. 그리고 平安은 술어나 부사어로 쓰이고 관형어로는 쓰이지 않는데, 平安이 술어로 쓰일 때는 一路平安평안히 잘 다녀오세요, 旅途平安여행 잘 다녀오세요 등과 같은 숙어적인 표현에서 제한적으로 사용된다. 예문①, ②는 숙어가 아님에도 平安을 사용하였으므로 바른 표현이 아니며, 平安 대신 安全과 平静을 사용해야 한다. 平安이 부사어로 쓰일 때는 到达나 抵达도착하다 등의 동사와만 결합할 수 있다. 예문③의 看은 平安과는 어울리지 않으며 平静을 사용하는 것이 바른 표현이다. 그리고 紧张의 반대말은 平安이 아닌 平静이므로 예문④ 역시 平安 대신 平静을 사용해야 한다. 한국어의 한자어 '평안(平安)'은 중국어의 安全안전하다, 安宁마음이 편하고 안정되다, 安康편안하고 건

강하다, 安好평안 무사하다 등의 뜻을 모두 포함하고 있다. 이러한 영향으로 학습자들이 安全이나 平静 대신 平安을 잘못 사용하는 경우가 자주 발생한다.

보충설명 17 平安, 安全, 平静의 차이

1. **平安**: '사고나 위험이 없음'을 나타낸다.
 (1) 술어로 쓰일 수 있으며, 축복이나 기원을 나타내는 말에 자주 사용된다.
  ① 祝你一路**平安**！
    가시는 길 평안하세요!
  ② 祝你全家**平安**！
    가족 모두 평안하시길 바랍니다!
 (2) 부사어로 쓰일 수 있다.
  ① 妈妈，我已**平安**到达北京，您放心吧。
    엄마, 저는 이미 무사히 베이징에 도착했으니 안심하세요

2. **安全**: '위험하지 않고 위협이 없으며 사고가 없음'을 나타낸다. 술어, 관형어, 부사어 등으로 쓰일 수 있다.
  ① 这儿很**安全**。
    여기는 안전합니다.
  ② 大人应该给孩子创造一个**安全**的环境。
    어른은 마땅히 아이들에게 안전한 환경을 만들어 주어야 한다.
  ③ 我们已经**安全**到达，放心吧。
    우리는 이미 안전하게 도착했으니 걱정 마세요.

3. **平静**: '심정 혹은 환경에 불안이나 동요가 없음'을 나타낸다. 술어, 관형어, 부사어 등으로 쓰일 수 있다.
  ① 这次比赛虽然没赢，但我的心情很**平静**。
    이번 시합은 비록 이기지 못했지만 내 마음은 평온하다.
  ② 不少名人都希望过上**平静**的生活。
    많은 유명인들이 평온하게 생활하기를 바란다.

③ 你再**平静**地想一想，别着急做决定。
　 너 다시 차분하게 생각 좀 봐라, 급하게 결정하지 말고

4. 少를 小로 대체한 오류

예문

오류문:

① *如果穿得小的话，会感冒。
② *你吃饭的时候，吃小了。
③ *爸爸这几天到处奔波，所以休息时间较小。
④ *在韩国说汉语的机会很小。

정문:

⑤ 如果穿得少的话，会感冒。
　 만약 (옷을) 적게 입으면 감기에 걸릴 거야.
⑥ 你吃饭的时候，吃少了。
　 너 밥 먹을 때 조금 먹었어.
⑦ 爸爸这几天到处奔波，所以休息时间较少。
　 아버지는 요 며칠 곳곳을 분주히 다니셔서 쉴 시간이 비교적 적었다.
⑧ 在韩国说汉语的机会很少。
　 한국에서는 중국어를 말할 기회가 적다.

분석

小는 크기가 크지 않음을 나타내고, 少는 수량이 많지 않음을 나타낸다. 예문①-④는 모두 수량이 많지 않음을 나타내므로 小 대신 少를 사용해야 바른 문장이 된다. 한국어에서 양이 적음을 나타낼 때 小와 少를 구분하지 않는 경우가 있는데, 이러한 영향으로 학습자들이 少가 아닌 小를 사용하는 오류가 자주 발생한다.

5. 형용사를 동사로 대체한 오류

예문

오류문:

① *衣服被雨湿了。
② *裤子被风干了。
③ *雨把我的书包湿了。
④ *风把我的衣服干了。

정문:

⑤ 衣服被雨**淋**湿了。
　　옷이 비에 흠뻑 젖었다.
⑥ 裤子被风**吹**干了。
　　바지가 바람에 바싹 말랐다.
⑦ 雨把我的书包**淋**湿了。
　　비가 내 책가방을 흠뻑 적셨다.
⑧ 风把我的衣服**吹**干了。
　　바람이 내 옷을 바싹 말렸다.

분석

被구문과 把구문에서의 술어는 형용사는 쓰일 수 없고 반드시 타동사가 쓰여야 한다. 예문①, ③의 湿와 예문②, ④의 干은 모두 형용사이므로 중심술어가 될 수 없으며 그 앞에 각각 동사 淋과 吹를 사용해야 바른 문장이 된다. 이러한 오류가 발생하는 원인으로 한국어의 영향을 들 수 있다. 예문⑤의 衣服被雨淋湿了는 한국어로 '옷이 비에 젖었다'로 해석되는데 이를 다시 중국어로 직역하면 *衣服被雨湿了가 된다. 또 예문⑧의 风把我的衣服吹干了는 한국어로 '바람이 내 옷을 말렸다'인데 이를 다시 중국어로 직역하면 *风把我的衣服干了가 된다. 이러한 영향으로 학습자들이 被구문과 把구문의 중심술어로 형용사를 사용하는 오류가 자주 발생한다.

제4절 대명사의 주요 오류 유형

1. 怎么를 多么로 대체한 오류

예문

오류문:

① *不论**多么**哭也都没有用了。
② *不论**多么**学习提高也不多。
③ *不管**多么**复习，也记不住。
④ *无论老师**多么**讲，我都不明白。

정문:

⑤ 不论**怎么**哭也都没有用了。
　　아무리 울어도 다 소용이 없었다.
⑥ 不论**怎么**学习提高也不多。
　　아무리 공부해도 실력이 크게 향상되지 않았다.
⑦ 不管**怎么**复习，也记不住。
　　아무리 복습을 해도 기억에 남지 않는다.
⑧ 无论老师**怎么**讲，我都不明白。
　　선생님이 아무리 말씀하셔도 나는 이해가 되지 않는다.

분석

정도부사 多么는 형용사나 심리동사만을 수식할 수 있다. 예문①-④의 多么는 심리동사가 아닌 일반동사를 수식하므로 多么 대신 怎么를 사용해야 한다. 이러한 오류가 발생하는 원인으로 중국어와 한국어의 영향을 들 수 있다. 우선 중국어의 多么는 형용사나 심리동사 앞에서 일정한 정도를 나타내는데, 학습자들이 이를 구분하지 못하고 多么를 일반동사 앞에도 사용하는 경우를 자주 볼 수 있다. 또한 '不管+多么+형용사/심리동사'와 '不论+怎么+동사'는 한국어에서 모두 '아무리+형용사/동사+어/아/여도'라고 해석되어 多么와 怎么를 구분하지 못하는 경우가 있다. 이 때문에 학습자들이 怎么 대신 多么를 사용하는 오류가 자주 발생한다.

1. 多么

(1) 형용사나 심리동사와 함께 '不管/无论…多么…', '多么…多么…' 등
　　의 형식을 구성한다.

　① **不管多么**冷, 他都不穿羽绒服。

　　　날씨가 아무리 춥더라도 그는 오리털 점퍼를 입지 않는다.

　② **无论多么**困难, 我们都要坚持下去。

　　　아무리 어려워도 우리는 견뎌나가야 한다.

　③ 学习的时候有**多么**大的劲就要用**多么**大的劲, 不能偷懒。

　　　공부할 때는 있는 힘을 다해야지 꾀를 부려서는 안 된다.

(2) 정도가 심함을 나타내며 주로 감탄문에 사용된다.

　① 今天的天气**多么**好哇！

　　　오늘 날씨가 얼마나 좋으냐!

　② 你的汉语**多么**棒啊！

　　　너의 중국어가 얼마나 대단한지!

　③ 妈妈**多么**爱我们呀！

　　　어머니가 얼마나 우리를 사랑하시는지!

2. 怎么

(1) '怎么+동사'는 방식을 물을 때 사용된다.

　① 去颐和园**怎么**走？

　　　이화원에 어떻게 가나요?

　② 这道题**怎么**做？

　　　이 문제는 어떻게 푸나요?

(2) '怎么+(这么)형용사', '怎么+동사'는 원인을 물을 때 사용된다.

　① 橘子**怎么**这么酸？

　　　귤이 왜 이렇게 시니?

② 今天你**怎么**又迟到了？

오늘 너 왜 또 늦었니?

(3) '怎么+（一）+양사+명사'는 상황을 물을 때 사용된다.

① 你的同屋是**怎么**一个人？

네 룸메이트는 어떤 사람인거니?

② 大家今天都迟到了，这是**怎么**(一)回事？

모두들 오늘 지각을 했는데 이게 어떻게 된 일이냐?

(4) 무조건적인 상황을 나타내며, '不管/不论/无论…也/都…'의 형식을 구성한다.

① 这几个汉字**怎么**记**都**记不住。

이 몇 개의 한자들은 아무리 기억하려해도 기억할 수가 없다.

② 学习汉语**不管怎么**困难，我也要坚持下去。

중국어를 공부하는 것이 아무리 힘들어도 나는 견뎌내야 한다.

③ 我不喜欢空调吹出来的冷风，**不论怎么**热，我都不开空调。

나는 에어컨에서 나오는 찬바람을 좋아하지 않기 때문에 아무리 더워도 에어컨을 켜지 않는다.

(5) '怎么…怎么…'의 형식을 구성한다.

① 老师让**怎么**做，我们就**怎么**做。

선생님이 하라는 대로 우리들은 그렇게 한다.

② 这事该**怎么**处理就**怎么**处理。

이 일은 마땅히 처리해야 하는 대로 처리하면 된다.

(6) '不+怎么+형용사/동사'는 형용사나 동사가 나타내는 정도가 심하지 않음을 나타낸다.

① 我的汉字**不怎么**好。

내가 쓴 한자는 별로 좋지 않다.

② 弟弟**不怎么**喜欢汉语。

남동생은 중국어를 별로 좋아하지 않는다.

2. 那儿을 哪儿로 대체한 오류

예문

오류문:

① *哪儿很美。

② *我住在哪儿。

③ *那儿风景很美，因此，他决定去哪儿。

④ *我看见他们的东西放在哪儿了。

정문:

⑤ 那儿很美。

　　거기는 정말 아름답다.

⑥ 我住在那儿。

　　나는 거기에 산다.

⑦ 那儿风景很美，因此，他决定去那儿。

　　그곳은 풍경이 참 아름답기 때문에 그는 거기에 가기로 결정했다.

⑧ 我看见他们的东西放在那儿了。

　　나는 그들의 물건이 거기에 놓여 있는 것을 보았다.

분석

哪儿은 의문문을 구성하는 의문대명사이고 那儿은 장소를 나타내는 지시대명사이다. 예문①-④는 모두 평서문이므로 哪儿이 아닌 那儿을 사용해야 바른 문장이 된다. 무엇보다 那儿과 哪儿은 자형과 발음이 서로 비슷하기 때문에 위와 같이 특정 장소를 나타내는 那儿을 哪儿로 잘못 표기하는 오류가 자주 발생한다.

3. 那么의 오류

(1) 这么를 那么로 잘못 사용한 경우

예문

오류문:

① *大鬼一边拿出礼物一边温柔地说：'小宝贝过来，别那么怕我。'

② *你的宿舍离学校**那么**近，为什么迟到？

③ *这个菜**那么**好吃，我们多吃一点儿。

④ *韩国没有中国**那么**热。

정문:

⑤ 大鬼一边拿出礼物一边温柔地说："小宝贝过来，别**这么**怕我。"

　　도깨비가 선물을 꺼내면서 "아가야 이리 오너라. 날 그렇게 무서워하 지 말거라."라고 부드럽게 말했다.

⑥ 你的宿舍离学校**这么**近，为什么迟到？

　　네 기숙사는 학교에서 이렇게 가까운데 왜 지각을 하는 거니?

⑦ 这个菜**这么**好吃，我们多吃一点儿。

　　이 음식이 이렇게 맛있으니 우리 좀 많이 먹자.

⑧ 韩国没有中国**这么**热。

　　한국은 중국만큼 이렇게 덥지 않다.

분석

지시대명사 这么는 화자로부터 가까운 것을 가리키는 상황에서 사용되는 근거리 지시사이고, 那么는 화자로부터 먼 상황을 가리키는 원거리 지시사이다. 예문①-③의 화자와 청자는 모두 같은 장소에 있으므로 那么가 아니라 这么를 사용해야 한다. 그리고 예문④는 만약 화자가 중국에 있다고 가정하면 那么 대신 这么를 사용해야 바른 문장이 되고, 반대로 화자가 한국에 있다고 가정할 경우에는 韩国没有中国那么热 한국은 중국만큼 그렇게 덥지 않다 가 바른 문장이 된다.

(2) 那를 那么로 잘못 사용한 경우

예문

오류문:

① *我刚知道，你不会游泳，是吧！**那么**你在那儿看我游泳。

② *怎么办？没有办法。**那么**孩子们在哪儿啊？

③ *买不到票，**那么**我就不去游泳。

④ *今天听写，我忘了复习，**那么**怎么办？

정문:

⑤ 我刚知道，你不会游泳，是吧！**那**你在那儿看我游泳。
> 난 방금 네가 수영을 못한다는 것을 알았어, 그렇지? 그러면 너 거기서 내가 수영하는 거 봐.

⑥ 怎么办？没有办法。**那**孩子们在哪儿啊？
> 어쩌지? 방법이 없어. 그러면 아이들은 어디에 있는 거지?

⑦ 买不到票，**那**我就不去游泳。
> 표를 사지 못하면 난 수영하러 가지 않을 거야.

⑧ 今天听写，我忘了复习，**那**怎么办？
> 오늘 받아쓰기를 하는데 복습하는 것을 까먹었으니 어쩌지?

분석

那么와 那는 모두 결과나 결론을 나타내는 후행절을 이끄는데 사용된다. 那么는 주로 문어에서 사용되는 접속사이고 那는 구어에서 사용되는 대명사이다. 예문①-④는 모두 문어가 아닌 구어이므로 那么 대신 那를 사용해야 바른 표현이 된다. 那么와 那는 한국어에서 모두 '그러면'이라고 해석되며 문어와 구어 모두에서 사용된다. 이 때문에 학습자들이 那 대신 那么를 사용하는 경우가 자주 발생한다.

4. 哪儿의 오류

예문

오류문:

① *我不会说汉语，而且不知道**哪儿**的地方怎么走。
② *我对妈妈说："**那**我们去**哪儿**市场？"
③ ***哪儿**超市最便宜？
④ *我们去**哪儿**饭馆吃饭？

정문:

⑤ 我不会说汉语，而且不知道**那个**地方怎么走。
> 나는 중국어를 할 줄 몰라. 게다가 그 곳을 어떻게 가는지도 몰라.

⑥ 我对妈妈说："那我们去**哪个**市场？"

　　나는 엄마에게 '그러면 우리는 어느 시장에 가요?'라고 말했다.

⑦ **哪个**超市最便宜？

　　어느 슈퍼가 가장 싼가요?

⑧ 我们去**哪个**饭馆吃饭？

　　우리 어느 식당에 가서 밥 먹을까?

분석

의문대명사 哪儿은 주어, 목적어, 관형어로 쓰일 수 있으나, 관형어로 쓰일 때는 장소명사를 수식할 수 없다. 예문①-④의 哪儿은 각각 장소명사 地方, 市场, 超市, 饭馆을 수식하고 있으므로 모두 바른 문장이 아니다. 예문①의 哪儿은 의미상 那个가 적합하며, 예문②-④의 哪儿은 모두 哪个를 사용해야 한다. 哪儿은 한국어에서 '어디'로 해석되는데, 한국어의 '어디'는 단독으로 사용하기도 하고 일부 구어에서 제한적으로 '어디 시장'과 같이 장소명사를 수식하기도 한다. 이러한 영향으로 학습자들에게서 장소명사 앞에 哪个 대신 哪儿을 사용하는 오류가 자주 발견된다.

5. 의문대명사의 어순 오류

예문

오류문:

① *我到底可以**谁**责备？

② *你**什么**想吃，就吃什么。

③ *我们想**哪儿**去玩儿。

④ *你**多少**记住了？

정문:

⑤ 我到底可以责备**谁**？

　　내가 도대체 누구를 탓할 수 있겠니?

⑥ 你想吃什么，就吃**什么**。

네가 먹고 싶은 거 먹어라.

⑦ 我们想去**哪儿**玩儿。

우리는 어디 좀 가서 놀고 싶다.

⑧ 你记住了**多少**？

넌 얼마나 기억하고 있니?

분석

SOV형 언어에 속하는 한국어는 목적어가 동사의 앞에 위치하지만, SVO형 언어에 속하는 중국어는 목적어가 동사의 뒤에 위치한다. 예문 ①의 谁는 责备의 목적어인데 동사 责备 앞에 위치하고 있으므로 동사 뒤에 사용해야 하고, 예문②의 什么도 吃의 목적어이므로 吃의 앞이 아니라 뒤에 사용해야 바른 문장이 된다. 예문③과 ④의 哪儿과 多少 역시 동사 去과 记住의 목적어이므로 각각 去와 记住 뒤에 사용해야 한다. 중국어와 한국어에서 동사와 목적어의 어순이 다른데 학습자들이 이 차이를 인지하지 못하고 목적어를 동사 앞에 사용하는 오류가 자주 발생한다.

6. 这样의 어순 오류

예문

오류문:

① *这样父子拉着手走到了稻田旁。

② *这样小王的爸爸认真地跟小王说话时，有一只老鼠突然过来了。

③ *这样我们慢慢走，会迟到的。

④ *这样你跟老师说，不礼貌。

정문:

⑤ 父子**这样**拉着手走到了稻田旁。

아버지와 아들은 이렇게 손을 잡고 논 쪽으로 걸어갔다.

⑥ 小王的爸爸**这样**认真地跟小王说话时, 有一只老鼠突然过来了。

> 샤오왕의 아버지가 이렇게 진지하게 샤오왕에게 말을 하고 있는데 갑자기 쥐 한 마리가 다가왔다.

⑦ 我们**这样**慢慢走, 会迟到的。

> 우리 이렇게 천천히 걷다간 지각하게 될 거야.

⑧ 你**这样**跟老师说, 不礼貌。

> 너 선생님께 이렇게 말하다니 예의가 없구나.

분석

방식을 나타내는 这样이 부사어로 쓰일 때는 술어 앞에 위치해야 한다. 예문①-④의 这样은 모두 주어 앞에 위치하고 있으므로 각각 술어 拉着手走到了稻田旁, 认真地跟小王说话, 慢慢走, 跟老师说 앞으로 이동시켜야 바른 문장이 된다. 한국어에서 这样은 '이렇게'로 해석되며 술어동사 앞과 문장 맨 앞에 모두 사용할 수 있다. 예를 들어 예문⑤의 父子这样拉着手走到了稻田旁은 '아버지와 아들이 이렇게 손을 잡고 논 쪽으로 걸어갔다'라고 할 수 있고, '이렇게 아버지와 아들이 손을 잡고 논 쪽으로 걸어갔다'라고도 할 수 있다. 이러한 영향으로 학습자들에게서 这样을 문두에 사용하는 오류가 자주 발견된다.

7. 지시대명사의 누락 오류

예문

오류문:

① *他把小孩子暴打一顿。
② *我把一本书还了。
③ *我也想去山。
④ *下星期我们骑车到湖。

정문:

⑤ 他把**那个**小孩子暴打一顿。

> 그는 그 아이를 한바탕 매섭게 때렸다.

⑥ 我把**那**一本书还了。

나는 그 책을 반납했다.

⑦ 我也想去**那座**山。

나도 그 산에 가고 싶다.

⑧ 下星期我们骑车到**那个**湖。

다음 주에 우리는 자전거를 타고 그 호수에 갈 것이다.

분석

把구문의 목적어는 한정적 성분이어야 하므로 일반적으로 这, 那와 같은 지시대명사를 포함한다. 예문①, ②의 小孩子와 一本书는 한정적인 대상을 나타내지 않으므로 그 앞에 那个와 那를 첨가해야 바른 문장이 된다. 또한 중국어의 동사 뒤 목적어도 명확한 대상을 나타내고자 할 때는 这, 那와 같은 지시대명사를 포함해야 한다. 예문③, ④의 목적어 山과 湖 역시 그 지시대상이 명확하지 않으므로 각각 그 앞에 那座와 那个를 첨가해야 한다. 이처럼 특정 대상을 나타내고자 할 때에는 这, 那와 같은 지시대명사를 사용해야 하는데 학습자들이 이를 잘 파악하지 못하여 오류가 자주 발생한다.

제5절 수사와 양사의 주요 오류 유형

1. 한국어 양사로 대체한 오류

예문

오류문:

① *忽然他看到了一**株**高大的杨柳。

② *小孩指着一**颗**植物问：'爸爸这是什么？'

③ *来中国以后看过几**篇**李白的诗。

④ *他看到门口有一**头**马。

정문:

⑤ 忽然他看到了一**棵**高大的杨柳。

　　갑자기 그는 거대한 버드나무 한 그루를 보게 되었다.

⑥ 小孩指着一**种**植物问：“爸爸这是什么？”

　　아이가 어떤 식물을 가리키며 "아빠 이게 뭐에요?"라고 물었다.

⑦ 来中国以后看过几**首**李白的诗。

　　중국에 온 이후에 이백의 시 몇 수를 읽은 적이 있다.

⑧ 他看到门口有一**匹**马。

　　그는 입구에 말 한 마리가 있는 것을 보았다.

분석

중국어에서 명사는 각각의 고유한 양사를 사용해야 한다. 예문①의 杨柳의 양사는 株가 아닌 棵이고, 예문②의 집합명사 植物는 양사 种을 사용해야 한다. 예문③의 诗를 세는 양사는 篇이 아니라 首이며, 예문④의 马는 양사 头가 아니라 匹를 사용해야 한다. 한국어에서는 나무를 셀 때 모두 양사 '그루'를 사용하지만 중국어에서는 나무의 종류에 따라 株와 棵를 구분한다. 한국어의 문학작품은 주로 양사 '편(篇)'을 사용하며, 동물을 셀 때는 종류를 막론하고 주로 '마리'를 사용한다. 한국어에서 양사를 사용할 때 개별 명사에 따라 세세하게 구분하지 않는 경우가 있기 때문에 학습자들에게서 위와 같은 오류가 자주 발견된다.

보충설명 19 　표1. 한·중 상용 양사 대조 및 결합 관계

한국어		중국어	
양사	결합 예시	양사	결합 예시
가지	식물, 사상, 선물, 일	种	植物, 颜色, 动物, 思想, 人, 杂志
개	상자, 사과, 조건, 단추	个	苹果, 人, 理想, 东西, 座位, 条件
그루	나무	棵	树, 白菜, 草
		株	苗, 水稻, 松树

그릇	국수, 밥	碗	面, 水, 饭
권	책, 화보, 잡지	本	书, 账
		册	书, 画册, 杂志
대	기계, 비행기, 자동차, 자전거	架	机器, 飞机, 机枪
		辆	汽车, 自行车
척	배, 군함	只, 艘	船, 军舰
마리	개, 닭, 물고기, 비둘기, 돼지, 양, 소, 호랑이, 개미	头	猪, 羊, 牛, 大象
분	손님, 내빈	位	客人, 来宾
병	물, 술	瓶	药, 水, 酒
알	옥수수, 진주, 콩, 알약	粒	玉米, 珍珠, 谷子
자루	칼, 가위, 우산, 붓	把	刀, 剪刀, 雨伞, 茶壶, 钥匙, 米
장	종이, 신문	张	纸, 报纸, 桌子
줄	목걸이, 글자	串	珍珠, 鞭炮
		行	字, 泪
채	건물, 집, 이불	栋	建筑, 房子
켤레	양말, 신발	双	袜子, 鞋, 手套, 筷子
폭	그림, 옷감	幅	画, 素描, 对联

2. 两을 二로 대체한 오류

예문

오류문:

① *我收到了二个。

② *其中二个人一样。

③ *服药二粒。

④ *昨天晚上我二点才睡觉。

정문:

⑤ 我收到了**两**个。

　　나는 두 개를 받았다.

⑥ 其中**两**个人一样。

　　그 중 두 명이 같다.

⑦ 服药**两**粒。

　　두 알을 복용하십시오

⑧ 昨天晚上我**两**点才睡觉。

　　어제 저녁에 나는 두 시가 되어서야 잤다.

분석

중국어에서 수량을 셀 때는 二이 아니라 两을 사용해야 한다. 二은 오직 斤, 两과 같은 전통 도량형 단위를 나타내는 양사 앞에만 사용할 수 있으며, 个와 같은 일반적인 양사 앞에는 사용할 수 없다. 따라서 예문①, ②의 *二个, *二个人의 二은 모두 两을 사용해야 바른 문장이 된다. 예문③의 알약을 세는 양사 粒도 전통 도량형 단위가 아니므로 二이 아니라 两을 사용해야 한다. 예문④와 같이 시간을 나타낼 때는 오직 两点이라고만 할 수 있으므로 *二点 역시 바른 표현이 아니다. 중국어의 수사 二과 两은 의미와 용법에서 비슷한 점이 많기 때문에 학습자들이 이 둘을 혼용하는 경우가 자주 발생한다.

보충설명 20　二과 两의 차이

1. 분수, 소수, 서수에는 二을 사용한다.

$\frac{1}{2}$ (二分之一)　　　$5\frac{1}{2}$(五又二分之一)

3.2 (三点二)　　　　9.12(九点一二)　　　　102.22(一百零二点二二)

第二 두 번째　　　　老二 둘째　　　　　　二楼 2층

2. 번호에는 二을 사용한다.

532(五三二)   822(八二二)

3. 两은 모든 양사 앞에 사용할 수 있지만, 二은 斤, 里와 같은 전통 도량형 단위 양사 앞에만 사용할 수 있다.

两条裤子　　**两**张桌子　　**两**块手表　　**两**米布　　**两**斤苹果　　**两**里地
*二条裤子　　*二张桌子　　*二块手表　　*二米布　　二斤苹果　　二里地

4. 百、千、万、亿 앞에서는 二과 两이 모두 쓰일 수 있다.

표2. 숫자 속의 二과 两

자릿수	첫째 자리에 올 때	그 밖의 자리에 올 때
十	二 (예: 二十, 20)	二 (예: 六百二十五, 625)
百	二、两 (예: 二百、两百, 200)	二 (예: 八千二百九十, 8290)
千	两 (예: 两千, 2,000)	二、两 (예: 五万二千三百 / 五万两千三百, 52,300)
万	两 (예: 两万, 20,000)	两 (예: 三亿零两万, 300,020,000)
亿	两 (예: 两亿, 200,000,000)	二 (예: 一百零二亿, 10,200,000,000)

3. 前后를 左右로 대체한 오류

예문

오류문:

① *睡觉**左右**孩子们还在房间里玩儿。
② *上星期五**左右**他们都回国了。
③ *那个时候是圣诞节**左右**, 所以气氛很好。
④ *春节**左右**, 我去旅游。

정문:

⑤ 睡觉**前后**孩子们还在房间里玩儿。

　　잠자기 전후에도 아이들은 방안에서 여전히 논다.

⑥ 上星期五**前后**他们都回国了。

　　지난 금요일 전후로 그들은 모두 귀국하였다.

⑦ 那个时候是圣诞节**前后**，所以气氛很好。

　　그 때는 성탄 즈음이어서 분위기가 아주 좋았다.

⑧ 春节**前后**，我去旅游。

　　설날 전후로 나는 여행을 간다.

분석

　　左右는 일반적으로 '수사+양사' 뒤에서 어림수를 나타내며, 시간을 나타내는 명사나 동사 뒤에는 사용할 수 없다. 예문①-④의 睡觉, 上星期五, 圣诞节, 春节는 모두 시간을 나타내는 명사와 동사들이기 때문에 左右 대신 前后를 사용해야 바른 문장이 된다. 이러한 오류가 발생하는 원인으로 한국어와 중국어의 영향을 들 수 있다. 우선 左右와 前后는 한국어에서 모두 '-경', '즈음'으로 해석되어 이 둘이 명확하게 구분되지 않는 경우가 있다. 또한 중국어의 左右와 前后는 十点左右, 十点前后와 같이 모두 어느 시점을 기준으로 조금 전에서 조금 후까지의 시간을 나타낼 수 있다. 이 때문에 학습자들이 左右와 前后를 구분하지 못하고 혼용하는 오류가 자주 발생한다.

보충설명 21　　左右와 前后의 차이

1. 左右는 주로 '수사+양사' 뒤에서 연령, 시간, 길이, 무게 등을 나타내는 어림수로 사용된다.

　① 明天八点**左右**出发。

　　　내일 8시 정도에 출발한다.

　② 还需要两天**左右**，工作就能做完。

　　　이틀 정도만 더 있으면 작업을 다 마칠 수 있다.

③ 这条鱼一斤**左右**。

　　이 생선은 한 근 정도이다.

2. 前后는 일반적으로 시간을 나타내는 명사 뒤에 사용한다.

① 国庆**前后**我去上海。

　　국경절 즈음에 나는 상해에 간다.

② 新年**前后**我们结婚。

　　신년 즈음에 우리는 결혼할 것이다.

③ 十一**前后**我们考试。

　　10월1일(국경절) 전후에 우리는 시험을 본다.

3. 시간을 나타내는 点과 날짜를 나타내는 号 뒤에는 *左右*와 *前后*를 모두 사용할 수 있다.

① 明天九点**左右/前后**出发，不用着急。

　　내일 9시 경에 출발하니 서두를 필요 없어.

② 我二十号**左右/前后**回国。

　　나는 20일 경에 귀국한다.

4. 양사 앞 一의 누락 오류

예문

오류문:

① *这是最后的**行**。

② *那天是非常热的**天**。

③ *第十五课是非常难的**课**。

④ *今年是我最忙的**年**。

정문:

⑤ 这是最后的**一行**。

　　이게 마지막 줄이다.

⑥ 那天是非常热的**一天**。

그 날은 매우 더운 날이었다.

⑦ 第十五课是非常难的**一课**。

15과는 매우 어려운 과이다.

⑧ 今年是我最忙的**一年**。

올해는 내가 가장 바쁜 해이다.

분석

중국어의 양사는 단독으로 문장성분이 될 수 없고 '수사+양사' 형식으로만 쓰일 수 있다. 예문①-④에서 목적어로 쓰이는 行, 天, 课, 年은 모두 수사가 생략되어 있으므로 그 앞에 一를 첨가해야 바른 문장이 된다. 最后的一行은 한국어에서 '가장 마지막 줄'이라 해석되는데, 이를 중국어로 직역하면 *最后的行이 된다. 非常热的一天에 해당되는 '아주 더운 날'도 중국어로 직역하면 *非常热的天이 된다. 이처럼 학습자들이 양사용법을 잘 숙지하지 못하여 오류가 자주 발생한다.

5. 양사의 누락 오류

예문

오류문:

① *政府欠着一大债务。

② *我给他一大拥抱。

③ *早上我只喝了一牛奶。

④ *上个星期我们写了一作文。

정문:

⑤ 政府欠着一大**笔**债务。

정부는 큰 액수의 부채를 빚지고 있다.

⑥ 我给他一**个**大拥抱。

나는 그를 꼭 포옹해주었다.

⑦ 早上我只喝了一**袋/杯**牛奶。

아침에 나는 겨우 우유 한 팩/한 컵을 마셨다.

⑧ 上个星期我们写了一**篇**作文。

    지난주에 우리는 작문을 한 편 썼다.

분석

예문①의 명사 债务는 형용사의 수식을 직접 받을 수 없기 때문에 큰 액수의 부채를 나타낼 때는 양사 笔와 함께 大笔债务라 표현해야 한다. 중국어의 4형식 문장에서 직접목적어는 일반적으로 '수사+양사+명사' 형식을 구성한다. 예문②의 직접목적어 *一大拥抱는 양사가 생략되어 있으므로 一 뒤에 양사 个를 추가해야 한다. 또한 중국어의 수사는 일반적으로 명사를 직접 수식할 수 없으므로 예문③, ④의 一 뒤에 각각 袋/杯와 篇을 추가해야 바른 문장이 된다. 政府欠着一大笔债务는 한국어에서 '정부는 큰 빚을 지고 있다'로 해석될 수 있는데 이를 다시 중국어로 직역하면 *政府欠着大的债务가 된다. 이처럼 한국어에서는 양사가 생략되는 경우가 많기 때문에 학습자들에게서 위와 같은 오류가 자주 발생한다.

6. '동사+了+(수량)+명사'의 명사 앞 수량구 누락 오류

예문

오류문:

① *老鼠想了好方法。

② *看了电视后，他去了山。

③ *同屋说了好主意。

④ *中午我在桌上睡了觉。

정문:

⑤ 老鼠想了**一个**好方法。

    생쥐는 좋은 방법을 생각했다.

⑥ 看了电视后，他去了**一座**山。

    텔레비전을 보고 나서 그는 산에 갔다.

⑦ 同屋说了**一个**好主意。

    룸메이트가 좋은 생각을 말했다.

⑧ 中午我在桌上睡了**半小时**觉。

정오에 나는 책상에서 30분 동안 잠을 잤다.

분석

중국어의 '동사+了+명사'에서 명사목적어는 일반적으로 수량구의 수식을 받아 '동사+了+(수량)+명사'로 사용되어야 한다. 만약 수량구가 없을 경우 반드시 후행절이 따라야 하며 후행절이 따르지 않으면 일반적으로 문장이 성립하지 않는다. 따라서 예문①-④의 '동사+了' 뒤의 好方法, 山, 好主意, 觉 앞에는 모두 수량구가 누락되어 있으므로 각각 一个, 一座, 半小时 등의 수량성분을 더해야 바른 문장이 된다. 이러한 오류가 발생하는 원인으로 한국어의 영향을 들 수 있다. 老鼠想了一个好方法는 한국어에서 '생쥐는 좋은 방법을 생각했다'라고 해석할 수 있는데, 이를 다시 중국어로 직역하면 *老鼠想了好方法가 된다. 看了电视后, 他去了一座山 역시 한국어로 'TV를 본 후에 그는 산에 갔다'라고 해석할 수 있으며 이를 다시 중국어로 직역하면 *看了电视后, 他去了山이 된다. 이처럼 한국어의 명사목적어는 수량성분이 반드시 필요하지는 않으므로 학습자들에게서 위와 같은 오류가 자주 발견된다.

7. 수량구의 어순 오류

예문

오류문:

① *啤酒**一瓶**请给我。
② *我汉语书**两本**有。
③ *牛奶**一袋**买了。
④ *饺子**一盘**吃了。

정문:

⑤ 请给我**一瓶**啤酒。

저에게 맥주 한 병 주세요.

⑥ 我有**两本**汉语书。

나는 중국어 책을 두 권 가지고 있다.

⑦ 买了**一袋**牛奶。

우유 한 팩을 샀다.

⑧ 吃了**一盘**饺子。

만두 한 접시를 먹었다.

분석

중국어의 수량구는 수식을 받는 명사 앞에 위치해야 한다. 예문①-④의 一瓶, 两本, 一袋, 一盘은 모두 명사 뒤에 위치하고 있으므로 각각 一瓶啤酒, 两本汉语书, 一袋牛奶, 一盘饺子로 표현해야 한다. 그리고 이들 성분은 문장에서 모두 목적어로 쓰이고 있으므로 각각 동사 给我, 有, 买了, 吃了 뒤에 사용해야 바른 문장이 된다. 한국어에서 수량구는 맥주 한 병, 중국어책 두 권과 같이 일반적으로 명사 뒤에 위치한다. 이러한 어순 차이로 학습자들에게서 중국어의 수량구를 명사 앞이 아닌 뒤에 사용하는 오류가 자주 발생한다.

8. 多의 어순 오류

예문

오류문:

① *他们杀了30万**多**军人和平民老百姓。

② *这本书五十块**多**钱。

③ *我哥哥今年二十岁**多**。

④ *我们坐了十小时**多**飞机，现在很累。

정문:

⑤ 他们杀了30**多**万军人和平民老百姓。

그들은 군인과 민간인 30여만 명을 살해했다.

⑥ 这本书五十**多**块钱。

이 책은 50여 위안이다.

⑦ 我哥哥今年二十**多**岁。

우리 오빠는 올해 스물 몇 살이다.

⑧ 我们坐了十多小时飞机, 现在很累。

　　우린 열 시간 남짓 비행기를 타서 지금 너무 피곤하다.

분석

수가 10의 정배수일 때 어림수를 나타내는 多는 양사 앞에 위치하고
万이나 亿의 10의 정배수일 경우 万과 亿 앞에 위치한다. 따라서 예문
①의 多는 万의 뒤가 아닌 그 앞에 사용해야 하고, 예문②-④의 多는
모두 양사 혹은 양사로 쓰일 수 있는 명사 块, 岁, 小时 뒤에 위치하고
있으므로 이를 각각 양사 앞으로 옮겨야 바른 문장이 된다. 중국어에서
어림수를 나타내는 多는 경우에 따라 그 위치가 유동적이기 때문에 학
습자들이 多의 위치를 혼동하여 위와 같은 어순 오류가 자주 발생한다.

보충설명 22　어림수를 나타내는 多의 위치

1. 수사+양사+多 (10 이하의 수)

　　一斤多　　한 근 남짓　　　　两年多　　　2년 남짓

　　九块多钱　　9원 남짓　　　　一个多月　한 달 남짓

2. 수사+多+양사 (10 혹은 10의 정배수)

　　十多年　　　10여 년　　　　五十多斤　　50여 근

　　二百多块　200여 원　　　　两千多个　2천여 명

3. 수사+多+万/亿+양사 (10 혹은 10의 정배수)

　　十多万斤　10여 만 근　　　　三十多万年　30여 만 년

　　七十多亿人口　70여 억 인구

4. 수가 10이고 양사가 도량형 단위일 때, 多는 양사 앞과 뒤에 모두 사용
　할 수 있다.

　① 这条鱼十多斤重。　/　这条鱼十斤多重。

　　　이 생선은 무게가 10여 근 정도 나간다.

---

② 我们走了十多里路。 / 我们走了十里多路。

우리는 10여 리 정도 되는 길을 걸었다.

그러나 十多斤과 十斤多, 十多里와 十里多는 의미적으로 차이가 있다.
十多斤은 10근 이상 20근 미만의 양을 나타내고, 十斤多는 10근 이상 11근
미만의 양을 나타낸다. 마찬가지로 十多里는 10리 이상 20리 미만의 거리
를 나타내고 十里多는 10리 이상 11리 미만의 거리를 나타낸다.

9. 余의 어순 오류

예문

오류문:

① *一般人年收入10万余元。

② *这个城市不大，只有20万余人。

③ *美国在韩国有10万余军人。

④ *他每天要走10万余步。

정문:

⑤ 一般人年收入10余万元。

일반인은 연 소득이 10여 만 위안 정도이다.

⑥ 这个城市不大，只有20余万人。

이 도시는 크지 않아서 인구가 겨우 20여 만 명 정도이다.

⑦ 美国在韩国有10余万军人。

미국은 한국에 10여 만 명의 군인을 두었다.

⑧ 他每天要走10余万步。

그는 매일 10여 만 걸음을 걸으려 한다.

분석

수가 10의 정배수이고 자릿수가 万일 경우, 어림수를 나타내는 余는
万의 앞에만 올 수 있다. 예문①-④의 余는 모두 자릿수인 万 뒤에 있으
므로 그 위치를 万 앞으로 옮겨야 바른 문장이 된다. 어림수를 나타내는

余는 경우에 따라 그 위치가 유동적이기 때문에 학습자들이 余의 위치를 혼동하여 위와 같은 어순 오류가 자주 발생한다.

보충설명 23　어림수를 나타내는 余의 위치

1. 가장 낮은 자릿수가 百와 千일 경우 余는 그 뒤에 위치한다.
    ① 他有二百**余**斤。
       그는 몸무게가 200근(100 킬로그램) 남짓이다.
    ② 这个学校的留学生已达到三千**余**人。
       이 학교의 유학생은 이미 3천여 명에 달한다.

2. 가장 낮은 자릿수가 10의 정배수인 万이나 亿일 경우 余는 그 앞에 위치한다.
    ① 这种车在我们国家只卖十**余**万人民币。
       이런 차는 우리나라에서 겨우 런민삐 10여 만 위안에 판다.
    ② 我们国家每年向他们国家出口三十**余**亿立方米天然气。
       우리나라는 매년 그 나라에 30여 억 ㎥의 천연가스를 수출한다.

---

10. 동량사의 오류

예문

오류문:

①　*妈妈打扫完以后很累，休息了**一点儿**。
②　*他下课以后，到操场跑了**一点儿**。
③　*孩子想睡**一下**。
④　*他在宿舍打了**一下**电话。

정문:

⑤　妈妈打扫完以后很累，休息了**一会儿**。
　　어머니는 청소를 마친 후에 너무 피곤해서 잠시 쉬었다.

⑥ 他下课以后，到操场跑了**一会儿**。

　　그는 수업을 마친 후에 운동장에 가서 잠시 달리기를 했다.

⑦ 孩子想睡**一会儿**。

　　아이가 잠시 자고 싶어 한다.

⑧ 他在宿舍打了**一会儿**电话。

　　그는 기숙사에서 잠시 전화통화를 했다.

분석

　　동사 休息와 跑 뒤에는 오직 시간을 나타내는 동량 성분만 올 수 있다. 예문①, ②의 一点儿은 약간의 수량을 나타낼 뿐 시간을 나타내지는 못하므로 一会儿을 사용해야 한다. 예문③, ④의 睡와 打电话도 일정 시간의 양을 나타내는 一会儿과 함께 사용해야 바른 문장이 된다. 一下는 等一下, 看一下, 说一下와 같이 짧은 시간을 나타낼 수 있지만 *睡一下, *打一下电话라고는 표현하지 않는다. '休息一会儿 조금 쉬다', '吃一点儿 조금 먹다', '等一下 좀 기다리다' 등과 같이 '一会儿', '一点儿', '一下'는 모두 한국어에서 부사 '좀(조금)'으로 해석되므로 학습자들이 이들을 구분하지 못하여 위와 같은 오류가 자주 발생한다.

보충설명 24　표3. 중국어 상용 동량사의 결합 관계

동량사	사용 조건	결합 동사	결합 명사
次	반복되는 행위나 동작, 반복적으로 출현하는 사건에 사용	去，来，学，玩，打，骂，说，做，吃，写，打印，照	饭，电影，会，约会，课
下	행위나 동작이 진행된 횟수를 나타내며, 비교적 짧은 시간의 행위나 동작에 사용	说，看，听，介绍，等，找，洗，打，敲，骂，写，讲，复习，预习	
回	사건, 행위, 동작의 횟수를 표시	去，看，吃，骂，听，练，开，见	事
趟	이동이나 동작의 횟수를 표시	去，来，跑	车
遍	어떤 행위나 동작의 처음부터 끝까지의 전 과정을 표시	看，写，说，听，抄，问，唱，练，做	

场	문화예술 공연이나 체육활동 등에 사용	看, 听, 打, 哭	电影, 球, 比赛
阵	일정 시간을 표시	下, 刮, 冷, 热	雨, 风, 掌声
顿	식사, 질책, 구타 등의 행위나 동작에 사용	吃, 打, 骂	饭

제6절 부사의 주요 오류 유형

1. 不를 没로 대체한 오류

예문

오류문:

① *我一点儿也没孤独。

② *昨天我没高兴。

③ *以前我没认识他。

④ *还有我不小心, 也没会运动。

정문:

⑤ 我一点儿也不孤独。

　　나는 조금도 외롭지 않다.

⑥ 昨天我不高兴。

　　어제 나는 즐겁지 않았다.

⑦ 以前我不认识他。

　　예전에 나는 그를 몰랐다.

⑧ 还有我不小心, 也不会运动。

　　내가 조심하지도 않았고, 운동도 잘 못해.

분석

　　형용사나 심리동사는 일반적으로 不로 부정하며 没로 부정할 수 없다. 예문①, ②의 孤独와 高兴은 형용사이므로 没가 아닌 不를 사용해야 한다. 예문③의 认识도 심리동사이므로 不를 사용하여 부정해야 한다. 조동사 会는 경우에 따라 没로 부정할 수 있지만 이때 没会는 목적어를 가질 수 없다. 예문④의 没会는 뒤에 목적어 运动을 가지고 있으므로 没 대신 不를 사용해야 바른 문장이 된다. 한국어에서는 '동사/형용사+ -지 않았다'(동사/형용사+ 不의 과거형)와 같이 과거에 발생한 동작이나 상황에 대해서는 과거 시제를 사용한다. 따라서 학습자들이 중국어에서도 과거에 발생한 일에 대해서는 모두 没를 써야 한다고 잘못 생각하여 형용사나 심리동사 앞에 没를 쓰는 오류가 발생한다.

보충설명 25 没와 不의 차이

1. 동사는 没와 不로 모두 부정할 수 있지만 행위나 동작의 발생을 부정할 때에는 没를 사용한다.

   ① 昨天她**没**来上课, 不知道为什么。

   어제 그녀는 수업에 오지 않았다. 왜인지는 모르겠다.

   ② 老师说上个星期一考试, 可是**没**考。

   선생님께서 지난 주 월요일에 시험 본다고 말씀하셨지만 보지 않았다.

   ③ 妈妈以前**没**来过北京。

   엄마는 예전에 북경에 와보신 적이 없다.

   반면 판단, 의지, 사실 등을 부정할 때에는 不를 사용한다.

   ① 他**不**是学生, 是老师。

   그는 학생이 아니라 선생님이다.

   ② 明天考试, 我**不**想请假。

   내일 시험을 봐서 나는 결석계를 내고 싶지 않다.

   ③ 他病了, 今天**不**来上课。

   그는 병이 나서 오늘 수업에 오지 않는다.

2. 没는 과거와 현재에만 쓸 수 있다.

   ① 我**没**学过汉语, 他学过。

   나는 중국어를 배운 적이 없고 그는 배운 적이 있다.

② 他去过上海，我没去过。

그는 상해에 가본 적이 있고 나는 가본 적이 없다.

③ 老师现在还没到，我们再等一会儿吧。

선생님께서 아직 도착하지 않으셨으니 우리 좀 더 기다리자.

반면 不는 과거, 현재, 미래에 모두 쓸 수 있다.

① 他以前不会说汉语，现在没有问题。

그는 예전에는 중국어를 할 줄 몰랐는데 지금은 문제없다.

② 我还有点儿事，现在不回家。

나는 또 일이 좀 있어서 지금 집에 가지 않을 거야.

③ 明天不听写，你知道吗?

내일 받아쓰기 하지 않는 거, 너 알고 있니?

3. 형용사는 일반적으로 不로 부정하지만 성질이나 상태의 출현을 부정할 때에는 没를 사용한다.

① 米饭没热，等会儿再吃。

밥이 데워지지 않았으니 좀 기다렸다 먹어라.

② 西瓜没熟，不能吃。

수박이 익지 않아서 먹을 수가 없다.

③ 你的手机没坏，是没电了。

네 핸드폰은 고장 난 것이 아니라 배터리가 없는 거야.

반면 不는 성질 자체를 부정한다.

① 这次考试不难。

이번 시험은 어렵지 않다.

② 今天不热。

오늘은 덥지 않다.

③ 我们的教室不大。

우리 교실은 크지 않다.

2. 还를 又로 대체한 오류

예문

오류문:

① *无聊得要命，坐在椅子上，**又**一直看房间的地面。
② *都快九点了，他**又**没起床。
③ *你们感到什么？应该感到无聊，**又**感到孤独。
④ *我给她说这样的情况，**又**给她宽心。

정문:

⑤ 无聊得要命，坐在椅子上，**还**一直看房间的地面。
　심심해 죽겠다. 의자에 앉아서 계속 방바닥만 쳐다본다.

⑥ 都快九点了，他**还**没起床。
　벌써 9시가 다 되었는데 그는 아직도 일어나지 않았다.

⑦ 你们感到什么？应该感到无聊，**还**感到孤独。
　너희들은 무엇을 느꼈니? 아마 무료하고 또 고독하다고 느꼈겠지.

⑧ 我给她说这样的情况，**还**给她宽心。
　나는 그녀에게 이런 상황을 말해주고 또 그녀를 안심시켰다.

분석

还는 동작의 지속을 나타내고 又는 동작의 중복을 나타낸다. 예문①, ②는 동작의 중복이 아니라 지속을 나타내기 때문에 又 대신 还를 사용해야 한다. 또 还는 항목이나 수량의 증가를 나타낼 수 있지만 又에는 그런 의미가 없다. 예문③, ④가 표현하는 것은 항목의 증가이므로 又가 아닌 还를 사용해야 한다. 한국어에서는 동작의 지속과 중복의 발생이 모두 부사 '또'로 표현되기 때문에 还와 又의 구분이 어려운 경우가 있다. 이러한 영향으로 학습자들에게서 还와 又를 혼용하는 오류가 자주 발생한다.

又와 还의 차이

1. 又

(1) 이미 발생한 행위나 동작이 반복하여 발생할 때 사용된다.

① 昨天下雨, 今天又下了。

어제 비가 왔는데 오늘 또 왔다.

② 上次去上海没玩够, 上个星期我又去了一趟。

지난 번 상해에 갔을 때 충분히 놀지 못 해서 지난주에 나는 또 한 번 다녀왔다.

③ 昨天他迟到了, 今天他又迟到了。

어제 그는 지각하더니 오늘 또 지각했다.

(2) 어떤 행위나 동작이 연이어 발생할 때 사용된다.

① 哥哥回家待了一天, 又走了, 不知道去哪儿了。

오빠는 집으로 돌아와 하루를 머물더니 또다시 떠났고 어디로 갔는지 모르겠다.

② 周末去游了一会儿泳, 回来后又跟朋友去打了一会儿篮球。

주말에 잠깐 수영을 하러 갔었고, 돌아와서는 친구와 또 잠깐 농구를 하러 갔었다.

2. 还

(1) 행위나 상황의 지속을 나타내며 '여전히, 변함없이' 등의 의미를 지니고 있다. 아직 발생하지 않은 행위나 상황을 표현할 때는 会, 要, 想 등의 조동사와 함께 쓰이는 경우가 많다.

① 都十一点了, 你还睡呢!

벌써 11시가 되었는데 너는 아직도 자고 있니!

② 回国后, 我还想继续学汉语。

귀국 후에도 나는 계속해서 중국어를 공부하고 싶다.

③ 这支笔还可以用, 别扔了。

이 펜은 아직 쓸 만하니 버리지 마라.

④ 我还能坚持一会儿, 等会儿你再来替我吧。

나는 아직 좀 더 견딜 수 있으니 조금 이따가 네가 다시 와서 나를 대신해 주렴.

(2) 항목이나 수량이 증가하여 범위가 넓어짐을 나타낸다.

① 他会唱英文歌, **还**会唱汉语歌。

그는 영어 노래도 할 줄 알고 중국어 노래도 할 줄 안다.

② 我想买一件衬衣, **还**想买一条牛仔裤。

나는 셔츠도 한 벌 사고 싶고 청바지도 한 벌 더 사고 싶다.

③ 早上弟弟吃了五个面包, **还**喝了两杯牛奶, 真能吃!

아침에 남동생은 빵 다섯 개를 먹고도 우유를 두 잔이나 더 마셨다. 정말 잘 먹는다!

3. 又를 再로 대체한 오류

[예문]

오류문:

① *我抓了一个长的东西, 把另外一个长的扔掉了, **再**坐到椅子上。

② *我一边看礼物, 一边看天, **再**哭了。

③ *那位年轻人不敢打球, 因为没有任何朋友一起玩, 所以**再**回到了原来孤独的样子。

④ *我们昨天**再**考试了。

정문:

⑤ 我抓了一个长的东西, 把另外一个长的扔掉了, **又**坐到椅子上。

나는 긴 거 하나만 잡고 다른 하나는 버려 버린 후 또 다시 의자에 앉았다.

⑥ 我一边看礼物, 一边看天, **又**哭了。

나는 한편으로는 선물을 바라보고 다른 한편으로는 하늘을 바라보면서 또 울었다.

⑦ 那位年轻人不敢打球, 因为没有任何朋友一起玩, 所以**又**回到了原来孤独的样子。

그 젊은 분은 공을 칠 엄두를 내지 못했다. 왜냐하면 같이 즐길 친구가 없었기 때문이다. 그래서 또 다시 원래 고독했던 모습으로 돌아오고야 말았다.

⑧ 我们昨天**又**考试了。

우리는 어제 또 시험을 보았다.

再와 又는 모두 행위나 동작이 반복되어 나타낼 때 사용되지만 再는
미래에 발생할 일에 쓰이고 又는 과거에 발생한 일에 사용된다. 예문①-
④는 모두 과거의 행위나 동작이 반복되고 있음을 나타내므로 再가 아
닌 又를 사용해야 한다. 한국어에서 행위나 동작의 반복은 과거나 미래
모두 '또'로 표현한다. 또한 중국어의 再와 又는 그 의미가 비슷하여
학습자들이 이 둘을 혼용하는 오류가 자주 발생한다.

보충설명 27 再와 又의 차이

1. 再

(1) 행위나 동작의 반복을 나타내며 아직 발생하지 않은 일에 사용된다.

① 老师，这个问题我还不明白，请您**再**讲一遍。

　선생님, 이 문제는 제가 아직 잘 모르겠어요. 다시 한 번 말씀해 주세요.

② 今天没时间了，明天你**再**来找我吧。

　오늘은 시간이 없으니 너는 내일 다시 나를 찾아오렴.

③ 衣服没洗干净，**再**洗一下。

　옷이 깨끗하게 빨리지 않았으니 다시 한 번 빨아라.

(2) 어떤 행위나 동작이 또 다른 행위나 동작이 끝난 후에 발생할 때
　사용된다.

① 我们写完作业**再**看电视。

　우리는 숙제를 다 한 후에 TV를 본다.

② 现在上课呢，我下课**再**去找你。

　지금은 수업 중이니까 내가 수업 끝난 후에 너를 찾아갈게.

③ 你的手太脏，洗了手**再**吃饭!

　네 손이 너무 더럽구나. 손을 씻은 후에 밥을 먹어라!

(3) 정도가 심해짐을 나타낸다.

4. 有点儿을 一点儿로 대체한 오류

예문

오류문:

　① *我的钱包被偷了，我担心**一点儿**。

　② *现在的房租**一点儿**贵，我没有钱租大房子。

　③ *这次考试**一点儿**难。

　④ *我住的地方离学校**一点儿**远。

정문:

　⑤ 我的钱包被偷了，我**有点儿**担心。

　　　내 지갑을 도둑맞아서 나는 좀 걱정이다.

　⑥ 现在的房租**有点儿**贵，我没有钱租大房子。

　　　요즘 임대료가 좀 비싸고, 나는 큰 집을 임대할 돈이 없다.

　⑦ 这次考试**有点儿**难。

　　　이번 시험은 좀 어렵다.

　⑧ 我住的地方离学校**有点儿**远。

　　　내가 사는 곳은 학교에서 좀 멀다.

분석

　　有点儿은 정도부사로서 형용사나 일부 동사 앞에서 부사어로 쓰인다.
반면 一点儿은 수량구로서 목적어, 관형어, 보어 등으로 쓰일 수 있다.

그러나 一点儿은 명령문이나 비교문을 제외하고는 형용사 뒤에서 보어로 사용되지 않는다는 특징이 있다. 예문①은 명령이나 비교가 아닌 정도의 의미만을 나타내므로 担心一点儿이 아닌 有点儿担心으로 표현해야 바른 문장이 된다. 예문②-④도 모두 '약간의 정도'를 나타내므로 '有点儿+형용사' 형식을 사용하여 표현해야 한다. 一点儿과 有点儿은 한국어에서도 모두 부사 '조금'으로 표현되어 구분이 불분명하므로 학습자들이 이 둘을 혼용하는 오류가 자주 발생한다.

보충설명 28 一点儿과 有点儿의 차이

1. **一点儿**

(1) '형용사+一点儿'에서 형용사는 적극적인 의미와 소극적인 의미가 모두 쓰일 수 있다.
  ① 快**一点儿**! 飞机就要起飞了。
    좀 서둘러! 비행기 곧 뜨겠다.
  ② 路上车多, 开车的时候慢**一点儿**。
    길에 차가 많으니 운전할 때 좀 천천히 해라.

(2) '형용사+一点儿'은 대비 또는 비교를 나타낼 때 쓰일 수 있다.
  ① 哥哥比弟弟矮**一点儿**。
    형이 동생보다 키가 좀 작다.
  ② 这件衣服比那件瘦**一点儿**。
    이 옷이 저 옷 보다 좀 타이트하다.

(3) '형용사+了+一点儿'은 평서문에서 정도가 어떤 기준에서 벗어났음을 나타낸다.
  ① 这个菜淡了**一点儿**, 再放点儿盐吧。
    이 요리는 좀 싱거우니 소금을 좀 더 넣어 봐.
  ② 我觉得这次考试难了**一点儿**。
    나는 이번 시험이 좀 어려워졌다고 생각한다.

(4) '형용사+一点儿'은 명령문, 의문문, 가정문에 쓰일 수 있다.

① 大家快**一点儿**, 要上课了。

모두 좀 서둘러라. 곧 수업이다.

② 这件衣服我想买, 便宜**一点儿**可以吗?

이 옷을 나는 사고 싶은데 좀 싸게 해 주실 수 있어요?

③ 你写的字再大**一点儿**, 后面的同学就能够看清楚了。

네가 쓴 글자 좀 더 크게 써라. 뒤에 있는 친구들도 잘 볼 수 있도록.

(5) '동사+一点儿+(명사)'는 양이 적음을 나타낸다.

① 出去旅游的时候, 多带**一点儿**钱。

여행 갈 때 돈을 좀 많이 가져가렴.

② 天气太热, 喝**一点儿**水吧。

날씨가 너무 더우니 물 좀 마셔라.

③ 听说这种米很好吃, 我们买**一点儿**吧。

듣자하니 이런 쌀이 맛있다던데 우리 좀 사자.

2. 有点儿

(1) '有点儿+형용사(구)'에서 형용사는 热덥다, 难어렵다, 小작다, 短짧다, 胖뚱뚱하다, 危险위험하다, 着急조급해하다, 担心걱정하다 등과 같은 소극적인 의미를 나타내는 경우가 많다.

① 今天**有点儿**热。

오늘은 좀 덥다.

② 这次考试**有点儿**难。

이번 시험은 좀 어렵다.

③ 赶快回去吧, 妈妈**有点儿**着急了。

얼른 돌아가라. 엄마께서 좀 조급해 하신다.

(2) '有点儿+형용사(구)'는 평서문에서만 쓰이며 주관적인 평가를 나타낸다.

① 这件衣服**有点儿**贵，我买不起。

　이 옷은 좀 비싸서 나는 살 수가 없다.

② 北京冬天**有点儿**冷，多带一些厚衣服。

　베이징은 겨울이 좀 추우니 두꺼운 옷을 많이 가져가렴.

③ A: 这个房间怎么样?

　이 방은 어때?

　B: **有点儿**小，我想租一个大一点儿的。

　좀 작아. 나는 좀 더 큰 걸 임대했으면 해.

(3) '有点儿+不+형용사(구)'에서 형용사는 高兴기쁘다, 干净깨끗하다, 漂亮예쁘다, 好看보기 좋다, 舒服편안하다 등과 같이 적극적인 의미를 나타내는 경우가 많다.

① 今天他**有点儿**不高兴，不知道为什么。

　오늘 그는 기분이 좀 안 좋다. 왜 그런지는 모르겠다.

② 这件衬衫**有点儿**不干净，给我洗一下吧。

　이 셔츠는 좀 깨끗하지가 않으니 좀 세탁해 줘.

③ 老师，我肚子**有点儿**不舒服，不能去上课，可以吗?

　선생님, 제가 속이 좀 불편해서 수업에 갈 수 없을 거 같아요. 괜찮을까요?

5. 经常을 常常으로 대체한 오류

예문

오류문:

① *我要**常常**跟他一起聊天，学汉语。

② *我希望我们**常常**一起吃饭。

③ *还有另外一个好办法就是**常常**运动。

④ *以后我**常常**给妈妈打电话，你放心吧。

정문:

⑤ 我要**经常**跟他一起聊天，学汉语。

　나는 그와 자주 이야기도 나누고 중국어도 공부하려 한다.

⑥ 我希望我们**经常**一起吃饭。

나는 우리가 자주 같이 식사하기를 바란다.

⑦ 还有另外一个好办法就是**经常**运动。

그리고 또 다른 좋은 방법은 자주 운동하는 것이다.

⑧ 以后我**经常**给妈妈打电话，你放心吧。

앞으로 내가 엄마께 자주 전화드릴 테니 너는 안심해라.

분석

常常은 행위나 동작이 발생한 횟수가 많음을 나타내며 과거에 사용되고 미래에는 쓰이지 않는다. 예문①-④는 미래의 상황을 나타내므로 常常이 아닌 经常을 사용해야 바른 문장이 된다. 常常과 经常은 모두 동작의 발생 횟수가 많음을 나타내지만 常常은 과거에 쓰이는 반면 经常은 과거와 미래에 모두 쓰일 수 있는데 학습자들이 이 둘의 용법을 구분하지 못하여 자주 오류가 발생한다.

보충설명 29 常常과 经常의 차이

1. **常常**: 부사로서 행위나 동작의 발생 횟수가 많음을 나타내며 과거에 쓰인다.

① 这儿冬天**常常**下大雪。

여기는 겨울에 자주 큰 눈이 온다. (여기는 겨울에 자주 큰 눈이 내렸다.)

② 他**常常**不去上课。

그는 자주 수업에 가지 않는다. (그는 자주 수업에 가지 않았다.)

③ 弟弟是个夜猫子，**常常**半夜才睡觉。

남동생은 부엉이과다. 자주 한밤중이 되어서야 잠을 잔다. (자주 한밤중이 되어서야 잠을 잤다.)

2. **经常**

(1) 부사로서 행위나 동작의 발생 횟수가 많음을 나타내며 과거와 미래에 쓰인다.

---

① 这儿冬天**经常**下大雪。

여기는 겨울에 자주 큰 눈이 내린다.

② 他**经常**不去上课。

그는 자주 수업에 가지 않는다.

③ 以后你可以**经常**到我家来玩儿。

나중에 너 우리 집에 자주 놀러 와도 돼.

(2) 형용사로서 일상적으로 발생하는 일에 쓰인다.

① 他不来上课是**经常**的事儿。

그가 수업에 오지 않는 것은 늘 있는 일이다.

② 我们公司每个月的**经常**费用都在20万以上。

우리 회사는 매달 상비(常費)가 항상 20만 위안 이상이다.

6. 不와 没의 어순 오류

예문

오류문:

① *今天朋友们跟他**不**玩儿，并且不联系。

② *他对我**不**说一句话。

③ *我们在这儿**没**吃过饭。

④ *马克一直跟人们**没**交流。

정문:

⑤ 今天朋友们**不**跟他玩儿，并且不联系。

오늘은 친구들이 그와 놀지도 않고 연락도 하지 않는다.

⑥ 他**不**对我说一句话。

그는 나한테 한마디도 하지 않는다.

⑦ 我们**没**在这儿吃过饭。

우리는 여기서 밥을 먹어 본 적이 없다.

⑧ 马克一直**没**跟人们交流。

마크는 내내 사람들과 소통하지 않았다.

부정부사 不과 没는 전치사구 앞에 사용해야 한다. 예문①-④의 不와 没는 모두 동사 앞에 쓰이고 있으므로 이를 모두 전치사 跟, 对, 在 앞으로 이동시켜야 바른 문장이 된다. 한국어에서는 부정을 나타낼 때 '그와 놀지 않다 不跟他玩儿'나 '사람들과 교류하지 않았다 没跟人们交流'와 같이 동사 뒤에서 보조동사 '-지 않다'를 사용한다. 이런 모국어의 영향으로 학습자들이 부정문에서는 동사를 부정해야 한다고 잘못 생각하여 不와 没를 동사 앞에 사용하는 오류가 자주 발생한다.

7. 刚刚의 어순 오류

예문

오류문:

① *刚刚我们听写完。

② *他刚刚感冒好。

③ *刚刚我做好的蛋糕, 尝尝吧。

④ *妈妈看到刚刚自己打扫的地方有很多小玩具, 很吃惊。

정문:

⑤ 我们刚刚听写完。

　　우리는 방금 받아쓰기를 마쳤다.

⑥ 他感冒刚刚好。

　　그는 감기 증상이 막 좋아졌다.

⑦ 我刚刚做好的蛋糕, 尝尝吧。

　　내가 방금 만든 케이크 좀 먹어 봐.

⑧ 妈妈看到自己刚刚打扫的地方有很多小玩具, 很吃惊。

　　엄마는 자기가 방금 청소한 곳에 작은 장난감들이 매우 많이 있는 것을 보시고는 너무 놀라셨다.

분석

부사 刚刚은 주어 뒤에 사용해야 한다. 예문①-④의 刚刚은 주어 我们,

感冒, 我, 自己 앞에 있으므로 이들을 모두 주어 뒤로 이동시켜야 바른 문장이 된다. 刚刚은 한국어로 '방금'으로 해석될 수 있는데, '방금'은 '방금 엄마는 방을 청소했다'나 '엄마는 방금 방을 청소했다'와 같이 문두에 놓일 수도 있고 주어 뒤, 동사 앞에 놓일 수도 있어 출현 위치가 비교적 자유롭다. 이러한 모국어의 영향으로 학습자들이 刚刚의 위치를 혼동하는 경우가 자주 발생한다.

8. 就의 어순 오류

예문

오류문:

① *如果你打开礼物的时候想别的东西, **就**这东西不是礼物。
② *孩子一听到有人的声音, **就**心里起了怀疑。
③ *妈妈看到家里乱七八糟的样子, 吓了一跳, **就**她看着各式各样的玩具说: "呀, 我今天也是浪费时间!"。
④ *要是你好好复习, **就**这次考试一定能考好。

정문:

⑤ 如果你打开礼物的时候想别的东西, 这东西**就**不是礼物。
만약 네가 선물을 열어보고 다른 것이 생각난다면 이건 선물이 아니지.
⑥ 孩子一听到有人的声音, 心里**就**起了怀疑。
아이는 어떤 사람의 소리를 듣자마자 마음에 의심이 들기 시작했다.
⑦ 妈妈看到家里乱七八糟的样子, 吓了一跳, 她**就**看着各式各样的玩具说: "呀, 我今天也是浪费时间!"
엄마는 집안이 엉망진창인 것을 보고 펄쩍 뛰었다. 그녀는 갖가지 장난감을 보면서 "아이고, 내가 오늘도 시간만 버렸구나"라고 말했다.
⑧ 要是你好好复习, 这次考试**就**一定能考好。
만약 네가 복습을 잘 한다면 이번 시험은 꼭 잘 볼 수 있을 거야.

분석

부사 就는 주어 뒤, 동사 앞에만 사용할 수 있다. 예문①-④의 就는 각각 주어 这东西, 心理, 她, 这次考试 앞에 쓰이고 있으므로 이를 모두 주어 뒤로 옮겨야 바른 문장이 된다. 就는 선행절과 후행절을 연결하는 접속부사인데 학습자들이 이를 접속사로 잘못 인식하여 就를 후행절의 주어 앞에 사용하는 오류가 자주 발생한다.

9. 也의 오류

(1) 都를 也로 잘못 사용한 경우

예문

오류문:

① *现在什么地方**也**能听到流行歌。
② *刚来中国的时候, 我什么**也**不习惯。
③ *随着社会经济的发展, 每个家庭的生活水平**也**提高了。
④ *这不是我个人的希望, 好像全世界人**也**是这样的想法。

정문:

⑤ 现在什么地方**都**能听到流行歌。
　　지금은 어디서나 유행가가 들린다.
⑥ 刚来中国的时候, 我什么**都**不习惯。
　　중국에 막 왔을 때 나는 아무 것도 익숙하지 않았다.
⑦ 随着社会经济的发展, 每个家庭的生活水平**都**提高了。
　　사회, 경제 발전에 따라 모든 가정의 생활수준이 향상되었다.
⑧ 这不是我个人的希望, 好像全世界人**都**是这样的想法。
　　이건 내 개인적인 희망이 아니라 아마도 전 인류 모두가 이런 생각일 것이다.

분석

也는 유사함을 나타내는 반면 都는 모두 포함하는 것을 나타내며 '什么…都…', '每…都…', '全…都…', '任何…都…'등의 형식으로 자주 사용된다. 예문①-④는 什么, 每, 全이 포함되어 있으므로, 부사 也 대신 都를 사용해야 바른 문장이 된다. 什么地方都能听到流行歌는 한국어로 '어디에서도 유행가를 들을 수 있다'로 해석할 수 있고, 我什么都

不习惯은 한국어로 '나는 아무 것도 습관이 되지 않았다'라고 해석할 수 있는데 여기서의 '도'는 중국어의 也로 대응되는 경우가 많기 때문에 학습자들이 都를 也로 혼동하는 오류가 자주 발생한다.

(2) 又를 也로 잘못 사용한 경우

예문

오류문:

① *这只是流行歌曲而已，**也**不是决定我的人生。
② *这次没考好没关系，**也**不是没有机会。
③ *虽然我们能吃得饱，可吃了以后对身体不好的话，吃饱了**也**有什么用？
④ *以后去上海**也**有什么关系呢？

정문:

⑤ 这只是流行歌曲而已，**又**不是决定我的人生。
　이건 단지 유행가일 뿐, 또 내 인생을 결정해 주지는 않아.

⑥ 这次没考好没关系，**又**不是没有机会。
　이번 시험은 잘 못 봤어도 괜찮아. 또 기회가 없는 것도 아니잖아.

⑦ 虽然我们能吃得饱，可吃了以后对身体不好的话，吃饱了**又**有什么用？
　우리가 배부르게 먹을 수 있을지라도 먹고 난 후에 몸에 좋지 않다면 배부르게 먹는 것이 무슨 소용이 있겠어?

⑧ 以后去上海**又**有什么关系呢？
　나중에 상하이에 가는 게 또 무슨 상관이 있겠어?

분석

부사 也는 관련 대상과의 유사함을 나타내는 반면 又는 부정형이나 반어문에 쓰여 어기를 강조한다. 예문①의 这只是流行歌曲而已와 不是决定我的人生, 예문②의 这次没考好没关系와 不是没有机会는 유사 관계를 나타내지 않으므로 也가 아니라 又를 사용하여 부정의 어기를 나타내야 한다. 예문③과 ④의 吃饱了有什么用과 有什么关系도 앞 절과 유사 관계가 아니므로 也를 사용할 수 없고, 이 경우에도 也 대신 又를 사용하여 의문의 어기를 강조해야 한다. 학습자들이 이 둘의 용법 차이를 구분하지 못하여 혼용하는 오류가 자주 발생한다.

보충설명 30 也와 又의 차이

1. 也

(1) 둘 이상의 사물 혹은 상황이 동일한 유형에 속함을 나타낸다.

① 你迟到了, 他**也**迟到了。

너 지각했구나. 그도 지각했는데.

② 这个菜很好吃, 那个菜**也**很好吃。

이 요리 맛있다. 저 요리도 맛있고

③ 我不去上海, **也**不去北京。

나는 상하이에 가지 않을 거야. 베이징에도 가지 않을 거고

(2) '无论/不论/不管, 宁可, 即使…也…'나 '谁/什么/哪儿/哪…也…'의 형식으로 자주 사용된다.

① 不管困难多大, 我们**也**要坚持下去。

아무리 어려움이 많더라도 우리는 견뎌내야 한다.

② 宁可扔了, 这东西**也**不能给你。

차라리 버릴지언정 이 물건도 너한테 줄 수 없다.

③ 谁**也**不知道他去哪儿了。

누구도 그가 어디에 갔는지 알지 못한다.

④ 这个学期, 我哪儿**也**没去, 一直待在北京。

이번 학기에 나는 어디에도 가지 않고 계속 베이징에 있었다.

(3) '连…也…'이나 '一点儿…也…'의 형식으로 자주 사용된다.

① 刚来中国的时候, 我连'你好'**也**不会说。

중국에 막 왔을 때 나는 '안녕'조차 말할 줄 몰랐다.

② 这个道理连孩子**也**明白。

이런 이치는 아이도 잘 안다.

---

③ 我觉得汉字一点儿**也**不难。

　　내가 느끼기에 한자는 조금도 어렵지 않다.

(4) 완곡한 어감을 나타낸다.

① 这么简单的汉字你都写错了，你**也**太不努力了！

　　이렇게 간단한 한자도 너는 틀리게 쓰고, 너도 너무 노력을 안 하는구나!

② 天气这么冷，还在湖里游泳，**也**不怕感冒。

　　날씨가 이렇게 추운데도 호수에서 수영을 하다니 감기도 두렵지 않은가 보구나.

2. 又 (보충설명26 참조)

(3) 还를 也로 잘못 사용한 경우

예문

오류문:

① *除了他以外，**也**有很多朋友。

② *昨天晚上我喝了五瓶啤酒，**也**吃了一盘饺子，肚子非常不舒服。

③ *下了一个星期雨了，今天**也**下雨。

④ *复习了一天，很多汉字**也**记不住。

정문:

⑤ 除了他以外，**还**有很多朋友。

　　그 말고도 친구들이 많다.

⑥ 昨天晚上我喝了五瓶啤酒，**还**吃了一盘饺子，肚子非常不舒服。

　　어제 저녁에 나는 맥주 다섯 병을 마시고도 만두를 한 접시 더 먹었더니 배가 무척 불편하다.

⑦ 下了一个星期雨了，今天**还**下雨。

　　일주일 동안 비가 내렸는데 오늘도 비가 온다.

⑧ 复习了一天，很多汉字**还**记不住。

　　하루 동안 복습을 했지만 여전히 많은 한자들을 기억하지 못 한다.

也는 주로 선후 항목 간의 유사성을 나타낸다. 예문①의 有很多朋友와 예문②의 吃了一盘饺子는 모두 유사성이 아닌 어떤 항목의 증가를 나타내므로 也 대신 还를 사용해야 한다. 예문③의 今天下雨와 예문④의 很多汉字记不住는 유사함의 표현이 아니고 상태의 지속을 나타내므로 也가 아닌 还를 사용해야 한다. 한국어에서 유사함을 나타내는 也와 항목의 증가나 상태의 지속을 나타내는 还는 모두 '-도'로 대응될 수 있다. 이 때문에 학습자들이 也와 还를 구분하지 못하여 이 둘을 혼용하는 오류가 자주 발생한다.

보충설명 31 也와 还의 차이

(보충설명26과 보충설명30 참조)

---

(4) 就를 也로 잘못 사용한 경우

예문

오류문:

① *这个现象很久以前**也**有，有很长时间了。
② *抽烟不好，可有人**也**喜欢别人抽烟的样子。
③ *老子**也**说过这么一句话：“一曰慈，二曰俭，三曰不敢为天下先。”
④ *有一个哲人**也**说过：“有信心的人总是知难而进，不害怕困难。”

정문:

⑤ 这个现象很久以前**就**有，有很长时间了。
   이 현상은 아주 오래 전에 이미 있었고, 오랜 시간 존재해 왔다.

⑥ 抽烟不好，可有人**就**喜欢别人抽烟的样子。
   담배를 피우는 것은 좋지 않지만 어떤 사람은 다른 사람이 담배 피우는 모습을 좋아한다.

⑦ 老子**就**说过这么一句话：“一曰慈，二曰俭，三曰不敢为天下先。”
   노자가 이런 말을 한 적이 있다: "첫째는 자비로움이고, 둘째는 검소함이며, 셋째는 함부로 나서지 않는 것이다".

⑧ 有一个哲人**就**说过: "有信心的人总是知难而进, 不害怕困难。"

어떤 철학자가 이런 말을 했다: "신념이 있는 사람은 어려움을 알고도 나아가며 어려움을 두려워하지 않는다."

분석

부사 也는 유사성을 나타내고 就는 시간의 이름이나 강조의 어기를 나타낸다. 예문①은 아주 오래 전에 이런 현상이 있었음을 강조할 뿐 유사성을 표현하지 않으므로 也 대신 就를 사용해야 바른 문장이 된다. 예문②의 有人喜欢别人抽烟的样子, 예문③의 老子说过这么一句话, 예문④의 有一个哲人说过 역시 유사성을 나타내지 않기 때문에, 강조를 나타내는 부사 就를 사용해야 한다. 한국어 조사 '도'는 유사성을 나타내는 也와 대응될 뿐만 아니라 강조를 나타내는 就와도 대응된다. 이 때문에 학습자들이 就 대신 也를 잘못 사용하는 오류가 자주 발생한다.

(5) 也의 어순 오류

예문

오류문:

① *对环境问题, **也**我们应该重视。
② *我家对我很严格, **也**爸爸、妈妈管我。
③ *他们俩看起来不一样, **也**行动不一样。
④ *我是**也**跟中国学生一起参加专业考试上本科的。

정문:

⑤ 对环境问题, 我们**也**应该重视。

환경 문제에 대해 우리도 주목해야 한다.

⑥ 我家对我很严格, 爸爸、妈妈**也**管我。

우리 집은 나한테 매우 엄격하고 아빠, 엄마는 나를 단속도 하신다.

⑦ 他们俩看起来不一样, 行动**也**不一样。

그 둘은 보기에도 달라 보이고 행동도 다르다.

⑧ 我**也**是跟中国学生一起参加专业考试上本科的。

나도 중국 학생들과 함께 전공시험을 보고 학부에 들어온 것이다.

부사 也는 주어 뒤, 술어 동사나 형용사 앞에만 위치할 수 있다. 예문①-③의 也는 모두 주어 앞에 위치하고 있으므로 이를 각각 我们, 爸爸, 妈妈, 行动 뒤에 사용해야 바른 문장이 된다. 예문④의 也는 동사 뒤에 위치하고 있으므로 주어 我 뒤에 사용해야 한다. 예문⑤의 경우 한국어로 '환경 문제에 대해서도 우리는 주목해야 한다/환경 문제에 대해 우리도 주목해야 한다.'라고 해석될 수 있다. 전자의 경우 也에 대응되는 '-도'가 '우리' 앞에 위치하고 있기 때문에 학습자들이 '-도'에 해당하는 也를 주어 앞에 사용하는 오류가 자주 발생한다.

10. 都의 오류

(1) 都를 잘못 첨가한 경우

예문

오류문:

① *因为房间里有很多垃圾，于是我**都**捡起垃圾扔到垃圾桶里。

② *那时候我突然看见那个垃圾桶里**都**有我的玩具。

③ *妈妈收拾房间的东西的时候，发现了孩子的玩具，于是妈妈**都**拿起孩子的玩具扔到垃圾桶。

④ *我**都**复习了这些汉字。

정문:

⑤ 因为房间里有很多垃圾，于是我捡起垃圾扔到垃圾桶里。

방에 쓰레기가 많아서 내가 쓰레기를 주워다 쓰레기통에 버렸다.

⑥ 那时候我突然看见那个垃圾桶里有我的玩具。

그때 나는 문득 쓰레기통에 내 장난감이 있는 걸 봤어.

⑦ 妈妈收拾房间的东西的时候，发现了孩子的玩具，于是妈妈拿起孩子的玩具扔到垃圾桶。

엄마는 방의 물건들을 정리하다가 아이의 장난감을 발견했고 그래서 아이의 장난감을 주워 쓰레기통에 버렸다.

⑧ 我复习了这些汉字。

　　나는 이 한자들을 복습했다.

분석

都는 관련 대상을 모두 포함할 때 사용하며, 그 포함하는 대상은 일반적으로 都 앞에 위치한다. 그러나 예문①-④의 都 앞 성분은 모두 복수가 아닌 단일 개체이므로 都를 사용하는 것이 적합하지 않다. 또 학습자들이 都가 포함하는 대상은 都 앞에 위치해야 한다는 것을 제대로 이해하지 못하여 위와 같은 오류가 자주 발생한다.

(2) 所有를 都로 잘못 사용한 경우

예문

오류문:

① ***都**韩国留学生参加这个考试。
② *小明**都**拿出垃圾桶里的玩具, 跟小花一起数了数。
③ *他们玩完以后, 突然拿起**都**玩具到房间里去了。
④ *我们学过**都**这些汉字。

정문:

⑤ **所有**韩国留学生参加这个考试。

　　모든 한국 유학생이 이 시험을 본다.

⑥ 小明拿出垃圾桶里的**所有**玩具, 跟小花一起数了数。

　　샤오밍은 쓰레기통의 모든 장난감을 꺼내서 샤오화와 함께 세어 보았다.

⑦ 他们玩完以后, 突然拿起**所有**玩具到房间里去了。

　　그들은 다 놀고 난 후 갑자기 모든 장난감을 가지고 방으로 갔다.

⑧ 我们学过**所有**这些汉字。

　　우리는 이 모든 한자들을 배운 적이 있다.

분석

都는 부사이기 때문에 동사만 수식할 수 있고 명사는 수식할 수 없다. 예문①, ③, ④의 都는 각각 명사 韩国留学生, 玩具, 这些汉字를 수식하고 있으므로 바른 표현이 아니며, 이 경우 都 대신 所有를 사용해야 한다. 예문②의 都는 비록 동사 앞에 쓰이고 있지만 그 앞에 위치하는 주어가 小明이라는 단일 개체이므로 都의 포함 대상이 될 수 없다. 이 문장에서 포함되어야 하는 대상은 목적어 玩具이므로 玩具 앞에 所有를 사용해야 바른 문장이 된다. 중국어의 都와 所有는 한국어에서 모두 부사 '다'에 대응될 수 있기 때문에 학습자들이 이를 구분하지 못하고 명사를 수식하는 所有 대신 부사 都를 사용하는 오류가 자주 발생한다.

11. 很의 오류

예문

오류문:

① *她觉得玩具都被弄坏了，而且**很**乱七八糟。

② *云南有很多**很**奇奇怪怪的菜。

③ *当妈妈看到这些的时候，**很**吓了一跳。

④ *后来，她的两个孩子回来后，发现自己的玩具都在垃圾桶里，他们**很**觉得有点儿奇怪。

정문:

⑤ 她觉得玩具都被弄坏了，而且乱七八糟。

　　그녀는 장난감이 다 망가졌을 뿐만 아니라 엉망진창이라고 생각한다.

⑥ 云南有很多奇奇怪怪的菜。

　　윈난에는 매우 특이한 음식들이 많이 있다.

⑦ 当妈妈看到这些的时候，吓了一跳。

　　엄마가 이것들을 보았을 때 화들짝 놀라셨다.

⑧ 后来，她的两个孩子回来后，发现自己的玩具都在垃圾桶里，他们觉得有点儿奇怪。

　　그 후에 그녀의 두 아이들이 돌아와서 자신들의 장난감이 모두 휴지통에 있다는 것을 발견하고는 좀 이상하다고 생각했다.

정도부사 很은 일반적으로 형용사나 爱사랑하다, 恨원망하다, 喜欢좋아하다, 热爱뜨겁게 사랑하다, 讨厌싫어하다, 了解이해하다, 懂알다 등과 같은 심리동사를 수식한다. 예문①의 성어 乱七八糟, 예문②의 형용사중첩식 奇奇怪怪, 예문③의 '동사+수량보어'인 吓了一跳는 모두 很의 수식을 받을 수 없는 형식들이며 예문④의 지각동사 觉得 역시 很의 수식을 받을 수 없으므로 이를 모두 삭제해야 바른 문장이 된다. 이와 같이 정도부사 很이 모든 형용사성 성분을 수식할 수 있는 것은 아니며, 특히 동사를 수식하는 경우는 很喜欢 매우 좋아한다, 很有钱 돈이 아주 많다, 很让人头疼 매우 골치가 아프다, 很看不起他 그를 매우 무시한다 와 같이 대단히 제한적이다. 학습자들이 이를 제대로 인식하지 못하여 위와 같은 오류가 자주 발생한다.

보충설명 32 很이 수식할 수 있는 성분

1. 성질 형용사는 수식할 수 있지만 상태 형용사는 수식할 수 없다.
   ① 今天**很**热。
      오늘은 매우 덥다.
   ② 这家商店的衣服**很**贵，我买不起。
      이 상점의 옷은 매우 비싸서 내가 살 수 없다.
   ③ 你们的宿舍**很**干净。
      너희 기숙사는 매우 깨끗하네.

2. 심리동사를 수식할 수 있다.
   ① 这件衣服我**很**喜欢。
      이 옷은 내가 무척 좋아한다.
   ② 她**很**爱吃中国菜。
      그녀는 중국 음식 먹는 것을 매우 좋아한다.
   ③ 我们都**很**讨厌这种人。
      우리는 이런 부류의 사람을 매우 싫어한다.

3. 정도의 의미를 나타내는 '有/没有+명사'를 수식할 수 있다.

① 他家**很**有钱。

그의 집은 돈이 매우 많다.

② 我们老师**很**有才。

우리 선생님은 매우 재능이 있으시다.

③ 你这么做**很**没有面子。

네가 이렇게 하는 것은 매우 염치없는 짓이다.

4. 일부 정도의 의미를 나타내는 동목구조를 수식할 수 있다.

① 这个消息**很**鼓舞人。

이 소식이 사람들을 매우 북돋아 주었다.

② 这次他**很**给面子。

이번에 그는 매우 체면이 섰다.

③ 你这么做**很**伤感情。

네가 이렇게 하는 것은 매우 감정을 상하게 하는 일이다.

5. 일부 '동사+得/不+보어' 구조를 수식할 수 있다.

① 我这么做**很**对得起你。

내가 이렇게 해야 너한테 떳떳하다.

② **很**对不起, 没有告诉你。

너무 미안해. 너한테 알리지 않아서.

③ 这个人**很**靠不住, 别相信他!

이 사람은 매우 신뢰할 수 없어. 그를 믿지 마.

6. 일부 추상명사, 인칭명사, 혹은 장소명사를 수식할 수 있다.

① 你穿上这件衣服以后, 显得**很**青春。

네가 이 옷을 입은 후로 매우 젊어 보인다.

② 她很厉害, 但是她装得**很**淑女。

그녀는 사납지만 매우 요조숙녀인 척한다.

③ 她的丈夫虽然是个外国人, 但是穿着**很**中国。

그녀의 남편은 외국인이지만 옷 입는 것이 매우 중국스럽다.

12. 真의 오류

오류문:

① *诗人**真**好描写了秋天的夜景。

② *他是**真**诚实的人。

③ *这个大学是**真**有名的大学。

④ *我们老师是**真**聪明的人。

정문:

⑤ 诗人**非常**好地描写了秋天的夜景。

　　시인은 가을의 야경을 매우 잘 묘사했다.

⑥ 他是**非常**诚实的人。

　　그는 대단히 성실한 사람이다.

⑦ 这个大学是**非常**有名的大学。

　　이 대학은 대단히 유명한 대학이다.

⑧ 我们老师是**非常**聪明的人。

　　우리 선생님은 대단히 똑똑한 사람이다.

'真+형용사'는 서술어로만 사용할 수 있고 부사어나 관형어로는 쓰일 수 없다. 예문①의 真好는 描写를 수식하는 부사어로 사용되고 있고, 예문②-④의 真诚实, 真有名, 真聪明은 각각 人, 大学, 人을 수식하는 관형어로 사용되고 있으므로 真 대신 非常을 사용하는 것이 바른 표현이다. 이러한 오류가 발생하는 원인으로 한국어와 중국어의 영향을 들 수 있다. 중국어 真은 한국어에서 '확실히', '진정으로', '참으로' 등에 대응되는데 이들 모두 형용사를 수식하면서 서술어, 부사어, 관형어로 쓰일 수 있다. 또한 대부분의 중국어 부사는 형용사와 동사를 수식하면서 문장에서 부사어나 관형어로 쓰일 수 있다. 이 때문에 학습자들이 '真+형용사'를 부사어나 관형어로 사용하는 오류가 자주 발생한다.

제7절 전치사의 주요 오류 유형

1. 对于의 오류

(1) 对를 对于로 잘못 사용한 경우

예문

오류문:

① *东北的男人很豪放，喜欢喝酒，**对于**女人往往表现得特别友善。
② *我男朋友**对于**我很好。
③ *这个问题将**对于**中美双方关系未来发展起积极的作用。

정문:

④ 东北的男人很豪放，喜欢喝酒，**对**女人往往表现得特别友善。
동북쪽 남성들은 매우 호방하고 술 마시기를 좋아하며 여성에게 자주 무척 다정스런 표현을 한다.

⑤ 我男朋友**对**我很好。
내 남자친구는 나에게 잘해 준다.

⑥ 这个问题将**对**中美双方关系未来发展起积极的作用。
이 문제는 장차 중미 쌍방 관계의 미래 발전에 대해 적극적인 역할을 해 줄 것이다.

분석

对于와 对는 모두 행위나 동작의 대상을 나타내지만 对는 사람 간의 관계에서 사용될 수 있는 반면 对于는 사람을 대상으로 사용할 수 없다. 예문①, ②는 모두 실제적인 사람 간의 관계를 나타내므로 对于가 아닌 对를 사용해야 한다. 또한 对于 앞에는 부사가 출현할 수 없다. 예문③의 对于 앞에는 부사 将이 쓰였으므로 이 때의 对于 역시 对를 사용해야 바른 문장이 된다. 이와 같이 对于와 对는 모두 전치사로 의미가 비슷하지만 용법에서 차이를 보인다. 그러나 학습자들이 그 차이를 구분하지 못하여 혼용하는 오류가 자주 발생한다.

보충설명 33 对于와 对의 차이

1. **对于**: 논의나 언급의 대상을 나타낸다. 일반적으로 사람 간의 관계에서는 사용되지 않으며 조동사나 부사 뒤에 쓰이지 않는다.

  ① 领导**对于**这件事情有什么看法?

  　　대표님은 이 일에 대해 어떤 견해를 가지고 계십니까?

  ② 抽烟**对于**身体没什么好处。

  　　흡연은 몸에 좋을 것이 하나도 없다.

2. **对**

 (1) 동작의 대상을 나타낸다.

  ① 他没说话, 只**对**我笑了笑。

  　　그는 아무 말도 하지 않고 나를 보고 웃기만 했다.

  ② 妈妈**对**弟弟说: "明天再去, 可以吗?"

  　　엄마는 동생에게 "내일 다시 가도 괜찮겠니?"라고 말씀하셨다.

 (2) 행위나 논의의 대상을 나타낸다. 사람 간의 관계에 쓰일 수 있고 조동사나 부사 뒤에서도 쓰일 수 있다.

  ① 老师**对**我们很好。

  　　선생님은 우리들에게 잘 대해 주신다.

  ② 这儿的服务员**对**客人非常热情。

  　　여기 직원들은 손님들에게 매우 친절하다.

  ③ 我们会立即**对**这件事进行研究, 你放心吧。

  　　우리가 이 일에 대해 바로 연구를 진행할 테니 너는 안심해라.

  ④ 他**对**这件事会有看法的。

  　　그는 이 일에 대해 나름의 견해가 있을 거야.

  ⑤ 老师会**对**他进行批评教育。

  　　선생님은 그를 꾸짖어 교육시키실 거야.

> **참고**
>
> 1. 对는 구어에서 많이 사용되고 对于는 문어에서 많이 사용된다.
> 2. 对于를 사용할 수 있는 경우라면 일반적으로 对도 사용할 수 있다. 반면 对는 사용할 수는 있지만 对于는 사용할 수 없는 경우가 있다.
> 3. 对于는 사람 간의 관계나 조동사, 부사 뒤에 사용할 수 없다.
>   ① *老师**对于**我们很好。
>   ② *我会**对于**他们的住处做出安排的。

(2) 关于를 对于로 잘못 사용한 경우

예문

오류문:

① ***对于**这个问题，明天我跟你讨论。
② ***对于**中国，以前我知道的很少。
③ *2000年发生的**对于**蒜的贸易摩擦已经解决了。
④ *韩国**对于**宗教的言论非常多。

정문:

⑤ **关于**这个问题，明天我跟你讨论。

　　이 문제에 관해서 내일 나는 너와 토론할 거야.

⑥ **关于**中国，以前我知道的很少。

　　중국에 관해서 예전에 나는 아는 것이 매우 적었다.

⑦ 2000年发生的**关于**蒜的贸易摩擦已经解决了。

　　2000년에 발생한 마늘에 관한 무역 마찰은 이미 해결되었다.

⑧ 韩国**关于**宗教的言论非常多。

　　한국은 종교에 관한 의견이 매우 다양하다.

분석

　　对于는 행위나 동작의 대상을 나타내며 关于는 관련 대상을 나타낸다. 예문①의 这个问题, 예문②의 中国, 예문③의 蒜, 예문④의 宗教는 모두 행위나 동작의 대상이 아닌 그와 관련된 상황이므로 对于가 아닌 关于를 사용해야 바른 문장이 된다. 对于는 한국어에서 주로 '-에 대해 (서)'로 대응될 수 있는데, 이는 동작이 언급하는 대상 외에도 关于가 나타내는 논의 대상까지 포함할 수 있다. 이 때문에 학습자들이 关于 대신 对于를 사용하는 오류가 자주 발생한다.

보충설명 34 对于와 关于의 차이

1. 对于 (보충설명33 참조)

2. 关于
   관련되어 있거나 언급하는 대상을 나타낸다.
   ① 关于这件事, 大家还有什么意见?
      이 일에 관해서 여러분은 또 무슨 의견이 있습니까?
   ② 关于怎么分班的问题, 有时间再讨论。
      어떻게 분반할 것인지에 관한 문제는 시간 날 때 다시 논의합시다.

   참고

1. 对于는 주어의 앞이나 뒤에 모두 사용할 수 있는 반면 关于는 주어 앞에만 사용할 수 있다.
   ① 对于这件事, 我没有什么意见。
      이 일에 대해 나는 아무 의견이 없다.
   ② 我对于这件事没有什么意见。
      나는 이 일에 대해 아무 의견이 없다.
   ③ 关于这件事, 我没有什么意见。
      이 일에 관해 나는 아무 의견이 없다.
      *我关于这件事, 我没有什么意见。

2. 목적어가 '…问题, …事'일 때 对于와 关于 모두 사용할 수 있다.
   ① 对于这个问题, 我有一点儿看法。
      이 문제에 대해 나는 의견이 좀 있다.

> **关于**这个问题，我有一点儿看法。
>
> 이 문제에 관해 나는 의견이 좀 있다.
>
> ② **对于**这件事，老李还有话要说。
>
> 이 일에 대해 라오리는 할 말이 더 있다.
>
> **关于**这件事，老李还有话要说。
>
> 이 일에 관해 라오리는 할 말이 더 있다.

2. 在의 오류

(1) 在의 누락 오류

예문

오류문:

① *他洛阳附近出生。

② *1920年10月12日他西大门刑务所监狱内因为营养失调而死亡。

③ *最后露梁海战中，李舜臣死了。

④ *我们喜欢图书馆里学习。

정문:

⑤ 他**在**洛阳附近出生。

그는 뤄양 근처에서 태어났다.

⑥ 1920年10月12日他**在**西大门刑务所监狱内因为营养失调而死亡。

1920년 10월 12일 그는 서대문 형무소 감옥에서 영양실조로 사망하였다.

⑦ 最后**在**露梁海战中，李舜臣死了。

최후에 노량해전에서 이순신 장군이 돌아가셨다.

⑧ 我们喜欢**在**图书馆里学习。

우리는 도서관에서 공부하는 것을 좋아한다.

분석

행위나 동작이 발생하는 장소를 나타내는 '在+명사+방위사'가 부사어로 쓰일 때 在는 생략할 수 없다. 예문①의 洛阳附近, 예문②의 西大门

刑务所监狱内, 예문③의 露梁海战, 예문④의 图书馆里는 모두 행위
나 동작이 발생한 장소이므로 그 앞에 전치사 在를 사용해야 바른 문장
이 된다. 특히 예문②-④의 방위사 内, 中, 里는 한국어에서 모두 장소
를 나타내는 조사 '에서'로 대응될 수 있기 때문에 학습자들이 内, 中,
里로 在를 대체할 수 있다고 잘못 생각하여 위와 같이 在를 누락시키는
오류가 자주 발생한다.

(2) 从을 在로 잘못 사용한 경우

예문

오류문:

① ***在**山上掉下来的话, 就会死。

② *小偷把我的自行车**在**楼门口偷走了。

③ *蚊子**在**窗户飞进来了。

④ ***在**奎章阁的书中把三百四十五本书拿走了。

정문:

⑤ **从**山上掉下来的话, 就会死。

산에서 떨어진다면 죽을 거야.

⑥ 小偷把我的自行车**从**楼门口偷走了。

좀도둑이 내 자전거를 건물 입구에서 훔쳐갔다.

⑦ 蚊子**从**窗户飞进来了。

모기가 창문으로 날아들어 왔다.

⑧ **从**奎章阁的书中把三百四十五本书拿走了。

규장각 책 중에서 345권을 가져갔다.

분석

在는 행위나 동작이 발생한 장소를 나타낸다. 반면 从은 행위나 동작이
시작된 지점이나 경유 지점을 나타낸다. 예문①의 山上, 예문②의 楼门
口는 각각 떨어지고, 훔쳐간 동작이 시작된 지점을 나타내므로 在가 아
닌 从을 사용해야 한다. '在…中'은 '어떤 장소에', '从…中'은 '어떤

장소로부터'를 나타낸다. 예문④는 규장각 책 중에서 일부를 가져가는 것이므로 在 대신 기점을 나타내는 从을 사용해야 바른 문장이 된다. 한국어에서는 행위나 동작이 발생한 장소나 행위나 동작이 시작된 지점을 모두 '장소+에서'로 표현할 수 있다. 이 때문에 학습자들이 在와 从을 구분하지 못하고 이 둘을 혼용하는 오류가 자주 발생한다.

보충설명 35 在와 从의 차이

1. 在

(1) 행위와 동작이 발생한 장소를 나타낸다.

① 孩子们**在**外边玩呢，你出去看看吧。

아이들이 바깥에서 놀고 있으니 네가 나가서 좀 봐라.

② 老师**在**教室里上课，别给他打电话。

선생님은 교실에서 수업 중이시니 그에게 전화하지 마라.

③ 他**在**图书馆看书呢，你找他有什么事?

그는 도서관에서 책을 보고 있어. 너 무슨 일로 그를 찾니?

(2) 출생, 거주, 발생지 등을 나타내며 동사의 앞과 뒤에 모두 위치할 수 있다.

① 我**在**北京出生。

나는 베이징에서 태어났다.

② 他以前住**在**上海，现在住**在**北京。

그는 예전에 상하이에서 살았는데 지금은 베이징에서 산다.

③ 这件事发生**在**美国。

이 일은 미국에서 발생했다.

(3) 도착 장소를 나타낼 때는 동사 뒤에 위치한다.

① 谁把衣服扔**在**这儿了?

누가 옷을 여기에 버렸니?

---

② 把电视机放**在**桌子上吧。

TV는 탁자 위에 놓아라.

③ 钟表挂**在**墙上吧。

시계는 벽에 걸어라.

2. 从

(1) 행위나 동작이 시작된 지점을 나타내며 到, 往과 함께 사용하는 경우 가 많다.

① 我刚**从**家里回**到**学校。

나는 방금 집에서 학교로 돌아왔다.

② **从**宿舍**到**学校，骑车20分钟。

기숙사에서 학교까지 자전거로 20분 걸린다.

③ **从**这儿**往**东数，第二座大楼就是。

여기서 동쪽으로 가서 두 번째 빌딩이에요

(2) 경유 지점을 나타낸다.

① 门销上了，可以**从**窗户爬出去。

문이 잠겼으니 창문으로 나가도 된다.

② 刚才**从**图书馆路过，进去借了一本书。

방금 도서관을 지나가는 길에 들어가서 책 한 권을 빌렸다.

③ 我们不**从**这儿走，你别在这儿等我们。

우리는 여기서 출발하지 않으니 너는 여기서 우리를 기다리지 마.

(3) 근거를 나타낸다.

① 做什么事情都要**从**实际出发，不能想当然。

무슨 일을 할 때에는 실제적인 것에서 출발해야지 당연하게 생각하면 안 된다.

② **从**说话的声音就知道是你。

말하는 소리만 듣고 바로 넌 줄 알았다.

(3) '在+명사'의 어순 오류

예문

오류문:

① *没想到这样子开车**在**韩国。

② *我学习**在**广州。

③ *我住了**在**他家两三天。

④ *他喜欢看书**在**图书馆。

정문:

⑤ 没想到这样子**在**韩国开车。

이렇게 한국에서 차를 운전하게 될 줄 생각지 못했다.

⑥ 我**在**广州学习。

나는 광저우에서 공부한다.

⑦ 我**在**他家住了两三天。

나는 그의 집에서 이삼 일 묵었다.

⑧ 他喜欢**在**图书馆看书。

그는 도서관에서 책 보는 것을 좋아한다.

분석

'在+장소명사'가 행위나 동작이 발생한 장소를 나타낼 때는 술어동사 앞에 위치해야 한다. 예문①의 在韩国, 예문②의 在广州, 예문③의 在他家, 예문④의 在图书馆은 모두 행위나 동작이 발생한 장소이므로 술어동사 뒤가 아닌 앞에 사용해야 바른 문장이 된다. 영어에서 장소를 나타내는 전치사구는 모두 술어동사 뒤 또는 문미에 위치하는데, 이 때문에 학습자들이 중국어의 '在+장소명사'도 동사 뒤에 올 수 있다고 잘못 생각하여 오류가 발생한다. 또한 '在+장소명사'는 술어동사 앞에 위치하는 것이 일반적이지만, 동작이나 행위를 통해 사람 또는 사물이 도착한 장소를 나타낼 때는 술어동사 뒤에 사용해야 한다. 학습자들이 '在+장소명사'의 용법 차이를 구분하지 못하여 위와 같은 오류가 자주 발생한다.

3. 对의 오류

(1) 对의 첨가 오류

[예문]

오류문:

① *他很好奇地**对**爷爷问: "爷爷, 这个是什么?"

② *朋友**对**我回答: "不要不好意思, 我们毕竟是朋友。"

③ *全斗焕**对**军队命令控制参加民主化运动的光州学生和光州人民。

④ *妈妈**对**孩子们要求不要把房间弄乱。

정문:

⑤ 他很好奇地问爷爷: "爷爷, 这个是什么?"

그는 매우 신기한 듯 할아버지께 물었다. "할아버지, 이게 뭐예요?"

⑥ 朋友回答我: "不要不好意思, 我们毕竟是朋友。"

친구는 나에게 대답했다. "부끄러워하지 마. 우리는 어디까지나 친구잖아."

⑦ 全斗焕命令军队控制参加民主化运动的光州学生和光州人民。

전두환은 민주화 운동에 참가한 광주의 학생과 시민을 제압하라고 군대에 명령하였다.

⑧ 妈妈要求孩子们不要把房间弄乱。

엄마는 아이들에게 방을 어지럽히지 말라고 하신다.

[분석]

问과 回答의 대상은 동사 뒤에서 목적어로 쓰여야 하며 전치사 对를 사용하여 동사 앞으로 전치시킬 수 없다. 따라서 예문①, ②의 爷爷와 我는 각각 동사 问과 回答 뒤에 사용해야 바른 문장이 된다. 또 命令과 要求의 대상 역시 전치사 对를 사용하여 동사 앞에 전치시킬 수 없기 때문에 예문③, ④의 军队, 孩子们도 모두 命令, 要求 뒤에 목적어로 사용해야 한다. '할아버지에게 질문하다 问爷爷', '나에게 대답하다 回答我'와 같이 한국어에서 동사가 언급하는 대상은 일반적으로 조사 '에게'나 '에'를 사용하며, 이는 중국어 전치사 对에 대응될 수 있다. 이러한 영향으로 학습자들이 행위의 대상을 나타낼 때는 항상 전치사 对를 사용해야 한다고 잘못 생각하여 오류가 자주 발생한다.

(2) 对의 누락 오류

예문

오류문:

① *日本来说, 这个问题到国际法院解决是最好的办法。

② *老师孩子们的行动进行仔细观察。

③ *妈妈面红耳赤地自己说: "累死了, 我今天一定要批评他们!"

④ *人应该通过充分的思考以后再选择, 而且要负责自己的选择。

정문:

⑤ 对日本来说, 这个问题到国际法院解决是最好的办法。

일본의 입장에서는 이 문제를 국제 법원에서 해결하는 것이 가장 좋은 방법이다.

⑥ 老师对孩子们的行动进行仔细观察。

선생님은 아이들의 행동을 자세히 관찰하신다.

⑦ 妈妈面红耳赤地对自己说: "累死了, 我今天一定要批评他们!"

엄마는 붉으락푸르락한 얼굴로 자신에게 "피곤해 죽겠네, 내가 오늘 반드시 그들을 혼내주겠어"라고 말했다.

⑧ 人应该通过充分的思考以后再选择, 而且要对自己的选择负责。

사람은 충분히 생각하고 나서 선택해야 하고 자기 선택에 대해서는 책임을 져야 한다.

분석

'对…来说'는 어떤 사람이나 각도로부터 문제를 바라본다는 뜻을 나타낸다. 예문①는 来说만 쓰이고 있으므로 日本 앞에 전치사 对를 첨가해야 바른 표현이 된다. 예문②의 进行仔细观察는 목적어를 가질 수 없는 동사구이므로 그 대상을 전치사 对와 함께 부사어로 사용해야 한다. 예문③의 自己는 说의 대상이므로 그 앞에 对를 첨가해야 하며, 예문④의 负责 역시 목적어를 가질 수 없는 동사이므로 그 대상인 自己的选择를 전치사 对를 사용하여 负责 앞에 사용해야 한다. '进行+타동사'나 说, 负责와 같은 동사는 행위의 대상을 나타내는 목적어를 가질 수 없지만 학습자들이 이를 인지하지 못하여 위와 같이 전치사 对가 누락되는 오류가 자주 발생한다.

(3) 给를 对로 잘못 사용한 경우

예문

오류문:

① *其中**对**我印象最深刻的诗是唐代李白写的≪黄鹤楼送孟浩然之广陵≫。

② *下次请你**对**我介绍一下。

③ *老师**对**我们布置的作业越来越多。

정문:

④ 其中**给**我印象最深刻的诗是唐代李白写的≪黄鹤楼送孟浩然之广陵≫。

그 중에서 나에게 가장 깊은 인상을 준 시는 당대 이백이 지은 ≪황학루송맹호연지광릉≫이다.

⑤ 下次请你**给**我介绍一下。

다음에 제게 소개 좀 해 주세요

⑥ 老师**给**我们布置的作业越来越多。

선생님께서 우리에게 내주시는 숙제가 점점 많아진다.

분석

对와 给는 모두 대상을 나타낼 수 있지만 对는 동작, 행위, 논의의 대상을 나타내고 给는 주로 동작이나 행위의 수혜자 또는 수여 대상을 나타낸다. 예문①-②의 我, 예문③의 我们은 모두 이익을 받는 사람을 나타내므로 对가 아닌 给를 사용해야 바른 문장이 된다. 중국어의 对와 给는 한국어에서 모두 조사 '에게'로 대응될 수 있으며 '에게'는 동사가 언급하는 대상, 이익이나 해를 입은 대상 및 전달받은 사람 등을 모두 나타낼 수 있다. 이러한 영향으로 학습자들이 给와 对를 혼용하는 오류가 자주 발생한다.

보충설명 36 对와 给의 차이

1. 对 (보충설명33 참조)

2. 给

(1) 수여 대상을 나타내며 동사의 앞이나 뒤에 모두 사용할 수 있다.

① 你**给**老师回电话了吗?

너는 선생님께 답신 전화 드렸니?

② 妈妈**给**我寄来一个包裹。

엄마가 내게 소포를 보내셨다.

③ 作业交**给**老师了。

숙제는 선생님께 제출했다.

(2) 동작의 수혜자나 피해자를 나타낸다.

① 朋友来中国玩, 我**给**朋友当翻译。

친구가 중국에 놀러왔을 때 나는 친구에게 통역을 해주었다.

② 明天我的辅导要**给**我辅导汉字。

내일 나의 과외 선생님은 내게 한자를 가르쳐 주실 것이다.

③ 孩子把我的头发**给**我弄乱了, 我得去梳理一下。

아이가 내 머리를 엉망으로 만들어서 나는 머리를 좀 빗으러 가야겠다.

(3) '…을/를 향함'을 나타내 일반적으로 敬礼경례하다, 鞠躬허리를 굽혀 절하다, 道歉사과하다, 讲故事이야기하다 등과 함께 쓰인다.

① 我**给**你敬个礼。

제가 당신에게 인사를 올리겠습니다.

② 离别的时候, 学生们都**给**那位老师鞠躬。

이별할 때 학생들은 모두 그 선생님께 허리 굽혀 인사하였다.

③ 我错了, 我**给**你道歉。

내가 잘못했어. 너에게 사과할게.

(4) 向을 对로 잘못 사용한 경우

예문

오류문:

① *还是没有**对**他道歉。
② ***对**地方法院提出了上诉。
③ *你应该**对**她说明一下。
④ *我**对**她招手，她没看见。

정문:

⑤ 还是没有**向**他道歉。

　아직도 그에게 사과하지 않았다.

⑥ **向**地方法院提出了上诉。

　지방법원에 상소를 제출했다.

⑦ 你应该**向**她说明一下。

　너는 그녀에게 설명을 좀 해줘야 한다.

⑧ 我**向**她招手，她没看见。

　내가 그녀에게 손짓했지만 그녀는 보지 못했다.

분석

对와 向은 모두 동작이나 행위의 대상을 나타낼 수 있지만 결합할 수 있는 동사에는 차이가 있다. 예문①의 道歉, 예문②의 上诉, 예문③의 说明, 예문④의 招手는 모두 전치사 向과 함께 쓰여야 하며 对를 사용할 수 없다. 이와 같이 중국어에서는 向과 对는 동사에 따라 구분하여 사용하지만 한국어에서는 동작의 대상을 나타낼 때 주로 조사 '에게'나 '에'를 사용한다. 이러한 영향으로 학습자들이 向과 对를 혼용하는 오류가 자주 발생한다.

对와 向의 차이

1. 对 (보충설명33 참조)

2. 向

(1) 동작의 방향을 나타내며, 주로 동사 앞에 위치한다.

① 向外看!

밖을 봐!

② 大家向左移动一下。

모두 좌측으로 좀 이동하세요.

③ 飞机向南方飞去了。

비행기가 남쪽을 향해 날아갔다.

(2) 走걷다, 冲향하다, 飞날다, 奔질주하다, 倒넘어지다, 驶운전하다 등의 동사 뒤에
서 동작의 방향을 나타낸다. 주로 문어에서 많이 사용된다.

① 老师走向前去, 帮助那个同学。

선생님께서는 앞으로 걸어 가서서 그 친구를 도와 주셨다.

② 那架飞机飞向南方了。

그 비행기는 남쪽으로 날아갔다.

③ 他从地上爬起来, 又奔向前方, 坚持跑完全程。

그는 땅에서 기어 올라와 또다시 앞을 향해 내달리며 전 과정 완주를 지속하였다.

(3) 동작의 대상을 나타낼 수 있으며 学习공부하다, 要요구하다, 负责책임지다,
招手손짓하다, 道歉사과하다 등의 동사와 함께 사용된다.

① 大家应该向他学习。

모두 그에게서 배워야 한다.

② 需要什么东西, 可以向我要。

무슨 물건이 필요하거든 나한테 말하렴.

③ 我们应该向人民负责。

우리는 국민을 위해 책임을 다 해야 한다.

4. 对를 给로 대체한 오류

오류문:

① *给她们进行判决也是理所当然的。
② *政府给美国多次强调大米市场不能开放。
③ *给金某进行威胁和殴打。
④ *父亲再仔细地给儿子说: "有很多稻子"。

정문:

⑤ 对她们进行判决也是理所当然的。
> 그녀들에 대한 판결을 진행하는 것은 당연한 것이다.

⑥ 政府对美国多次强调大米市场不能开放。
> 정부는 미국에게 쌀 시장을 개방할 수 없다고 여러 차례 강조하였다.

⑦ 对金某进行威胁和殴打。
> 김모씨에 대해 위협과 구타를 가했다.

⑧ 父亲再仔细地对儿子说: "有很多稻子"。
> 아버지는 아들에게 "벼가 매우 많이 있다"고 다시 자세히 말씀해 주셨다.

분석

对와 给는 모두 대상을 나타낼 수 있지만 对는 동작이 언급하는 대상만을 나타내는 반면 给는 주로 수혜자, 피해자, 수여 대상 등을 나타낸다. 예문①-④의 她们, 美国, 金某, 儿子는 모두 동작의 언급 대상이므로 给가 아닌 对를 사용해야 바른 문장이 된다. 또한 给와 对는 한국어에서 모두 '-에게'로 해석되기 때문에 학습자들이 이 둘을 구분하지 못하고 혼용하는 경우가 자주 발생한다.

5. 对를 向으로 대체한 오류

예문

오류문:

① *朝鲜向清朝说要发兵。

② *老师**向**我们提了很多要求。

정문:

③ 朝鲜**对**清朝说要发兵。

조선은 청나라에게 파병해야 한다고 말했다.

④ 老师**对**我们提了很多要求。

선생님은 우리에게 매우 많은 것을 요구하셨다.

분석

向과 对는 모두 동작의 대상을 나타낼 수 있지만 결합할 수 있는 동사에는 차이가 있다. 특히 谈, 说, 笑 등의 신체 동작을 나타내는 동사는 对와 함께 사용될 수 있지만 向은 사용할 수 없다. 예문①은 술어동사가 说이므로 向 대신 对를 사용해야 하며, 예문②의 提要求의 대상 역시 向이 아닌 对를 사용해야 한다. 중국어에서는 상하 문맥의 구체적인 내용에 따라 给, 向, 对를 달리 사용하지만, 한국어는 이를 모두 조사 '에게'로 표현한다. 이러한 영향으로 학습자들이 对와 向을 구분하지 못하고 혼용하는 경우가 자주 발생한다.

6. 对를 跟으로 대체한 오류

예문

오류문:

① *我们**跟**别人表示好意的时候很重视外表。
② *老人**跟**大卫喊: "圣诞节快乐!"
③ *我才发现我还没**跟**圣诞节老人表示我的感谢。
④ *他**跟**我说: "你先走吧!"

정문:

⑤ 我们**对**别人表示好意的时候很重视外表。

우리는 다른 사람에게 호의를 표할 때 형식을 매우 중시한다.

⑥ 老人**对**大卫喊: "圣诞节快乐!"

노인은 데이빗에게 "메리 크리스마스!"라고 소리쳤다.

⑦ 我才发现我还没对圣诞老人表示我的感谢。

　　나는 내가 아직 산타할아버지에게 감사를 표하지 않았다는 것을 겨우 알아차렸다.

⑧ 他对我说: "你先走吧!"

　　그는 나에게 "너 먼저 가!"라고 말했다.

분석

　　전치사 跟은 동작이나 행위를 함께 하는 대상을 나타낸다. 예문①의 別人, 예문②의 大卫, 예문③의 圣诞老人, 예문④의 我는 모두 행위의 대상을 나타내므로 跟이 아닌 对를 사용해야 바른 문장이 된다. 이처럼 학습자들이 행위의 대상과 행위를 함께하는 대상을 구분하지 못하여 对와 跟을 혼용하는 오류가 자주 발생한다.

보충설명 38　　跟과 对의 차이

1. 跟

(1) 행위의 협력자나 동반자를 나타낸다.

① 我跟他去, 你不用去了。

　　나는 그와 함께 가니까 너는 갈 필요 없어.

② 他不跟我玩儿, 跟你玩儿。

　　그는 나하고는 놀지 않아. 너하고 놀아.

③ 你跟我走吧。

　　너는 나하고 가자.

(2) 행위 대상을 나타낸다.

① 我想跟你聊聊。

　　나는 너와 얘기를 좀 나누고 싶다.

② 这件事一定要跟他说清楚。

　　이 일은 반드시 그와 분명히 말해야 한다.

(3) 관련 대상을 나타낸다.

① 他跟这事有关, 别让他走了。

　　그는 이 일과 관련이 있으니 그를 가지 못하게 해라.

---

② 我**跟**这事无关，你跟我说不着。

나는 이 일과 무관하니 너는 나와 얘기할 이유가 없다.

(4) 비교 대상을 나타낸다.

① 这件衣服**跟**那件一样，都是大号。

이 옷은 저 옷과 마찬가지로 큰 사이즈이다.

② 我没法**跟**你比，你的汉语比我好多了。

나는 너와 비교도 안 돼. 네 중국어가 나보다 훨씬 낫지.

③ **跟**昨天相比，今天舒服多了。

어제와 비교해 보면 오늘이 훨씬 편안해졌다.

2. **对** (보충설명33 참조)

7. 为了의 어순 오류

예문

오류문:

① *很多学生已经来了**为了**看比赛。

② *我来了中国**为了**学习汉语。

③ *我们到北京**为了**旅游。

④ *爸爸去了上海**为了**工作。

정문:

⑤ **为了**看比赛，很多学生已经来了。

경기를 보기 위해 매우 많은 학생들이 이미 와 있다.

⑥ **为了**学习汉语，我来了中国。

중국어를 공부하기 위해 나는 중국에 왔다.

⑦ **为了**旅游，我们到北京。

여행을 하기 위해 우리는 북경에 도착했다.

⑧ **为了**工作，爸爸去了上海。

일을 위해 아버지는 상해에 가셨다.

목적을 나타내는 为了는 행위나 동작을 표현하는 소절 앞에 위치한다. 예문①의 为了看比赛, 예문②의 为了学习汉语, 예문③의 为了旅游, 예문④의 为了工作는 모두 문미에 위치하고 있으므로 이를 모두 문두로 이동시켜야 바른 표현이 된다. 이러한 오류가 발생하는 원인으로 영어의 영향을 들 수 있다. 영어에서 목적을 나타내는 전치사 for는 일반적으로 문미에 위치하기 때문에 영어를 먼저 습득한 학습자들이 중국어의 为了도 술어동사 뒤 또는 문미에 사용해야 한다고 생각하여 위와 같은 오류가 자주 발생한다.

보충설명 39   为了의 용법

1. '为了+명사(구)'는 행위나 동작의 수혜자를 나타낸다.
   ① **为了**你, 我买了一件礼物。
      너를 위해서 내가 선물을 하나 샀다.
   ② **为了**我们, 妈妈每天都去外边工作。
      우리를 위해 엄마는 매일 밖에 나가 일하신다.

2. '为了+동사(구)'는 행위나 동작의 목적을 나타낸다.
   ① **为了**学汉语, 我到中国来了。
      중국어를 공부하기 위해 나는 중국에 왔다.
   ② **为了**买票看比赛, 今天他没来上课。
      표를 사서 경기를 보기 위해 오늘 그는 수업에 오지 않았다.

3. '…是+为了+명사(구)/동사(구)'는 목적을 나타낸다.
   ① 他到中国来是**为了**女朋友。
      그가 중국에 온 것은 여자 친구를 위해서이다.
   ② 我这么做都是**为了**帮助你。
      내가 이렇게 하는 것은 다 너를 돕기 위해서이다.

③ 大家到中国来是**为了**学习汉语，不是为了玩儿。

여러분이 중국에 온 것은 중국어를 공부하기 위해서지 놀기 위해서가 아니다.

제8절 접속사의 주요 오류 유형

1. 或者를 还是로 대체한 오류

예문

오류문:

① *我的朋友**还是**客人来我的家吃我妈妈做的饭时，我都会向他们介绍妈妈做的饭。

② *饺子**还是**包子都可以。

③ *从美国的长远利益，**还是**美中关系大局来看，都是得不偿失。

④ *在法国，犹太人被关进收容所**还是**被屠杀了。

정문:

⑤ 我的朋友**或者**客人来我的家吃我妈妈做的饭时，我都会向他们介绍妈妈做的饭。

내 친구나 손님이 우리 집에 와서 우리 엄마가 하신 음식을 먹을 때 나는 항상 그들에게 엄마가 하신 음식을 소개한다.

⑥ 饺子**或者**包子都可以。

교자나 만두 모두 괜찮아.

⑦ 从美国的长远利益，**或者**美中关系大局来看，都是得不偿失。

미국의 장기적인 이익으로나 중미 관계의 전반적인 정세로 볼 때 얻는 것보다 잃는 것이 많다.

⑧ 在法国，犹太人被关进收容所**或者**被屠杀了。

프랑스에서 유태인들은 수용소에 갇히거나 학살당했다.

还是는 일반적으로 의문문에 쓰이며 선택을 나타낸다. 예문①-④는 모두 의문문이 아니므로 还是가 아닌 或者를 사용해야 바른 문장이 된다. 한국어와 영어는 还是와 或者를 따로 구분하지 않고 이를 모두 '혹은'과 'or'로 표현한다. 이러한 영향으로 학습자들이 还是와 或者를 혼용하는 오류가 자주 발생한다.

보충설명 40 还是와 或者의 차이

1. **还是**

(1) 선택의문문에서 사용되며, '(是)···, 还是···'형식으로 자주 사용된다.

① 他(是)学汉语, **还是**学英语?

그는 중국어를 배워? 영어를 배워?

② 今天(是)热, **还是**不热?

오늘 더워, 안 더워?

③ (是)你去, **还是**我去?

네가 갈래, 내가 갈까?

(2) 평서문에서 '无论/不论/不管···还是···, 都/总···'형식으로 자주 사용되며, 어떤 조건에서도 결과나 상황 등이 모두 변하지 않는 것을 나타낸다.

① 无论去**还是**不去, 都要告诉我。

가든지 안 가든지 나한테 알려줘야 해.

② 不论好吃**还是**不好吃, 都得尝一尝。

맛있든 맛없든 한번 먹어 봐야 해.

③ 不管下雨**还是**不下雨, 明天我都去长城。

비가 오든 안 오든 내일 나는 만리장성에 갈 것이다.

还是가 포함된 구는 知道알다, 告诉알려주다, 清楚이해하다, 记得기억하다, 听说들자하니, 忘잊다 과 같은 동사의 주어나 목적어로 쓰일 수 있다.

① 他喜欢**还是**不喜欢这件衣服我不知道。

그가 이 옷을 좋아할지 안 좋아할지 나는 모른다.

② 哥哥忘了去过**还是**没去过那个地方。

오빠는 그곳에 간 적이 있었는지 없었는지 잊어 버렸다.

③ 这个菜不记得吃过**还是**没吃过。

이 요리를 먹어 봤는지 먹어보지 않았는지 기억나지 않는다.

2. 或者

(1) 주로 평서문에서 사용된다.

① 假期我想去北京**或者**上海。

휴가 때 나는 베이징 혹은 상하이에 가고 싶다.

② 这两天我都有空, 明天**或者**今天都可以。

요 며칠은 내가 다 짬이 나니까 내일이든 오늘이든 다 괜찮아.

③ 你**或者**他, 你们两个必须离开一个。

너든 그든 너희 둘 중에 하나는 반드시 떠나야 해.

(2) 或者는 두 번 혹은 그 이상 사용될 수 있다.

① **或者**我去, **或者**你去, 只能去一个。

내가 가든지 네가 가든지 하나만 갈 수 있어.

② **或者**上海, **或者**北京, **或者**西安, 只能选一个地方。

상하이, 베이징 혹은 시안 한 곳만 선택할 수 있어.

③ **或者**出国, **或者**上大学, **或者**工作, 你必须做出选择。

출국을 하든지 대학에 다니든지 일을 하든지 너는 반드시 선택을 해야 해.

참고

或者는 부정문에 사용하지 않는다.

① *星期一考试**或者**星期二考试我不清楚。

② *他们没说去**或者**不去。

2. 另外를 还有로 대체한 오류

예문

오류문:

① ***还有**他把高句丽的历史书全部改编了，在他之前没有人整理过高句丽的历史书。

② *朴诚民对被告人的行为印象有点儿不好，**还有**他也没向扑诚明道歉。

③ ***还有**他们把援助的东西都用在别的上面了，没有发给需要的人。

정문:

④ **另外**，他把高句丽的历史书全部改编了，在他之前没有人整理过高句丽的历史书。

또 그는 고구려 역사서를 전부 개편하였다. 그 사람 이전에는 고구려 역사를 정리한 사람이 없었다.

⑤ 朴诚民对被告人的行为印象有点儿不好，**另外**，他也没向朴诚民道歉。

박성민은 피고인의 행위에 대한 인상이 별로 좋지 않았다. 또한 그는 박성민에게 사과도 하지 않았다.

⑥ **另外**，他们把援助的东西都用在别的上面了，没有发给需要的人。

또 그들은 지원 받은 것을 다른 용도로 사용하고 필요한 사람에게 보내지 않았다.

분석

还有는 부사 还가 동사 有와 결합된 구조로서 일반적으로 술어로 쓰이며 명사성 목적어를 가진다. 예문①-③의 还有 뒤 목적어는 모두 절이므로 还有가 아닌 접속사 另外를 사용해야 바른 문장이 된다. 还有와 접속사 另外가 한국어에서는 모두 '또'로 해석되어 구분이 모호한 경우가 있다. 이 때문에 학습자들이 另外와 还有를 혼용하는 경우가 자주 발생한다.

보충설명 41 　还有와 另外의 차이

1. **还有**: '还+有'구조의 동사구로서 명사성 목적어를 가지며 추가의 의미를 나타낸다.

　① 我有两个妹妹, **还有**一个弟弟。

　　　나는 여동생이 두 명 있고 또 남동생도 한 명 있다.

　② 他有一辆自行车, **还有**一辆电动车。

　　　그는 자전거가 한 대 있고 전동차도 한 대 있다.

　③ 这儿不但有山, **还有**水, 环境非常好。

　　　여기는 산뿐만 아니라 물도 있어 환경이 매우 좋다.

2. **另外**: 접속사로서 문장을 연결하는 데 사용되며 '언급했던 것 외에'라는 의미를 나타낸다.

　① 我想去上海, **另外**, 也想去广州。

　　　나는 상하이에 가고 싶다. 또 광저우에도 가고 싶다.

　② 这次去商店我买了一件衬衫, **另外**, 还买了一双皮鞋。

　　　이번에 상점에 가서 셔츠를 한 벌 샀다. 또 구두도 한 켤레 샀다.

　③ 他来中国主要是学汉语, **另外**, 也想利用这个机会去旅游。

　　　그가 중국에 온 주목적은 중국어를 배우기 위해서다. 또 이 기회를 이용해 여행도 가고 싶어 한다.

3. 所以를 于是로 대체한 오류

예문

오류문:

　① *我很喜欢它, **于是**我常常做这种汤喝。

　② *因为房间里有很多垃圾, **于是**我把垃圾扔到垃圾桶里。

　③ *李东有点儿害羞, **于是**自己装作很勇敢, 大胆地脱衣服进去了。

정문:

　④ 我很喜欢它, **所以**我常常做这种汤喝。

　　　나는 그걸 좋아해서 항상 이런 탕을 만들어 먹는다.

⑤ 因为房间里有很多垃圾，**所以**我把垃圾扔到垃圾桶里。

　방에 쓰레기가 많았기 때문에 나는 쓰레기를 휴지통에 버렸다.

⑥ 李东有点儿害羞，**所以**自己装作很勇敢，大胆地脱衣服进去了。

　리둥은 수줍음을 좀 타서 스스로 용감한 척하며 대담하게 옷을 벗고 들어갔다.

분석

于是는 어떤 상황이 앞 상황과 연이어 일어날 때 사용되며 일반적으로 이미 발생한 일에 쓰인다. 반면 所以는 앞 상황에 대한 결과나 결론을 나타낼 때 쓰이며 이미 발생한 일 뿐만 아니라 앞으로 일어날 일에도 사용할 수 있다. 예문①의 很喜欢它, 예문②의 房间里有很多垃圾, 예문③의 李东有点儿害羞는 모두 원인에 해당하고 뒤따르는 절은 모두 결과를 나타내므로 于是 대신 所以를 사용해야 한다. 于是와 所以는 한국어에서 모두 '그래서'로 해석될 수 있기 때문에 학습자들이 이를 혼용하는 경우가 자주 발생한다.

보충설명 42　于是와 所以의 차이

1. **于是**: 어떤 상황이 단순히 앞선 상황에 연이어 발생할 때 사용되며 이미 발생한 상황에 쓰인다.

① 我正想去吃饭，　朋友给我打电话让我和他一起去，**于是**我们就一起去了食堂。

　내가 막 밥 먹으러 가고 싶다고 생각하는데 친구가 나에게 전화를 걸어 함께 가자고 했다. 그래서 우리는 함께 식당에 갔다.

② 昨天逛商场，看见一双皮鞋，挺漂亮的，而且价钱不贵，**于是**就买了一双。

　어제 상점을 돌아다니다가 구두 한 켤레를 보았다. 아주 예쁘고 가격도 비싸지 않아서 한 켤레 샀다.

③ 上个星期五是圣诞节，而且我周一没课，**于是**就回了一趟国。

　지난 주 금요일은 크리스마스인데다가 월요일에는 수업이 없어서 고국에 다녀왔다.

2. 所以: 결과나 결론을 나타낼 때 사용되며 주로 因为와 함께 쓰인다.

① 因为天气不好，**所以**比赛取消了。

날씨가 좋지 않았기 때문에 경기가 취소되었다.

② 因为离学校很近，**所以**每天我走路去学校。

학교에서 가까웠기 때문에 매일 나는 걸어서 학교에 갔다.

③ 因为明天有考试，**所以**今天晚上必须好好复习。

내일은 시험이 있기 때문에 오늘 저녁은 반드시 복습을 잘 해야 한다.

4. 除了를 除非로 대체한 오류

예문

오류문:

① ***除非**当佣人，她别无选择。
② ***除非**打工，没有别的办法。
③ ***除非**星期一，我每天都有课。
④ ***除非**常常大便，小孩子什么都可爱。

정문:

⑤ **除了**当佣人，她别无选择。

하인이 되는 것 외에 그녀는 다른 선택의 여지가 없었다.

⑥ **除了**打工，没有别的办法。

아르바이트 외에는 다른 방법이 없다.

⑦ **除了**星期一，我每天都有课。

월요일을 제외하고 나는 매일 수업이 있다.

⑧ **除了**常常大便，小孩子什么都可爱。

자주 응가 하는 것을 빼면 어린 아이는 뭘 해도 다 귀엽다.

분석

접속사 除非가 강조하는 것은 유일한 조건이며 후행절은 그 조건을 갖추지 않았을 때 초래되는 결과이다. 반면 전치사 除了는 어떤 상황을 제외시키는 것을 나타낸다. 예문①-④의 후행절은 선행절이 나타내는 조건을 갖추고 있지 않았을 때 초래되는 결과가 아니므로 선행절에서 除非를 사용할 수 없다. 이 경우 除非 대신 除了를 사용해야 바른 문장이 된다. 일부 사전에서 除非의 의미항목이 除了에 해당하는 '-을(를) 제외하고'로 제시되어 있는 경우를 볼 수 있다. 이러한 영향으로 학습자들이 除了와 除非를 혼용하는 경우가 자주 발생한다.

보충설명 43 **除非와 除了의 차이**

1. **除非**

(1) 후행절의 결과를 얻을 수 있는 유일한 조건을 나타낸다. 후행절은 才와 함께 사용되는 경우가 많다.
 ① **除非**你去，我才去。
  네가 가야만 내가 간다.
 ② **除非**他给我两千块钱，我才卖给他。
  그가 나에게 2천원을 주어야만 내가 그에게 팔 것이다.

(2) 반드시 실현되어야 하는 조건을 나타낸다. 후행절은 否则와 함께 선행절이 실현되지 않을 경우 초래되는 결과를 나타낸다.
 ① **除非**现在走，否则来不及。
  지금 가지 않으면 시간에 맞출 수 없을 거다.
 ② **除非**你去，否则我不会去。
  네가 가지 않으면 나도 가지 않을 거다.

(3) 除非 뒤에 부정표현이 사용될 때는 후행절이 일종의 극단적인 상황임을 나타낸다.
 ① 哥哥**除非**不喝酒，喝起来就没完。
  오빠는 술을 안 마시면 안 마셨지 마셨다 하면 끝이 없다.
 ② 他**除非**不出去，一出去就很晚才回家。
  그는 외출을 안 하면 안 했지 일단 나갔다 하면 매우 늦게 집에 온다.

2. 除了

(1) 주절에서 언급하고 있는 것 외의 것들을 배제할 때 사용한다. 즉 일부를 제외하고 다른 것들은 모두 일치하거나 동일함을 강조한다. 주절에서 都나 全과 함께 사용된다.

① **除了**上海，这些地方我都没去过。
　　상하이를 제외하고 이 곳들 모두 나는 가 본 적이 없다.

② **除了**他，我们都不会说汉语。
　　그를 제외하고 우리는 모두 중국어를 할 줄 모른다.

③ **除了**香菜，我什么菜都吃。
　　고수만 빼고 나는 무슨 음식이든 다 먹는다.

(2) 주절에서 언급하고 있는 것 외에 다른 것을 보충할 때 사용한다. 주절에서 也나 还와 함께 사용된다.

① **除了**星期六、星期天，星期五我也休息。
　　토요일과 일요일뿐만 아니라 금요일도 나는 쉰다.

② **除了**汉语，我还会英语。
　　중국어뿐만 아니라 나는 영어도 할 줄 안다.

③ 我们班**除了**美国学生，还有韩国学生、日本学生。
　　우리 반에는 미국 학생뿐만 아니라 한국 학생과 일본 학생도 있다.

(3) '除了…就是…'는 둘 중 하나는 반드시 존재함을 나타낸다.

① 这几天**除了**下雨，就是刮风。
　　요 며칠 비가 오지 않으면 바람이 분다.

② 刚出生的婴儿**除了**吃，就是睡。
　　막 출생한 영아는 먹지 않으면 잠을 잔다.

③ 她**除了**玩游戏，就是逛街。
　　그녀는 게임을 하지 않으면 아이쇼핑을 한다.

5. 即使를 如果로 대체한 오류

예문

오류문:

① *大丘人**如果**吵架，声音也比较小。
② ***如果**以后我去很多的地方，第一次海外旅途中看到的那个风景也让我一辈子难以忘记。
③ ***如果**你感冒了，也不应该请假。
④ ***如果**下雨，我们也一定去长城。

정문:

⑤ 大邱人**即使**吵架，声音也比较小

대구사람은 설령 싸우더라도 목소리가 비교적 작다.

⑥ **即使**以后我去很多的地方，第一次海外旅途中看到的那个风景也让我一辈子难以忘记。

설령 나중에 내가 많은 곳을 가게 되더라도 첫 번째 해외여행 중에 보게 된 그 풍경은 일생동안 잊기 어려울 것이다.

⑦ **即使**你感冒了，也不应该请假。

네가 설령 감기에 걸렸다 하더라도 휴가를 내면 안 된다.

⑧ **即使**下雨，我们也一定去长城。

설령 비가 오더라도 우리는 만리장성에 반드시 갈 것이다.

분석

如果는 가정을 나타내며 그 후행절에는 가정의 결론이나 추론을 나타낸다. 반면 即使는 양보가정을 나타내며 선행절은 가정의 상황을, 후행절은 그 결과나 결론이 가정의 상황에 의해 영향 받지 않음을 나타낸다. 예문①의 声音也比较小는 선행절 大邱人吵架로부터 추정되는 결론이 아니라 양보가정을 나타내므로 如果 대신 即使를 사용해야 바른 문장이 된다. 예문②-④ 역시 후행절이 선행절로부터 추론이 결론이 아니므로 모두 如果가 아닌 即使를 사용해야 한다. 중국어에서 即使와 如果는 모두 가정을 나타내지만 即使가 양보의 의미를 가진다는 점에서 차이가 있다. 학습자들이 即使와 如果의 차이를 명확하게 구분하지 못하여 이 둘을 혼용하는 오류가 자주 발생한다.

보충설명 44 如果와 即使의 차이

1. 如果

(1) 가정을 나타내는 선행절에 쓰인다. 후행절은 그 가정의 결론이나 추론을 나타내며 那么, 那, 就 등과 함께 사용되는 경우가 많다.

　① **如果**明天下雨，就不去长城。
　　만약 내일 비가 온다면 만리장성에 가지 않을 거야.

　② 我**如果**不给你打电话，那你就别等我了。
　　내가 만약 너한테 전화하지 않으면 너는 나를 기다리지 마.

(2) 如果가 이끄는 선행절 끝에 '…的话'를 사용할 수 있으며, 이때 如果는 생략할 수 있다. 그러나 如果가 후행절에 사용될 때는 생략할 수 없다.

　① **(如果)**这种手机太贵的话，就不用买了。
　　만약 이런 핸드폰이 너무 비싸다면 살 필요 없어.

　② **(如果)**不想去的话，就别去。
　　만약 가고 싶지 않거든 가지 마.

　③ 妈妈今天该到北京了，**如果**昨天出发的话。
　　엄마는 오늘 분명 북경에 도착하실 거야, 만약 어제 출발하셨다면.

(3) 후행절이 가정에 대한 평가를 나타낼 때는 这나 那가 주어로 쓰이는 경우가 많다.

　① 知道自己的错误，**如果**不改正，这说明就没想改。
　　자기의 잘못을 알고도 만약 바로잡지 않는다면 이는 고치고 싶어 하지 않았다는 걸 말해 준다.

　② 他邀请我三次了，**如果**再不去，那就不合适了。
　　그는 우리를 세 번 초대했다. 만약 또 가지 않는다면 그것은 적절치 못 한 일이다.

(4) 대화 속 '如果…呢'는 단독 의문문으로 사용될 수 있다.

　① A: 本周末我们去长城。　　　　이번 주말에 우리는 만리장성에 가.

B: 如果下雨呢?　　　　　만약 비가 오면?

A: 下雨也去。　　　　　　비가 와도 가.

② A: 明天学完第五课, 学完以后我们有个小考试。

　　내일 5과를 다 배워. 다 배운 후에 우리는 퀴즈가 있어.

B: **如果**学不完呢?　　　다 끝내지 못 하면?

A: 学不完就下次再考。　못 끝내면 다음에 다시 시험 보겠지.

2. 即使

(1) 가정과 양보를 모두 나타내며 即使가 이끄는 선행절은 가정을 나타내고 후행절은 그 가정된 상황의 영향을 받지 않은 결과 또는 결론을 나타낸다. 후행절에서 也, 还, 都와 함께 자주 사용된다.

① **即使**今天很热, 我们也要去长城。

　　설령 오늘 덥더라도 우리는 그래도 만리장성에 갈 거야.

② **即使**说错了, 也没关系。

　　설령 말을 잘못했더라도 상관없어.

(2) 선행절과 후행절이 동일한 하나의 상황을 나타내지만 후행절은 정도가 비교적 약한 상황을 표현한다.

① **即使**今天下雨, 也不会下得太大。

　　오늘 비가 온다 해도 너무 많이 오지는 않을 거야.

② 火车票**即使**有, 也不多了。

　　기차표가 있다 해도 많지 않을 거야.

6. 即使를 虽然으로 대체한 오류

예문

오류문:

① *虽然再不好, 也要做。

② *虽然获得成功, 也不要太高兴。

③ *这次虽然考好了, 你也不能骄傲。

④ *虽然学习汉语很累, 我也不怕。

정문:

⑤ **即使**再不好，也要做。

　　아무리 안 좋아도 해야 해.

⑥ **即使**获得成功，也不要太高兴。

　　성공하더라도 지나치게 신나하지 마.

⑦ 这次**即使**考好了，你也不能骄傲。

　　이번에 시험을 잘 보더라도 너는 자만해서는 안 돼.

⑧ **即使**学习汉语很累，我也不怕。

　　중국어를 공부하는 것이 힘들지라도 나는 두렵지 않아.

분석

虽然은 선행절과 후행절이 서로 전환관계를 이룰 때 쓰이며 후행절에서 주로 不过, 但是와 같은 접속사와 함께 사용된다. 即使는 선행절과 후행절이 양보관계를 이룰 때 쓰이며 후행절에서 주로 也, 还 등의 부사와 함께 사용된다. 예문①-③의 선행절은 사실이 아닌 일종의 가정이므로 虽然 대신 即使를 사용해야 바른 문장이 된다. 예문④ 역시 양보관계를 나타내므로 虽然이 아닌 即使를 사용해야 한다. 한국어에서 即使는 '설령…라도'로 해석되고, 虽然은 '비록…라도'로 해석되는데 둘 다 가정과 양보의 의미를 지니고 있다. 이 때문에 학습자들이 即使와 虽然을 혼용하는 경우가 자주 발생한다.

보충설명 45　**虽然과 即使의 차이**

1. 虽然

(1) 선행절과 후행절이 전환관계를 나타낼 때 사용되며, 후행절에서 但是나 不过 등과 함께 사용되는 경우가 많다.

① **虽然**今天很热，但是空气很好。

　　비록 오늘 날씨는 덥지만 공기는 좋다.

② 我的汉字**虽然**不太好，但是我的口语很好。

　　나는 한자를 그렇게 잘 쓰지는 못 하지만 말은 잘한다.

(2) 후행절에서 사용될 수 있지만 반드시 주어 앞에 위치해야 한다.

① 爷爷的精神很好, **虽然**年纪很大了。

할아버지는 정신은 좋으시다. 비록 연세는 많으시지만.

② 今天风很大, **虽然**雨不大。

오늘 바람이 많이 분다. 비는 많이 오지 않지만.

2. **即使** (보충설명44 참조)

7. 和의 오류

예문

오류문:

① *母亲外边的事做完后, 回家看房间, 看了房间后母亲很吃惊**和**生气。

② *我每天非常忙**和**累。

③ *有一天, 妈妈觉得家里有点儿乱, 所以决定打扫房间**和**整理旧的东西。

④ *我们想去上海玩儿**和**买东西。

정문:

⑤ 母亲外边的事做完后, 回家看房间, 看了房间后母亲很吃惊, **也**很生气。

어머니는 바깥일을 마치신 후 집에 돌아와 방을 보시고는 매우 놀라셨고 화도 나셨다.

⑥ 我每天非常忙, **也**非常累。

나는 매일 매우 바빠. 또 매우 피곤해.

⑦ 有一天, 妈妈觉得家里有点儿乱, 所以决定打扫房间, 整理旧的东西。

어느 날 엄마는 집이 좀 어지럽다고 생각하셔서 방을 청소하고 오래된 물건을 정리하기로 결정하셨다.

⑧ 我们想去上海玩儿, 买东西。

우리는 상하이에 가서 놀고도 싶고 쇼핑도 하고 싶다.

접속사 和는 이음절 형용사를 연결하여 술어로 쓰일 수 있는데, 이때 술어 앞에는 반드시 이음절 정도부사가 있어야 한다. 예문①의 吃惊和生气는 술어로 쓰이고 있지만 일음절 부사 很의 수식을 받고 있으므로 바른 문장이 아니다. 이 경우 和는 쉼표로 대신하고, 很生气 앞에 也를 사용하여 추가의 의미를 나타내야 한다. 예문②의 忙과 累는 이음절 부사 非常의 수식을 받고 있지만 모두 일음절 형용사이므로 和로 연결할 수 없다. 이 역시 和는 쉼표로 대신하고 非常累 앞에 也를 사용해야 바른 문장이 된다. 또한 和는 동사를 연결하는 기능도 가지지만, 이때 연결된 동사들은 반드시 동일한 목적어와 보어를 가지고 있어야 한다. 예문③의 打扫房间과 整理旧的东西는 목적어가 서로 다르므로 和로 연결할 수 없고, 예문④ 역시 玩儿과 买东西는 전자는 목적어가 없고 후자는 목적어가 있으므로 和로 연결할 수 없다. 이 경우 打扫房间과 整理旧的东西, 玩儿과 买东西 사이에는 '、(顿号: 모점)'을 사용한다. 和에 대응되는 한국어 연결어미 '고'는 여러 개의 형용사 및 동사를 연결할 수 있을 뿐만 아니라 사용상에 제한이 없다. 이에 따라 학습자들이 형용사나 동사를 연결하는 和의 제한 조건을 쉽게 간과하여 위와 같은 오류가 자주 발생한다.

보충설명 46 　和의 용법

1. 명사와 대명사를 연결할 수 있다.
   ① 衣服**和**床单都洗了吗?
      옷과 침대 시트 모두 빨았니?
   ② 今天**和**明天我都在家, 你来吧。
      오늘과 내일 나는 다 집에 있으니 네가 와라.
   ③ 你**和**他是一个班。
      너와 그는 한 반이다.

2. 형용사와 동사를 연결할 수 있다. 단 술어로 쓰이는 형용사나 동사를

연결할 때는 반드시 이음절이어야 한다. 이때 형용사 술어는 그 앞에 이음절 정도부사가 있어야 하고, 동사 술어는 그 앞에 부사어 혹은 그 뒤에 보어나 목적어가 있어야 한다.

① 聪明**和**勤奋是他成功的关键。

　　총명함과 근면함이 그의 성공의 열쇠이다.

② 我们都为她感到骄傲**和**自豪。

　　우리는 모두 그녀로 인해 자부심과 자긍심을 느꼈다.

③ 他女朋友非常漂亮**和**温柔。

　　그의 여자 친구는 매우 예쁘고 상냥하다.

④ 这件事已经讨论**和**通过了, 不用再讨论了。

　　이 일은 이미 토론을 거쳐 통과되었으니 다시 논의할 필요 없다.

3. 세 항목 이상을 연결할 때에는 和를 마지막 두 항목 사이에 사용하고 그 앞의 항목은 ' , '로 연결한다.

① 烤鸡, 烤鸭**和**烤猪我都吃过。

　　구운 닭, 오리구이 그리고 돼지구이를 나는 모두 먹어 본 적이 있다.

② 我去过北京, 上海, 广州**和**香港。

　　나는 베이징, 상하이, 광저우 그리고 홍콩에 가본 적이 있다.

8. 不但의 어순 오류

예문

오류문:

① *不但我会说汉语, 还会说英语。

② *不但中国菜好吃, 而且不贵。

③ *天气不但不好, 而且空气不好。

④ *他家房子不但很大, 而且汽车也很漂亮。

정문:

⑤ 我**不但**会说汉语, 还会说英语。

　　나는 중국어를 할 줄 알 뿐만 아니라 영어도 할 줄 안다.

⑥ 中国菜**不但**好吃, 而且不贵。

중국 요리는 맛있을 뿐만 아니라 비싸지도 않다.

⑦ **不但**天气不好, 而且空气不好。

날씨가 안 좋을 뿐만 아니라 공기도 좋지 않다.

⑧ 他家**不但**房子很大, 而且汽车也很漂亮。

그의 집은 클 뿐만 아니라 차도 예쁘다.

분석

선행절과 후행절의 주어가 동일할 때 不但은 선행절 주어 뒤에 사용한다. 예문①과 ②는 선행절과 후행절의 주어가 각각 我와 中国菜로 동일하므로 不但은 주어 앞이 아닌 주어 뒤에 위치해야 한다. 반면 선행절과 후행절의 주어가 다를 때에는 不但을 주어 앞에 사용한다. 예문③과 ④의 선행절과 후행절 주어는 각각 天气와 空气, 房子와 汽车로 다르므로 不但은 선행절의 주어인 天气와 房子의 앞에 위치해야 한다. 不但은 한국어에서 '-뿐만 아니라'에 대응되며 선행절의 문미에 위치하기 때문에 주어의 위치에 아무런 영향을 받지 않는다. 게다가 중국어의 일부 접속사는 선행절과 후행절의 주어가 동일한지의 여부와 상관없이 주어 앞뒤에 모두 출현할 수 있다. 이 때문에 학습자들이 접속사 不但과 주어의 어순을 분명하게 파악하지 못하여 위와 같은 오류가 자주 발생한다.

보충설명 47 표4. 중국어 상용 접속사의 위치

접속사	선행절과 후행절 주어가 동일할 때		선행절과 후행절 주어가 다를 때	
	주어 앞	주어 뒤	주어 앞	주어 뒤
不但	+	-	-	+
而且	+	-	+	-
虽然	+	+	+	+
但是	+	-	+	-
因为	+	-	+	-
所以	+	-	+	-

由于	+	-	+	-
既然	+	+	+	+
既	-	+	-	+
只要	+	+	+	+
只有	+	+	+	+
如果	+	+	+	+
那么	+	-	+	-
要是	+	+	+	+
即使	+	+	+	+
哪怕	+	+	+	+
无论	+	+	+	+
不论	+	+	+	+
不管	+	+	+	+
任凭	+	-	+	-
除非	+	+	+	+
宁可	-	+	-	+
宁愿	-	+	-	+
要么	+	-	-	+
就是	+	+	+	+
尽管	+	+	+	+

(+: 가능, -: 불가능)

9. 不管, 不论, 无论의 오류

예문

오류문:

① ***不管**我的神色异常，我马上准备出去。

② ***不论**下大雨，他都去跑步。

③ ***无论**春夏秋冬，小张一直一个人住在那儿。

정문:

④ **不管**我的神色异常不异常，我马上准备出去。

　　내 안색이 이상하든지 이상하지 않든지 나는 곧 나갈 준비를 한다.

⑤ **不论**下不下大雨，他都去跑步。

　　비가 많이 오든 안 오든 그는 항상 조깅을 나간다.

⑥ **无论**春夏还是秋冬，小张一直一个人住在那儿。

　　봄, 여름, 가을, 겨울을 막론하고 샤오장은 내내 혼자 거기에 산다.

　　不管, 不论, 无论은 '형용사+不+형용사', '동사+不/没(有)+동사', '…
还是…' 등의 구조나 의문대명사를 포함하는 문장에 사용된다. 따라서
예문①은 异常不异常, 예문②는 下不下大雨로, 예문③은 春夏还是秋
冬으로 표현해야 바른 문장이 된다. 不管, 不论, 无论은 한국어에서 '-
건 간에', '-막론하고'로 해석할 수 있으며, 그 용법에서도 제약이 없다.
예를 들어 예문①의 *不管我的神色异常과 예문②의 *不论下大雨를
한국어로 직역하면 '내 안색이 이상하든 간에', '비가 많이 오든 간에'가
되며 모두 문장이 성립한다. 이 때문에 학습자들이 不管, 不论, 无论이
이끄는 문장의 형식적인 제약을 제대로 파악하지 못해 오류가 자주 발
생한다.

보충설명 48　　不管, 不论, 无论의 차이

1. **不管**: 어떤 조건에 의해서도 결과나 결론 혹은 상황 등이 변하지 않음을
　　나타낸다.

　(1) '**不管**…의문대명사, …'

　　① 考试的时候, **不管**是谁, 都不能看书。

　　　　시험 볼 때 누구든지 책을 보면 안 된다.

　　② **不管**怎么样, 我都得去一趟。

　　　　어떻든 간에 나는 한번 갔다 와야 해.

　　③ **不管**来了多少人, 今天都要上课。

　　　　사람들이 얼마나 오든지 간에 오늘은 수업을 해야 해.

　(2) '**不管**+동사/형용사+不/没(有)+동사/형용사, …'

　　① **不管**下不下雨, 明天都去长城。

　　　　비가 오든 안 오든 내일은 만리장성에 갈 거야.

② 这些汉字**不管**学没(有)学过, 都不考。

　　이 한자들을 배웠던 적이 있든 없든 시험은 보지 않는다.

③ 这件衣服我喜欢, **不管**贵不贵, 我都要买。

　　이 옷이 나는 좋아. 비싸든 안 비싸든 나는 살 거야.

(3) '不管…还是…, …'

① **不管**有听写还是没有听写, 他都练习汉字。

　　받아쓰기 시험이 있든 없든 그는 항상 한자를 연습한다.

② **不管**洗鞋还是洗衣服, 他都用洗衣机。

　　신발을 빨든 옷을 빨든 그는 항상 세탁기를 사용한다.

③ 在朋友家做客, **不管**菜好吃还是不好吃, 都得吃一点儿。

　　친구 집에 손님으로 가면 음식이 맛이 있든 없든 좀 먹어야 한다.

2. **不论**과 **无论**: 어떤 상황에서도 그 결과나 결론 혹은 상황이 변하지 않음을 나타낸다.

(1) '不论/无论…의문사, …'

① 这件事**不论/无论**谁做的, 都要把他查出来。

　　이 일은 누가 했든지 간에 꼭 그를 찾아내야 한다.

② **不论/无论**多么热, 他都不休息。

　　얼마나 덥든지 간에 그는 항상 쉬지 않는다.

③ **不论/无论**怎么样, 下星期我都把钱还给你。

　　어떻든 간에 다음 주에 나는 돈을 네게 돌려줄 것이다.

(2) '不论/无论+동사+不/没(有)+동사, …'

① **不论/无论**去不去, 都得告诉老师。

　　가든지 안 가든지 항상 선생님께 알려야 한다.

② 这些课文**不论/无论**学没(有)学过, 都要考。

　　이 본문들은 배웠든 안 배웠든 모두 시험 볼 것이다.

③ 这些衣服**不论/无论**洗没(有)洗, 都要再洗一遍。

　　이 옷들은 빨았든 안 빨았든 모두 한 번 더 빨아야 한다.

(3) '不论/无论…还是…, …'

① **不论/无论**收到还是没收到，都要给我发一个邮件。

받았든 안 받았든 나한테 이메일을 하나 보내라.

② **不论/无论**下雨还是下雪，明天都要去。

비가 오든 눈이 오든 내일은 가야 한다.

③ **不论/无论**贵还是不贵，都帮我买一部iPhone6。

비싸든 안 비싸든 내게 아이폰6 하나 사다줘.

참고

1. 不管, 不论, 无论은 동의어지만 不管은 구어에서, 不论과 无论은 문어
에서 사용된다.

2. 不管 뒤에는 '형용사+不+형용사'를 사용할 수 있지만, 不论과 无论
뒤에는 '형용사+还是+형용사'만 사용할 수 있다.

① **不管**好吃不好吃，都得吃。

맛이 있든 없든 먹어야 해.

② **不论/无论**好吃还是不好吃，都得吃。

맛이 있든 없든 먹어야 해.

10. 而의 오류

(1) 而且를 而로 잘못 사용한 경우

예문

오류문:

① *妈妈进那个房间的时候，感到很吃惊**而**很生气。

② *我觉得不卫生**而**很难看。

③ *烤鸭好吃**而**不贵。

④ *这次听写汉字少**而**简单。

정문:

⑤ 妈妈进那个房间的时候，感到很吃惊，**而且**很生气。

엄마는 그 방에 들어가셨을 때 너무 놀라셨을 뿐만 아니라 매우 화가 나셨다.

⑥ 我觉得不卫生，**而且**很难看。

나는 위생적이지 않을 뿐만 아니라 보기에도 좋지 않다고 생각한다.

⑦ 烤鸭好吃，**而且**不贵。

오리구이는 맛있을 뿐만 아니라 비싸지도 않다.

⑧ 这次听写汉字少，**而且**简单。

이번 받아쓰기는 한자가 적을 뿐만 아니라 간단하다.

분석

접속사 而은 병렬관계를 이루는 두 개의 형용사구를 연결할 수 있다. 예문①의 很吃惊과 很生气, 예문②의 不卫生과 很难看, 예문③의 好吃과 不贵, 예문④의 少와 简单은 모두 병렬관계가 아닌 점층관계를 나타내므로 而이 아닌 而且를 사용해야 바른 표현이 된다. 而과 而且는 의미적으로 유사하지만, 而且는 두 개의 동사 또는 형용사구를 병렬관계 여부와 관계없이 연결할 수 있다. 이러한 차이를 구분하지 못하여 학습자들이 而且와 而을 혼용하는 경우가 자주 발생한다.

(2) 而을 잘못 첨가한 경우

예문

오류문:

① *妈妈又回房间去**而**轻松地整理完了。
② *我把羽毛球拍子拿在手上**而**出了门。
③ *每天回家做完作业**而**看电视。

정문:

④ 妈妈又回房间去，轻松地整理完了。

엄마는 또 방으로 가서 가볍게 정리를 마치셨다.

⑤ 我把羽毛球拍子拿在手上出了门。

나는 배드민턴 라켓을 손에 들고 문을 나섰다.

⑥ 每天回家做完作业看电视。

매일 집에 돌아오면 숙제를 마치고 TV를 본다.

접속사 而은 병렬관계나 전환관계를 이루는 구나 절을 연결한다. 예문
①의 回房间去와 整理完了, 예문②의 把羽毛球拍子拿在手上과 出了
门, 예문③의 做完作业와 看电视는 모두 시간적으로 선후관계를 가지
고 있으므로 而을 사용할 수 없다. 而은 한국어에서 '그리고'로 해석되
는 경우가 있는데, 이는 병렬관계뿐만 아니라 시간적 선후관계도 나타
낼 수 있다. 이 때문에 학습자들이 선후관계를 가지는 동사구를 연결할
때 而을 잘못 사용하는 경우가 자주 발생한다.

보충설명 49 　而의 주요 용법

1. 병렬관계를 나타내며 연결하는 두 항목은 의미적으로 유사해야 한다.
   주어, 관형어, 부사어, 보어 등으로 쓰일 수 있다.
   ① 他办事果断而沉着，让人放心。
      그는 일처리가 결단력이 있고 침착해서 안심이 된다.
   ② 中华民族是一个伟大而光荣的民族。
      중화민족은 위대하고 영예로운 민족이다.
   ③ 哥哥恭敬而热情地给客人敬酒。
      오빠는 손님에게 공손하고 친절하게 술을 따른다.

2. 전환관계를 나타내며 可是, 但是, 然而의 의미를 가진다.
   ① 老师讲课的时候一定要少而精，把更多的时间留给学生练习。
      선생님은 수업할 때 짧고 핵심적인 것만 가르치고 더 많은 시간을 학생들의 연습을
      위해 남겨 주어야 한다.
   ② 大家听了他的话，都敢怒而不敢言。
      모두 그의 말을 듣고 속으로 분노했지만 차마 아무 말도 할 수 없었다.
   ③ 这不是一个小问题，而是一个大问题。
      이는 작은 문제가 아니고 큰 문제다.

3. 원인, 근거, 방식 등을 표현하는 성분과 술어를 연결한다.

① 不能因为一次没考好而不学习汉语了。

시험을 한번 못 봤다고 중국어를 공부하지 않으면 안 된다.

② 菜的口味因人而异。

요리에 대한 기호는 사람에 따라 다르다.

③ 他没有固定工作，靠给杂志写稿子而生活。

그는 고정적인 일이 없기 때문에 잡지에 글을 기고하는 것으로 생활한다.

제9절 조사의 주요 오류 유형

1. 的의 오류

(1) 的의 누락 오류

예문

오류문:

① *我已经从当时失败中吸取了这样的教训。

② *自己事自己不做不行。

③ *李舜臣是一个伟大人。

④ *周末我有重要事要做。

정문:

⑤ 我已经从当时的失败中吸取了这样的教训。

나는 이미 당시의 실패로부터 이러한 교훈을 얻었다.

⑥ 自己的事自己不做不行。

자기 일은 자기가 하지 않으면 안 된다.

⑦ 李舜臣是一个伟大的人。

이순신 장군은 위대한 사람이다.

⑧ 周末我有重要的事要做。

주말에 나는 해야 할 중요한 일이 있다.

시간명사가 관형어로 쓰일 때에는 반드시 的를 사용해야 한다. 예문①
의 当时는 失败의 관형어로 쓰이고 있으므로 的를 사용해야 바른 문장
이 된다. 自己가 관형어로 쓰일 경우에는 수식하는 명사가 自己人 자기사
람, 自己单位 자기회사 와 같이 자신과 관련된 사람이나 장소일 때는 的를
생략할 수 있지만 그렇지 않은 경우에는 반드시 的를 사용해야 한다.
예문②의 自己가 수식하는 事는 자신과 관련된 사람이나 소속이 아니
기 때문에 的를 첨가해야 바른 표현이 된다. 또한 이음절 형용사가 일음
절 명사를 수식할 때도 的를 사용해야 한다. 따라서 예문③의 伟大와
人, 예문④의 重要와 事 사이에 각각 的를 첨가해야 한다. 이와 같이
관형어가 명사를 수식할 때 대부분 的를 사용해야 하지만 학습자들이
이를 간과하여 的를 누락시키는 오류가 자주 발생한다.

(2) 的의 첨가 오류

예문

오류문:

① *有时穿插放映一些**的**纪录片。
② *连这点儿**的**事都怕。
③ *他还采取了"鼓励农桑"等**的**政策。
④ *但是过了一会儿以后，下了大**的**雨，江水把车和林某冲走了。

정문:

⑤ 有时穿插放映一些纪录片。
   가끔은 약간의 다큐멘터리를 끼워 방영하기도 한다.
⑥ 连这点儿事都怕。
   이런 정도의 일까지도 두렵다.
⑦ 他还采取了'鼓励农桑'等政策。
   그는 또 '농·양잠업 장려'등의 정책을 채택하였다.
⑧ 但是过了一会儿以后，下了大雨，江水把车和林某冲走了。
   그러나 조금 지난 후에 큰 비가 내렸고 강물이 차와 나무 같은 것들을 휩쓸고 가버렸다.

분석

수량구가 관형어로 쓰일 때는 일반적으로 的를 사용하지 않는다. 예문①, ②의 一些와 这点儿은 모두 수량구이므로 的를 삭제해야 바른 문장이 된다. 또한 예문③에서 조사 等 뒤에는 的를 사용할 수 없으므로 이를 삭제해야 하며, 예문④의 大雨는 하나의 명사처럼 사용되므로 그 사이에 사용된 的 역시 삭제해야 한다. 예문⑤의 一些纪录片, 예문⑥의 这点儿事, ⑦의 鼓励农桑等政策, ⑧의 大雨는 한국어에서 각각 '약간의 다큐멘터리', '이런 정도의 일', '농·양잠업 장려 등의 정책', '큰 비'로 해석될 수 있다. 이 때 한국어에서 명사를 수식하는 관형어에는 조사 '의'나 어미 '-ㄴ' 등의 표지가 사용된다. 이러한 영향으로 학습자들이 중국어의 관형어에도 모두 的를 사용하는 오류가 자주 발생한다.

(3) 地를 的로 잘못 사용한 경우

예문

오류문:

① *右边的狗无力的躺在地上。
② *他快速的穿上衣服。
③ *我上次调查白居易的时候，仔细的了解了白居易。
④ *我在外地不能跟他随意的接触。

정문:

⑤ 右边的狗无力**地**躺在地上。
　오른쪽에 있는 개는 무기력하게 바닥에 누워있다.

⑥ 他快速**地**穿上衣服。
　그는 신속하게 옷을 입었다.

⑦ 我上次调查白居易的时候，仔细**地**了解了白居易。
　나는 지난 번 백거이를 조사했을 때 백거이를 자세히 이해하게 되었다.

⑧ 我在外地不能跟他随意**地**接触。
　나는 타지에서 그와 마음대로 왕래할 수 없다.

예문①의 无力와 예문②의 快速, 예문③의 仔细, 예문④의 随意는 모두 부사어이므로 그 뒤에 的가 아닌 地를 사용해야 바른 문장이 된다. 중국어에서 的와 地는 발음이 유사하며, 모두 형용사 뒤에 사용할 수 있다. 이 때문에 학습자가 的와 地를 제대로 구분하지 못하고 地를 사용해야 하는 자리에 的를 사용하는 오류가 자주 발생한다.

(4) 得를 的로 잘못 사용한 경우

예문

오류문:

① *小龙冷**的**不知怎么办。
② *他抖**的**连钥匙也插不好。
③ *这首诗自然环境描写**的**很美丽。
④ *兔子比乌龟跑**的**快。

정문:

⑤ 小龙冷**得**不知怎么办。
  샤오롱은 추워서 어떻게 해야 할지를 몰랐다.

⑥ 他抖**得**连钥匙也插不好。
  그는 너무 떤 나머지 열쇠를 끼워 맞추지도 못했다.

⑦ 这首诗自然环境描写**得**很美丽。
  이 시는 자연 환경을 매우 아름답게 묘사하였다.

⑧ 兔子比乌龟跑**得**快。
  토끼가 거북이보다 빨리 뛴다.

분석

예문①의 不知怎么办, 예문②의 连钥匙也插不好, 예문③의 很美丽, 예문④의 快는 모두 보어이므로 的가 아닌 得를 사용해야 바른 문장이 된다. 중국어에서 的와 得는 발음도 같고 모두 형용사와 동사 뒤에 쓰일 수 있다. 이 때문에 학습자들이 的와 得를 혼동하여 得를 사용해야 하는 자리에 的를 사용하는 오류가 자주 발생한다.

2. 得의 오류

(1) 得의 누락 오류

[예문]

오류문:

① *我想让这些钱花有意义。

② *今天的雨下很大。

③ *一面镜子把什么东西都反射比本体更大。

④ *昨天晚上我睡觉很舒服。

정문:

⑤ 我想让这些钱花**得**有意义。

　　나는 이 돈을 가치 있게 쓰고 싶다.

⑥ 今天的雨下**得**很大。

　　오늘 비가 많이 온다.

⑦ 这面镜子把什么东西都反射**得**比本体更大。

　　이 거울은 어떤 물건도 모두 실물보다 더 크게 반사한다.

⑧ 昨天晚上我睡觉睡**得**很舒服。

　　어제 저녁 나는 편안하게 잠을 잘 잤다.

[분석]

중국어에서 동사와 상태보어 사이에는 반드시 得를 사용해야 한다. 예
문①-④의 有意义, 很大, 比本体更大, 很舒服는 모두 상태보어이므로
앞에 得를 사용해야 바른 문장이 된다. 단 예문④의 경우 睡觉가 이합
사이므로 동사 성분인 睡를 반복한 후에 得를 사용해야 한다. 한국어에
는 得구문과 같은 문장 형식이 존재하지 않기 때문에 得를 누락시키는
오류가 자주 발생한다.

(2) 地를 得로 잘못 사용한 경우

오류문:

① *他很勇敢**得**进去了。
② *我简单**得**思考我最近的生活还有我和别人的关系。
③ *一老师高兴**得**答应了我们的请求。
④ *妈妈希望我快乐**得**生活。

정문:

⑤ 他很勇敢**地**进去了。
　　그는 용감하게 들어갔다.
⑥ 我简单**地**思考我最近的生活还有我和别人的关系。
　　나는 최근의 내 생활과 나와 다른 사람들과의 관계에 대해 간단히 생각했다.
⑦ 老师高兴**地**答应了我们的请求。
　　선생님은 내 부탁을 흔쾌히 허락하셨다.
⑧ 妈妈希望我快乐**地**生活。
　　엄마는 내가 즐겁게 생활하길 바라신다.

분석

예문①의 勇敢, 예문②의 简单, 예문③의 高兴, 예문④의 快乐는 모두 부사어이므로 得가 아닌 地를 사용해야 바른 문장이 된다. 중국어의 得와 地는 발음이 유사하고 모두 형용사 뒤에 사용할 수 있기 때문에 학습자들이 이 둘을 구분하지 못하고 地 대신 得를 사용하는 오류가 자주 발생한다.

(3) 的를 得로 잘못 사용한 경우

예문
오류문:

① *秋天是让人感到孤独**得**季节。

② *快乐**得**生活很快就结束了。

③ *我喜欢吃妈妈做**得**菜。

④ *韩服穿**得**时候不舒服。

정문:

⑤ 秋天是让人感到孤独**的**季节。

가을은 사람을 고독하게 느끼게 하는 계절이다.

⑥ 快乐**的**生活很快就结束了。

즐거웠던 생활이 금세 끝나 버렸다.

⑦ 我喜欢吃妈妈做**的**菜。

나는 엄마가 만드신 음식을 먹는 것을 좋아한다.

⑧ 韩服穿**的**时候不舒服。

한복은 입고 있을 때 불편하다.

분석

예문①-④의 孤独, 快乐, 做, 穿은 모두 관형어이므로 得가 아닌 的를 사용해야 바른 문장이 된다. 중국어의 得와 的는 발음이 같고 둘 다 형용사나 동사 뒤에 출현할 수 있기 때문에 학습자가 이를 구분하지 못하고 的 대신 得를 사용하는 오류가 자주 발생한다.

3. 地의 오류

(1) 地의 첨가 오류

예문

오류문:

① *你快**地**买飞机票，马上去海南。

② *大家慢点儿**地**走，我有点儿累。

③ *他常常**地**迟到。

④ *我简直**地**不相信自己的耳朵。

정문:

⑤ 你快买飞机票，马上去海南。

　너는 어서 비행기 표를 사서 바로 하이난으로 가라.

⑥ 大家慢点儿走，我有点儿累。

　모두 좀 천천히 걸으세요, 제가 조금 피곤해서요.

⑦ 他常常迟到。

　그는 자주 늦는다.

⑧ 我简直不相信自己的耳朵。

　나는 정말이지 내 귀를 믿을 수 없었다.

분석

일음절 형용사가 부사어로 쓰일 때는 형용사 뒤에 地를 사용할 수 없다. 예문①의 快는 일음절 형용사이므로 地를 삭제해야 바른 문장이 된다. 예문②의 慢点儿과 같이 '형용사+点儿'이 부사어로 쓰일 때는 地를 사용할 수 없고, 예문③의 빈도부사 常常과 예문④의 어기부사 简直도 地를 사용할 수 없으므로 이를 모두 삭제해야 한다. 이와 같이 地를 사용할 수 없는 경우도 있지만, 이음절 형용사나 형용사구가 부사어로 쓰일 때는 일반적으로 地를 사용해야 한다. 또한 我们白白地浪费了一次机会 우리는 헛되이 기회 한 번을 놓쳤다 와 같이 일부 어기부사도 地를 사용할 수 있다. 이 때문에 학습자들이 地의 사용 여부를 혼동하기 쉬우며 위와 같이 地를 잘못 사용하는 오류가 자주 발생한다.

(2) 的를 地로 잘못 사용한 경우

예문

오류문:

① *一个一个**地**成功让我更加有信心了。

② *她想我，我也一样，好在她来**地**时候放假了。

③ *现在看电视或者悲痛**地**电影我常常会哭。

정문:

④ 一个一个**的**成功让我更加有信心了。

　　각각의 성공들은 내가 더욱 자신감을 갖도록 해줬다.

⑤ 她想我，我也一样，好在她来**的**时候放假了。

　　그녀가 나를 보고 싶어 하고 나도 그렇다. 다행인 것은 그녀가 올 때 방학이라는 것이다.

⑥ 现在看电视或者悲痛**的**电影我常常会哭。

　　지금도 텔레비전을 보거나 슬픈 영화를 볼 때 나는 종종 울곤 한다.

분석

　　관형어와 중심어 사이에는 的를 사용해야 한다. 예문①의 一个一个, 예문②의 她来, 예문③의 悲痛은 모두 成功, 时候, 电影을 수식하는 관형어이므로 地가 아닌 的를 사용해야 바른 문장이 된다. 중국어 的와 地는 발음이 같으며 모두 수량사의 중첩 형식, 동사구 및 형용사 뒤에 출현할 수 있다. 이 때문에 학습자들이 이 둘을 구분하지 못하고 的 대신 地를 사용하는 오류가 자주 발생한다.

(3) 得를 地로 잘못 사용한 경우

예문

오류문:

① *这个孩子高兴**地**不亦乐乎，不知道怎么办。

② *父亲痛苦**地**不得了，自己拆不掉，所以妈妈帮他拆掉这些东西。

③ *妈妈急**地**一直哭。

④ *堵车的时候，汽车慢**地**像乌龟。

정문:

⑤ 这个孩子高兴**得**不亦乐乎，不知道怎么办。

　　이 아이는 더할 나위 없이 기뻐하며 어떻게 해야 할 줄을 몰랐다.

⑥ 父亲痛苦**得**不得了，自己拆不掉，所以妈妈帮他拆掉这些东西。

　　아버지는 몹시 고통스러웠지만 스스로 떼버리지 못해서 엄마가 대신 이것들을 떼어 내 주셨다.

⑦ 妈妈急**得**一直哭。

엄마는 초조하셔서 내내 우셨다.

⑧ 堵车的时候, 汽车慢**得**像乌龟。

차가 막힐 때 자동차는 마치 거북이처럼 느리다.

분석

술어와 보어 사이에는 반드시 得를 사용해야 한다. 예문①의 不亦乐乎는 高兴의 보어로 기쁜 상태를 나타내며, 예문②의 不得了는 痛苦의 보어로서 고통스러운 정도가 매우 심함을 나타낸다. 따라서 高兴과 痛苦 뒤에 地가 아닌 得를 사용해야 바른 문장이 된다. 예문③, ④도 마찬가지로 모두 地 대신 得를 사용해야 한다. 중국어 地와 得는 발음이 같으며 모두 형용사 뒤에 출현할 수 있다. 이 때문에 학습자들이 이 둘을 구분하지 못하고 得 대신 地를 사용하는 오류가 자주 발생한다.

보충설명 50 的, 得, 地의 차이

1. 的

(1) 관형어와 중심어 사이에 쓰인다. 的 앞의 관형어로는 명사, 동사, 형용사 등이 쓰일 수 있으며, 的 뒤의 중심어는 주로 명사가 쓰이지만 동사도 쓰일 수 있다. 的로 연결된 구는 명사적인 특징을 가지며, 주로 주어나 목적어로 쓰인다.

① 你看天气预报了吗？明天**的**天气怎么样？

너 일기 예보 봤니? 내일 날씨 어때?

② 我去买点儿吃**的**东西, 你们等我一会儿。

나 먹을 것을 좀 사러 가려고 하는데 너희들 나 좀 기다려 줘.

③ 今天来找你, 没有什么重要**的**事。

오늘 널 찾아온 것은 어떤 중요한 일이 있어서가 아니다.

(2) '명사/동사/형용사+的'는 명사에 상응하며 '…ㄴ/는 것'으로 해석된다.

---

① 这本书是老师**的**。

　　이 책은 선생님 것이다.

② 水果是朋友给**的**。

　　과일은 친구가 준 것이다.

③ 今天天气非常好, 天是蓝**的**, 云是白**的**。

　　오늘 날씨 대단히 좋다, 하늘은 푸른색이고, 구름은 흰색이다.

2. 得

(1) 동사나 형용사 뒤에서 정도나 상태 등을 나타내는 보어 표지로 쓰인다. 得 뒤의 보어는 일반적으로 형용사(구), 동사(구)가 쓰인다.

① 他穿的衣服太少了, 冷**得**说不出话来。

　　그는 옷을 너무 적게 입어서 추운 나머지 말도 나오지 않았다.

② 那个孩子瘦**得**皮包骨头, 太可怜了。

　　그 아이는 피골이 상접하게 말랐어. 너무 불쌍하다.

③ 我饿**得**慌, 咱们去吃点儿东西吧。

　　내가 무진장 배가 고프니 우리 뭐 좀 먹으러 가자.

(2) '동사+得'는 가능을 나타내며, 부정형은 '동사+不得'이다.

① A: 这东西吃**得**吗?

　　　　이 거 먹을 수 있습니까?

　　B: 吃**得**。 / 吃不**得**。

　　　　먹을 수 있습니다. / 먹을 수 없습니다.

② 那个地方你去**得**, 我为什么去不**得**?

　　그곳에 너는 갈 수 있는데 나는 왜 갈 수 없어?

3. 地

형용사, 부사, 동사구 등의 뒤에서 부사어 표지로 사용되며 地가 이끄는 부사어는 동사나 형용사를 수식한다.

① 作业做完以后, 一定要认真**地**检查一下。

　　숙제를 다 마치고 난 후에는 반드시 착실하게 검토해 봐야 한다.

② 这次我们合作得非常**地**愉快。

이번 우리의 협력은 대단히 유쾌했습니다.

③ 同学们反映的这些问题，要无条件**地**加以解决。

학우들이 보고한 이러한 문제들은 무조건적으로 해결해야 한다.

4. 了의 오류

(1) 了와 没의 공기 오류

예문

오류문:

① ***没**走**了**多远，他就开始担心了。

② *她**没**回报**了**我。

③ *我**没**注意到**了**这件事。

④ *今天没课，老师**没**告诉**了**我们。

정문:

⑤ **没**走多远，他就开始担心了。

얼마 가지 않아서 그는 걱정하기 시작했다.

⑥ 她**没**回报我。

그녀는 내게 보고하지 않았다.

⑦ 我**没**注意到这件事。

나는 이 문제에 주의를 기울이지 않았다.

⑧ 今天没课，老师**没**告诉我们。

오늘 수업이 없는데도 선생님은 우리에게 알려주지 않으셨다.

분석

没는 어떤 동작이나 사건이 발생되지 않았음을 나타내는 부정 표지로서 동태조사 了와 함께 사용할 수 없다. 예문①-④는 모두 문장 안에 没와 了가 함께 사용되었으므로 了를 삭제해야 바른 문장이 된다. 한국어에서는 과거 사실을 나타낼 때 어미 '-았/었/였'을 사용하기 때문에 학습자들이 이에 대응되는 성분으로 了를 사용하는 경우가 자주 발생한다. 또한 중국어에서 没刮风了 바람이 불지 않게 되었다/바람이 멈췄다, 孩子没哭了 아이가 울지 않게 되었다/울음을 그쳤다 등과 같이 변화가 발생했음을 나타낼 때 没와 어기조사 了가 함께 사용되는 경우도 존재한다. 이 때문에 학습자들에게서 没와 동태조사 了를 함께 사용하는 오류가 자주 발생한다.

보충설명 51 了의 부정

1. '동사+了+명사'를 부정할 때는 동사 앞에 没(有)를 사용하고 동사 뒤의 了는 삭제한다.

① 我吃了饭。　　→　我没(有)吃饭。
　　나는 밥을 먹었다. → 나는 밥을 먹지 않았다.

② 他洗了澡。　　→　他没(有)洗澡。
　　그는 샤워를 했다. → 그는 샤워를 하지 않았다.

2. '동사+了+수량사+(명사)'를 부정할 때는 동사 앞에 没(有)를 사용하고 동사 뒤의 了와 수량사는 모두 삭제한다.

① 他喝了一杯酒。　　→　他没(有)喝酒。
　　그는 술을 한 잔 마셨다. → 그는 술을 마시지 않았다.

② 我睡了八个小时觉。　→　我没(有)睡觉。
　　나는 여덟 시간을 잤다. → 나는 잠을 자지 않았다.

만약 대비를 이루는 후행절이 뒤따르면 수량사를 생략하지 않는다.

① 他喝了一瓶酒。　→　他没(有)喝一瓶酒, 喝了两瓶。
　　그는 술을 한 병 마셨다. → 한 병 마신 것이 아니라 두 병 마셨다.

② 我等了一个小时。　→　我没(有)等一个小时, 只等了半个小时。
　　나는 한 시간을 기다렸다. → 한 시간을 기다린 것이 아니라 삼십 분만 기다렸다.

---

(2) 了와 每의 공기 오류

예문

오류문:

① *我高中毕业以后每天想了想学什么?

② *我们每天上午都上了课。

③ *我每次照了很多照片，记录了每天的生活。

④ *父母每年都来了中国。

정문:

⑤ 我高中毕业以后每天想想学什么。

　　나는 고등학교 졸업 후에 매일 무엇을 배워볼까를 생각했다.

⑥ 我们每天上午都上课。

　　우리는 매일 오전에 수업을 한다.

⑦ 我每次照很多照片，记录每天的生活。

　　나는 매 번 많은 사진을 찍었고 매일의 생활을 기록했다.

⑧ 父母每年都来中国。

　　부모님께서는 해마다 중국에 오셨다.

분석

每天, 每次, 每年 등을 포함한 문장은 일종의 습관적인 행동을 나타내기 때문에 술어동사 뒤에는 동태조사 了를 사용할 수 없다. 예문①, ②에는 每天이, 예문③에는 每次가, 예문④에는 每年이 있으므로 술어동사 뒤 了를 모두 삭제해야 바른 문장이 된다. 위의 예문들은 모두 과거에 습관적으로 행해졌던 사건이므로 학습자들이 동작이나 행위의 실현과 완성을 나타내는 동태조사 了를 사용해야 한다고 잘못 생각하여 이와 같이 每天, 每次, 每年과 了를 함께 사용하는 오류가 자주 발생한다.

(3) 了와 才의 공기 오류

예문

오류문:

① *原来我这个人自己也不相信自己。从来没有觉得爱是什么，现在我才知道了不能那样分手。

② *昨天我才来了北大。

③ *现在他才明白了准备活动的重要性。

④ *我们才下了课。

정문:

⑤ a. 原来我这个人自己也不相信自己。从来没有觉得爱是什么，现在我才知道不能那样分手。

원래 나라는 사람은 스스로도 자신을 믿지 못한다. 여태껏 사랑이 뭔지 느끼지 못했었는데 그렇게 헤어져서는 안 된다는 것을 지금에서야 비로소 알았다.

b. 原来我这个人自己也不相信自己。从来没有觉得爱是什么，现在我知道了不能那样分手。

원래 나라는 사람은 스스로도 자신을 믿지 못한다. 여태껏 사랑이 뭔지 느끼지 못했었는데 지금은 그렇게 헤어져서는 안 된다는 것을 알게 되었다.

⑥ a. 昨天我才来北大。

나는 어제서야 베이징대학교에 왔다.

b. 昨天我来了北大。

어제 나는 베이징대학교에 왔다.

⑦ a. 现在他才明白准备活动的重要性。

이제서야 그는 비로소 준비활동의 중요성을 깨달았다.

b. 现在他明白了准备活动的重要性。

이제 그는 준비활동의 중요성을 깨달았다.

⑧ a. 我们才下课。

우리는 이제야 수업을 마쳤다.

b. 我们下了课。

우리는 수업을 마쳤다.

분석

才는 어떤 행위나 동작이 오래지 않은 시간 전에 발생하여 이미 완성되었음을 나타내고 동태조사 了 역시 행위나 동작의 완성을 나타낸다. 이처럼 才와 了는 의미가 서로 중복되기 때문에 함께 한 문장에 사용할 수 없다. 예문①-④는 모두 才와 了를 중복 사용하고 있으므로 둘 중 하나는 삭제해야 바른 문장이 된다. 학습자들이 과거에 발생한 사건에 대해서는 모두 동태조사 了를 사용해야한다고 잘못 생각하여 위와 같은 오류가 자주 발생한다.

(4) 了와 常常, 一直의 공기 오류

오류문:

① *我**常常**想**了**他是一个好同学。

② *老家冬天**常常**下**了**雪。

③ *我们**一直**在那儿等**了**他。

④ *因为**一直**晒**了**太阳，所以他们的皮肤很红。

정문:

⑤ 我**常常**想他是一个好同学。

나는 늘 그가 좋은 급우라고 생각했다.

⑥ 老家冬天**常常**下雪。

고향은 겨울에 항상 눈이 내렸다.

⑦ 我们**一直**在那儿等他。

우리는 계속 거기서 그를 기다렸다.

⑧ 因为**一直**晒太阳，所以他们的皮肤很红。

계속 태양을 쬐어서 그들의 피부가 빨갛다.

常常은 습관적인 행위를 나타내기 때문에 이미 발생한 사건에 대해서도 술어동사 뒤에 了를 사용할 수 없다. 예문①과 예문②는 습관을 나타내는 常常이 쓰였음에도 동사 想과 下 뒤에 了를 사용하고 있으므로 이를 삭제해야 한다. 또 一直 역시 일정 기간 동안 계속되는 상황을 나타내기 때문에 이미 발생한 사건이더라도 술어동사 뒤에 了를 사용할 수 없다. 단 一直等了三个小时 세 시간 동안 계속 기다렸다 와 같이 동사가 시량보어를 동반하는 경우에는 가능하다. 따라서 예문③, ④는 동사 等, 晒 뒤 了를 삭제해야 바른 문장이 된다. 학습자들이 과거에 발생한 사건을 나타내기 위해 了를 반드시 사용해야 한다고 잘못 이해하여 常常이나 一直가 쓰인 문장에도 了를 사용하는 오류가 자주 발생한다.

(5) 了와 不의 공기 오류

예문

오류문:

① *第二天人们批评我时，我**不**听**了**他们的话。
② *你**不**懂**了**我的意思，你成了世界上最不幸的人。
③ *他**不**告诉**了**我，所以我不知道。
④ *昨天她**不**复习**了**，所以今天她考得不太好。

정문:

⑤ 第二天人们批评我时，我**不**听他们的话。
　둘째 날 사람들이 나를 질책했을 때, 나는 그들의 말을 듣지 않았다.

⑥ 你**不**懂我的意思，你成了世界上最不幸的人。
　너는 내 뜻을 이해하지 못해서 세상에서 가장 불행한 사람이 되었다.

⑦ 他**不**告诉我，所以我不知道。
　그가 내게 알려주지 않아서 내가 몰랐다.

⑧ 昨天她**不**复习，所以今天她考得不太好。
　어제 그녀가 복습을 하지 않아서 오늘 시험을 잘 못 봤다.

분석

예문①-④는 모두 不와 了가 한 문장에서 동시에 사용되었으므로 了를 삭제해야 바른 문장이 된다. 일반적으로 현재나 미래를 부정할 때는 不를 사용하고, 과거를 부정할 때는 沒를 사용한다. 그러나 이미 발생한 사건이더라도 발생 시점이 선행절에서 구체적으로 제시되는 경우에는 不를 사용할 수 있다. 또한 선행절의 원인이 후행절의 결과에 절대적인 영향을 미칠 경우 원인을 나타내는 선행절에도 不를 사용할 수 있다. 다만 不를 사용할 수 있는 경우라도 동태조사 了와 함께 사용할 수 없는데 학습자들이 이를 간과하여 不와 了를 함께 사용하는 오류가 자주 발생한다.

(6) 이음절 동사 뒤의 了 오류

예문

오류문:

① *暑假我们决定了去云南。

② *我决心了以后遇到每个人都对他们好。

③ *我发现了照顾孩子也是重要的事情。

④ *父母同意了我去中国留学。

정문:

⑤ 暑假我们决定去云南。

여름 방학에 우리는 윈난에 가기로 결정했다.

⑥ 我决心以后遇到每个人都对他们好。

나는 이후에 만나는 모든 사람들에게 다 잘 해주겠다고 결심했다.

⑦ 我发现照顾孩子也是重要的事情。

나는 아이를 돌보는 것도 중요한 일이라는 것을 깨달았다.

⑧ 父母同意我去中国留学。

부모님께서 내가 중국으로 유학 가는 것에 동의하셨다.

분석

听说들자하니, 听见들리다, 决定결정하다, 决心결심하다, 发现발견하다, 拒绝거절하다, 答应승락하다, 同意동의하다 등의 일부 이음절 동사들이 동사(구)를 목적어로 삼을 때는 동사 뒤에 了를 사용할 수 없다. 예문①-④에서 동사 决定, 决心, 发现, 同意는 각각 去云南, 以后遇到每个人都对他们好, 照顾孩子也是重要的事情, 我去中国留学라는 동사구 목적어를 가지고 있으므로 동사 뒤의 了를 삭제해야 바른 문장이 된다. 그러나 학습자들이 이미 발생한 일을 나타낼 때 무조건 동사 뒤에 了를 사용해야 한다고 잘못 생각하여 이와 같은 오류가 자주 발생한다.

(7) 직접인용문을 이끄는 동사 뒤의 了 오류

예문

오류문:

① *同学们回答了："27路。"
② *司机对我们说了："你们要去哪儿，如果目的地一样的话，上车吧。"
③ *弟弟问了："我可以吃大块儿巧克力吗？"。
④ *老师说道了："最后一次考试一定要考好。"

정문:

⑤ 同学们回答："27路。"
　　학생들은 "27번"이라고 대답했다.
⑥ 司机对我们说："你们要去哪儿？如果目的地一样的话，上车吧。"
　　기사는 우리에게 "너희 어디에 가니? 만약 목적지가 같으면 차에 타렴"이라고 말했다.
⑦ 弟弟问："我可以吃大块儿巧克力吗？"
　　동생은 "제가 커다란 초콜릿 먹어도 돼요?"라고 물었다.
⑧ 老师说道："最后一次考试一定要考好。"
　　선생님께서는 "마지막 보는 시험이니 반드시 잘 봐야 한다."라고 얘기하셨다.

분석

중국어에서는 직접인용문을 이끄는 동사 뒤에 了를 사용할 수 없다. 따라서 예문①-④는 동사 回答, 说, 问, 说道 뒤의 了를 삭제해야 바른 문장이 된다. 그러나 학습자들이 이미 발생한 행위나 동작을 나타낼 때 무조건 동사 뒤에 了를 사용해야 한다고 잘못 생각하여 이와 같은 오류가 자주 발생한다.

보충설명 52　了의 사용 규칙

1. 문장 안에 과거 시간을 나타내는 성분이 존재하고 행위나 동작이 그 시간에 이미 발생했다면 동사 뒤에 了를 사용한다.
   ① 昨天晚上我们去了酒吧。
   　　어제 저녁에 우리는 바에 갔다.

② 去年圣诞节我回了韩国。

　　작년 크리스마스에 나는 한국으로 돌아왔다.

2. 두 개의 동사구가 연이어지는 경우 사건의 발생이나 실현 여부와 상관 없이 첫 번째 동사 뒤에 了를 사용한다. 모든 상황이 완성된 경우라면 문미에도 了를 사용한다.

① 明天我下了课去图书馆。

　　내일 나는 수업을 마치고 도서관에 간다.

② 昨天晚上我做了作业就休息了。

　　어제 저녁 나는 숙제를 하고서 바로 쉬었다.

3. 직접인용문을 이끄는 동사 뒤에는 了를 사용할 수 없다.

① 妈妈对我说： "时间晚了，早点休息吧。"

　　엄마가 내게 "시간이 늦었으니 좀 일찍 쉬어."라고 말씀하셨다.

② 那个人向我走来，问： "你知道北大怎么走吗？"

　　그 사람이 나를 향해 걸어와서는 "당신 베이징대학교에 어떻게 가는지 아시나요?" 라고 물었다.

4. 答应승락하다, 认为생각하다, 决定결정하다, 决心결심하다, 知道알다, 听说듣자하니, 听见들리다, 发现발견하다, 拒绝거절하다, 开始시작하다 등과 같은 일부 이음절 동사가 동사(구), 형용사(구), 주술구를 목적어로 가질 때는 동사 뒤에 了를 사용하지 않는다.

① 老师答应周五再听写。

　　선생님은 금요일에 받아쓰기를 다시 보도록 허락하셨다.

② 我认为汉语不难。

　　나는 중국어가 어렵지 않다고 생각한다.

③ 他拒绝回答我的问题。

　　그는 내 질문에 대답하기를 거절했다.

5. 동사와 보어 사이에는 了를 사용하지 않는다.

① 看完比赛我就回去。

　　경기를 다 보고 나는 바로 돌아갈 것이다.

② 做完作业再吃饭吧。

　　숙제를 마치고 밥을 먹자.

③ 昨天你说得很好！

　　너 어제 말 정말 잘하더라!

(8) 着를 了로 잘못 사용한 경우

예문

오류문:

① *所以只好在游泳场旁边看了小王。

② *1910年3月26日，他穿了传统朝鲜服装被绞死。

③ *弟弟戴了帽子出去了。

④ *我们骑了自行车逛胡同。

정문:

⑤ 所以只好在游泳场旁边看**着**小王。

　　그래서 수영장 옆에서 샤오왕을 바라볼 수밖에 없었다.

⑥ 1910年3月26日，他穿**着**传统朝鲜服装被绞死。

　　1910년 3월 26일, 그는 조선의 전통복장을 입은 채 교살 당했다.

⑦ 弟弟戴**着**帽子出去了。

　　동생은 모자를 쓰고 외출했다.

⑧ 我们骑**着**自行车逛胡同。

　　우리는 자전거를 타고 골목을 돌아다녔다.

분석

동태조사 了는 동작의 실현을 나타내고 着는 동작의 진행이나 상태의 지속을 나타낸다. 예문①의 看小王, 예문②의 穿传统朝鲜服装, 예문③의 戴帽子, 예문④의 骑自行车는 모두 행위나 상태가 지속되고 있음을 나타내므로 了가 아닌 着를 사용해야 바른 문장이 된다. 위의 예문은 모두 과거에 발생된 사건을 서술한 것으로, 학습자들이 이미 실현되었음을 나타내기 위해서는 반드시 동사 뒤에 了를 사용해야 한다고 잘못 생각하여 이와 같은 오류가 자주 발생한다.

(9) 了의 어순 오류

가. 了를 간접목적어 뒤에 잘못 사용한 경우

예문

오류문:

① *他的中国朋友给我了很大的帮助和鼓励。

② *他按照自己的经验, 教我了不少的东西。

③ *老师告诉我们了后海的情况。

④ *办公室已经通知大家了考试的事。

정문:

⑤ 他的中国朋友给了我很大的帮助和鼓励。
　　그의 중국 친구는 나에게 아주 큰 도움과 격려를 주었다.

⑥ 他按照自己的经验, 教了我不少的东西。
　　그는 자신의 경험에 비추어 내게 적지 않은 것을 가르쳐주었다.

⑦ 老师告诉了我们后海的情况。
　　선생님은 우리들에게 허우하이의 상황을 알려주었다.

⑧ 办公室已经通知了大家考试的事。
　　사무실에서는 모두에게 시험에 관한 일을 이미 통지하였다.

분석

이중목적어 구문에서 了는 간접목적어 뒤에 사용할 수 없다. 예문①-④
의 了는 모두 간접목적어 我, 我们, 大家 뒤에 위치하고 있으므로 이를
모두 술어동사 给, 教, 告诉, 通知 뒤에 사용해야 바른 문장이 된다.

나. 了를 결과보어 앞에 잘못 사용한 경우

예문

오류문:

① *他睁了大眼睛。

② *我打了开电视。

③ *他愣了住。

④ *现在雨下了小。

정문:

⑤ 他睁大了眼睛。

  그는 눈을 크게 떴다.

⑥ 我打开了电视。

  나는 TV를 켰다.

⑦ 他愣住了。

  그는 어안이 벙벙했다.

⑧ 现在雨下小了。

  지금은 비가 적게 내린다.

분석

了는 동사와 결과보어 사이에 사용할 수 없다. 예문①-④의 了는 모두 동사와 결과보어 사이에 위치하고 있으므로 了를 결과보어 大, 开, 住, 小 뒤로 이동시켜야 바른 문장이 된다. 睁大了크게 떴다, 愣住了어안이 벙벙했다 와 같이 중국어의 결과보어는 한국어에서 주로 부사어나 술어동사로 표현되며, 완성된 사건의 경우 동사 뒤에 어미 '-았/었/였' 등을 사용한다. 이러한 영향으로 학습자들이 了를 결과보어 뒤가 아닌 동사 뒤에 사용하는 오류가 자주 발생한다.

다. 了를 동사와 전치사구 보어 사이에 잘못 사용한 경우

예문

오류문:

① *我住了在他的家。

② *书放了在桌子上。

③ *回国的时候, 他把手机送了给我。

④ *那本书还了给图书馆。

정문:

⑤ 我住在他的家了。

　나는 그의 집에 묵었다.

⑥ 书放在桌子上了。

　책은 책상 위에 두었다.

⑦ 回国的时候，他把手机送给我了。

　귀국할 때, 그는 휴대폰을 나에게 주었다.

⑧ 那本书还给图书馆了。

　그 책은 도서관에 반납했다.

> **분석**

동사와 전치사구 보어 사이에는 了를 사용할 수 없다. 예문①-④의 了는 모두 동사 住, 放, 送, 还과 전치사구 在他的家, 在桌子上, 给我, 给图书馆 사이에 위치하고 있으므로 이를 문장 끝으로 이동시켜야 바른 문장이 된다. 한국어에서는 과거에 발생한 사건을 나타내기 위해 일반적으로 동사 뒤에 과거시제를 표시하는 어미 '-았/었/였' 등을 사용한다. 이러한 영향으로 학습자들이 항상 동사 바로 뒤에 了를 사용해야 한다고 잘못 생각하기 쉬워 위와 같이 동사와 전치사구 보어 사이에 了를 사용하는 오류가 자주 발생한다.

라. 了를 연동문 첫 번째 동사 뒤에 잘못 사용한 경우

> **예문**

오류문:

① *我们也去了那边一起打。

② *过年的时候，我全家人去了莲花山旅行。

③ *去年春天我来了上海留学。

④ *父母上个星期来了北京看我。

정문:

⑤ 我们也去那边一起打了。

　우리들도 거기에 가서 함께 쳤다.

⑥ 过年的时候, 我全家人去莲花山旅行了。

새해에 우리 가족 모두 렌화산으로 여행하러 갔다.

⑦ 去年春天我来上海留学了。

작년 설날에 나는 상하이로 유학을 왔다.

⑧ 父母上个星期来北京看了我。

부모님께서 지난주에 베이징에 오셔서 나를 만나셨다.

분석

이미 발생되었거나 실현된 행위나 동작을 나타내는 연동문에서는 후행동사 뒤에 了를 사용해야 한다. 예문①-④는 모두 이미 실현된 사건을 나타내는 연동문임에도 선행동사 뒤에 了를 사용하고 있으므로 이를 모두 打, 旅行, 留学, 看 뒤로 이동시켜야 바른 문장이 된다. 위의 예문들은 한국어에서 '나를 만나기 위해 베이징에 오셨다', '우리 가족 모두 렌화산으로 여행하러 갔다'와 같이 해석될 수 있는데, 이 경우 후행동사인 看과 旅行이 목적을 나타내는 부사어로 쓰이고 선행동사인 来와 去가 중심술어가 된다. 이러한 영향으로 한국어의 '-았/었/였'에 대응되는 성분으로 중국어의 了를 来나 去 뒤에 사용하는 오류가 자주 발생한다.

보충설명 53 了의 위치

1. 첫 번째 행위나 동작이 두 번째 행위나 동작의 방식이나 도구가 되거나, 두 번째 행위나 동작이 첫 번째 행위나 동작의 목적이 될 경우에는 일반적으로 了는 두 번째 동사 뒤에 사용한다.

① 老板坐飞机去了上海, 他不在公司。

사장님은 비행기를 타고 상하이에 가서 회사에 안 계신다.

② 洗衣机没坏呀, 上午我还用洗衣机洗了一些衣服呢。

세탁기는 고장 나지 않았어요, 오전에만 해도 제가 세탁기로 옷을 몇 벌 세탁했는걸요.

③ 昨天我和我朋友去电影院看了一场电影。

어제 나는 내 친구와 영화관에 가서 영화를 한 편 보았습니다.

---

2. 첫 번째 행위나 동작이 발생된 이후에 두 번째 행위나 동작이 발생되었음을 강조할 경우 了는 첫 번째 동사 뒤에 사용한다.
   ① 妈妈买了一个冰糖葫芦给我。
   엄마가 빙탕후루를 하나 사서 내게 주었다.
   ② 弟弟从房间里搬了一把椅子出来。
   동생은 방에서 의자 하나를 옮겨 나왔다.

3. 겸어문에서 了는 일반적으로 두 번째 동사 뒤에 사용한다.
   ① 早晨妈妈让我喝了两袋牛奶，所以现在我一点儿都不饿。
   아침에 엄마가 제게 우유 두 봉지를 마시게 하셔서 지금 나는 조금도 배고프지 않다.
   ② 上个星期六，老板派他去了北京。
   지난주 토요일, 사장님이 그를 베이징으로 파견 보냈다.

4. 이미 발생되었거나 실현된 사건을 여러 개의 구나 절로 나타낼 경우 了는 일반적으로 마지막 동사 뒤에 사용한다.
   ① 我们班今天开会，会上老师表扬了她。
   우리 반은 오늘 회의를 했는데, 회의에서 선생님이 그녀를 칭찬하셨다.
   ② 他起床，穿衣，刷牙，吃饭，吃完饭就赶忙去了学校。
   그는 일어나서 옷을 입고, 양치를 하고, 밥을 먹고, 밥을 다 먹은 후에 급히 학교로 갔다.

5. 了는 '동사+결과보어' 뒤에 사용한다.
   ① 我的作业做完了。
   내 숙제는 다 끝냈다.
   ② 黑板擦干净了吗？
   칠판은 깨끗이 닦았니?

6. '동사+전치사구'에서 了는 전치사구 뒤에 사용한다.
   ① 你的书放在书包里了。
   네 책은 가방 안에 두었다.

② 他的手机落在出租汽车上了。

그의 핸드폰을 택시에 두고 내렸다.

7. '동사+来/去'가 목적어를 갖지 않을 경우 了는 来나 去 뒤에 사용한다. 목적어를 가질 경우에는 다음과 같이 두 가지 위치가 가능하다.

(1) 동사+来/去+了+목적어

① 妈妈给我寄来了一个包裹, 我想去邮局取一下。

엄마가 내게 소포를 하나 보내오셔서 나는 우체국으로 좀 찾으러 갈 생각이다.

② 弟弟没有衣服换了, 昨天我给他送去了一些干净衣服。

남동생이 갈아입을 옷이 없어서 어제 나는 그에게 깨끗한 옷 몇 가지를 보냈다.

(2) 동사+了+목적어+来/去

① 圣诞节妈妈给我寄了一个包裹来, 但是现在还没收到。

크리스마스 때 엄마가 내게 소포를 하나 보내오셨는데 지금까지도 받지 못했다.

② 弟弟没有衣服换了, 昨天我给他送了一些干净衣服去。

남동생이 갈아입을 옷이 없어서 어제 나는 그에게 깨끗한 옷 몇 가지를 보냈다.

8. '동사+복합방향보어'가 목적어를 갖지 않을 경우 了는 다음과 같이 두 가지 위치가 가능하다.

(1) 동사+복합방향보어+了

① 我们把桌子都搬进去了。

우리는 책상을 모두 옮겨나갔다.

② 雨从窗户飘进来了, 关上窗户吧。

비가 창문으로 들이치니 창문을 닫자.

(2) '동사+了+복합방향보어'는 각각의 동작과 행위를 부각시켜 생동감 있게 기술할 때 사용한다.

① 孩子从楼梯上滚了下来, 脸都摔破了。

아이가 계단에서 굴러 떨어져서 얼굴이 모두 까졌다.

② 我把小猫关在家里, 可是它却从门缝里爬了出去。

내가 고양이를 집에 가두었는데 그것이 도리어 문틈 사이로 기어나갔다.

9. '동사+목적어₁+목적어₂'는 了를 동사 뒤에 사용한다.

① 他结婚的时候, 我送了他一部手机。

　　그가 결혼할 때 나는 그에게 핸드폰을 하나 선물했다.

② 他只还了图书馆一本书, 还有两本没还。

　　그는 도서관에 책 한 권만 반납했고 두 권은 아직 반납하지 않았다.

参고

1. '동사+전치사구'에서 了는 동사 뒤에 사용할 수 없으며 반드시 전치사
구 뒤에 사용해야 한다.

① *手机放了在口袋里。

② *汽车停了在教室门口。

2. '동사+결과보어'에서 了는 동사 뒤에 사용할 수 없으며 반드시 결과보
어 뒤에 사용해야 한다.

① *他的性格变了好。

② *你看了花眼吗？

(10) 了와 真, 很의 공기 오류

예문

오류문:

① *当时觉得真遗憾了。

② *看见老朋友, 真高兴了。

③ *明天你来夏威夷, 我很期待了。

④ *听到他回国的消息, 我很吃惊了。

정문:

⑤ 当时觉得真遗憾。

　　당시 정말 애석하다고 느꼈다.

⑥ 看见老朋友, 真高兴。

　　오랜 친구를 만나 정말 기쁘다.

⑦ 明天你来夏威夷，我很期待。

내일 네가 하와이에 온다니 나는 매우 기대된다.

⑧ 听到他回国的消息，我很吃惊。

그가 귀국한다는 소식을 듣고 나는 매우 놀랐다.

분석

真이나 很이 수식하는 형용사나 심리동사 뒤에는 일반적으로 어기조사 了를 사용할 수 없다. 예문①의 遗憾, 예문②의 高兴, 예문③의 期待, 예문④의 吃惊은 모두 그 뒤에 了가 쓰였으므로 이를 삭제해야 바른 문장이 된다. 한국어에서는 이미 발생한 감정 상태를 나타낼 때 술어 뒤에 과거 시제 어미를 사용해야 하므로 위와 같이 문미에 了를 사용하는 오류가 자주 발생한다.

보충설명 54 어기조사 了의 용법

1. 상태나 사건의 변화를 나타낸다.

 (1) 명사+了

　① 几年不见，你儿子都成小伙了。

　　몇 년 못 본 사이에 네 아들은 청년이 다 되었구나.

　② 已经夏天了，天会一天比一天热。

　　이제 여름이니 날씨가 날이 갈수록 더워질 것이다.

　③ 都中午了，该吃午饭了。

　　벌써 정오가 되었으니 점심을 먹어야 한다.

 (2) 수량(명)사+了

　① 我来中国已经三年了。

　　내가 중국에 온 지 이미 삼 년이 되었다.

　② 你二十岁了，不是孩子了。

　　너는 스무 살이 되었으니 더이상 아이가 아니다.

　③ 我们班二十个人了，太多了。

　　우리 반은 스무 명이 되었다, 너무 많다.

(3) 형용사+了

   ① 今年白菜贵了。

     올해 배추가 비싸졌다.

   ② 天黑了, 我们回去吧。

     날이 어두워졌으니 우리 돌아가자.

   ③ 他喝一点儿酒, 脸就红了。

     그는 술을 조금만 먹어도 얼굴이 금세 붉어진다.

(4) 동사+了

   ① 教室锁了, 我们进不去。

     교실이 잠겨서 우리는 들어갈 수가 없다.

   ② 衣服洗了, 裤子没洗。

     옷을 빨았는데 바지는 빨지 않았다.

   ③ 水开了, 沏点茶吧。

     물이 끓었으니 차를 좀 타자.

(5) 동사+목적어+了

   ① 你看, 下雪了。

     봐라, 눈이 내린다.

   ② 上课了! 快进去吧。

     수업이 시작되었다! 빨리 들어가자.

   ③ 刮风了, 我们进去吧。

     바람이 부니 우리 들어가자.

(6) 동사+了+목적어+了

   ① 我们已经见了面了。

     우리는 이미 만났다.

   ② 孩子已经睡了觉了。

     아이는 이미 잠들었다.

   ③ 我吃了饭了, 你们去吃吧。

     나는 밥을 먹었으니 너희들은 먹으러 가렴.

2. '동사+了+수량(명)사+了'는 상태나 행위의 지속을 나타낸다.
　① 我在这儿住了三年了。

　　　나는 여기서 삼년 째 산다.

　② 她学了五年汉语了。

　　　그녀는 오 년 동안 중국어를 배우고 있다.

　③ 这孩子又长了两公分了。

　　　이 아이는 또 2센티미터 자랐다.

3. '快…了', '要…了', '快要…了', '就要…了'는 가까운 미래를 나타낸다.
　① 快下课了。

　　　곧 수업이 끝난다.

　② 要放假了。

　　　곧 방학이다.

　③ 我们快要开学了。

　　　우리는 곧 개학을 한다.

　④ 比赛还有五分钟就要结束了。

　　　시합이 5분 있으면 곧 끝난다.

5. 着의 오류

(1) 着의 첨가 오류

가. 동사 뒤 着를 잘못 첨가한 경우

예문

오류문:

　① *我有着这样的想法。
　② *我发现很奇怪的样子后回着头看。
　③ *马上穿衣服, 打着车回家。
　④ *我几个朋友说, 她骗着我。

정문:

⑤ 我有这样的想法。

　　나는 이러한 생각을 가지고 있다.

⑥ 我发现很奇怪的样子后回头看。

　　나는 이상한 모습을 발견한 후에 고개를 돌려 쳐다봤다.

⑦ 马上穿衣服, 打车回家。

　　바로 옷을 입고 차를 잡아 집으로 돌아갔다.

⑧ 我几个朋友说, 她骗我。

　　내 몇몇 친구는 그녀가 나를 속이고 있다고 말한다.

분석

존재를 표시하는 有는 상태의 지속을 나타내는 着와 함께 사용할 수 없다. 따라서 예문①은 有 뒤의 着를 삭제해야 한다. 예문②의 回(头), 예문③의 打(车), 예문④의 骗 역시 着를 사용할 수 없는 동사이므로 모두 着를 삭제해야 바른 문장이 된다. 예문⑤의 我有这样的想法는 한국어에서 '나는 이런 생각을 가지고 있다'로 해석할 수 있는데, 이때 학습자들이 '-고 있다'에 대응되는 성분으로 着를 사용하는 경우가 많다. 또한 예문⑥의 我发现很奇怪的样子后回头看은 '나는 이상한 모습을 발견한 후에 고개를 돌린 채 쳐다봤다'라고 해석할 수 있는데 이때 '-한 채로'에 대응되는 성분으로 着를 사용하여 예문②와 같은 오류문을 만들기도 한다. 대부분의 중국어 동사들은 상태의 지속을 나타낼 때 着를 사용할 수 있다. 하지만 위와 같이 着를 사용할 수 없는 동사들도 다수 존재하는데 학습자들이 이를 구분하지 못하여 着를 잘못 첨가하는 오류가 자주 발생한다.

나. 보어 뒤 着를 잘못 첨가한 경우

예문

오류문:

① *奇怪的老人走了以后, 马克高兴起来**着**说："谢谢你, 给我这么好的

礼物。"

② *从前面的车上掉下来**着**一些东西。

③ *原来，那只肚子鼓鼓的老鼠正离开**着**那朵最美丽的花儿。

④ *他打开**着**巧克力的盒子说："看起来这个巧克力不错。"

정문:

⑤ 奇怪的老人走了以后，马克高兴起来，说："谢谢你，给我这么好的礼物。"

이상한 노인이 떠난 이후, 마크가 기뻐하면서 말했다. "제게 이렇게 좋은 선물을 주셔서 감사합니다."

⑥ 从前面的车上掉下来一些东西。

앞 차에서 물건들이 떨어졌다.

⑦ 原来，那只肚子鼓鼓的老鼠正离开那朵最美丽的花儿。

알고 보니, 배가 불룩한 쥐 한 마리가 가장 아름다운 그 꽃을 막 떠나려던 참이었다.

⑧ 他打开巧克力的盒子说："看起来这个巧克力不错。"

그가 초콜릿 상자를 열면서 말했다. "이 초콜릿 괜찮아 보여."

분석

술어가 보어와 함께 쓰일 때는 着를 사용할 수 없다. 예문①-④는 방향 보어 起来, 下来, 开 뒤에 모두 着를 사용하고 있으므로 着를 삭제해야 바른 문장이 된다. 着는 한국어로 '-(으)면서'로 해석될 수 있기 때문에 학습자가 예문⑤, ⑧과 같이 '-(으)면서'로 해석될 수 있는 문장을 着로 직역하여 오류가 발생하며, 예문⑥, ⑦과 같이 동작의 지속이나 진행을 나타내고자 할 때 모두 着를 사용하여야 한다고 잘못 생각하여 오류가 발생한다.

다. 목적어 뒤 **着**를 잘못 첨가한 경우

예문

오류문:

① *出来后身体非常冷，所以我赶快打**的着**回家。

② *那时候爸爸和孩子听到这一个小声音，所以他们扭头**着**看。

③ *他跑步着看手机，真危险。

④ *我喜欢洗澡着听音乐。

정문:

⑤ 出来后身体非常冷，所以我赶快打的回家。

　나온 후에 너무 추워서 나는 재빨리 택시를 잡아 집으로 돌아갔다.

⑥ 那时候爸爸和孩子听到这一个小声音，所以他们扭头看。

　그때 아빠와 아이는 이 작은 소리를 들었기에 머리를 돌려 바라보았다.

⑦ 他跑着步看手机，真危险。

　그는 달리기를 하면서 휴대폰을 보는데 정말 위험하다.

⑧ 我喜欢洗着澡听音乐。

　나는 샤워하면서 음악 듣는 것을 좋아한다.

> **분석**

이음절 동목 이합사에서는 뒤에 오는 형태소가 목적어에 상응하므로 목적어 뒤에 着를 사용할 수 없다. 예문①-④의 打的, 扭头, 跑步, 洗澡는 모두 동목 이합사인데도 목적어 뒤에 着를 사용하고 있으므로 이를 삭제하거나 목적어 앞으로 이동시켜야 바른 문장이 된다. 着는 지속이나 진행을 나타내는 동태조사로 반드시 동사 뒤에 사용해야 한다. 학습자들이 동목 이합사를 분리할 수 없는 하나의 동사라고 잘못 생각하여 着를 이합사 뒤에 두는 오류가 자주 발생한다.

(2) 地를 着로 잘못 사용한 경우

> **예문**

오류문:

① *她生气着说："又是谁呀？"

② *他吃惊着看着。

③ *他伤心着走回家了。

④ *他得意着打开了礼物。

정문:

⑤ 她生气**地**说："又是谁呀？"

　그녀는 화를 내면서 말했다. "또 누구야?"

⑥ 他吃惊**地**看着。

　그는 놀라면서 보고 있다.

⑦ 他伤心**地**走回家了。

　그는 마음 아파하면서 집으로 걸어 돌아갔다.

⑧ 他得意**地**打开了礼物。

　그는 만족해하면서 선물을 열었다.

분석

　심리상태를 나타내는 형용사가 술어동사를 수식하는 부사어로 사용될 때는 着를 사용할 수 없다. 예문①의 生气, 예문②의 吃惊, 예문③의 伤心, 예문④의 得意는 각각 동사 说, 看, 走, 打开의 부사어이지만 모두 着를 사용하였으므로 이를 모두 부사어 표지인 地로 바꾸어야 바른 문장이 된다. 예문⑤의 生气地说를 한국어로 번역하면 '그녀는 화를 내면서 말했다'가 되고, 예문⑥의 他吃惊地看着를 한국어로 번역하면 '그는 놀라면서 보고 있다'가 된다. 또 예문⑦의 他伤心地走回家了를 한국어로 번역하면 '그는 마음 아파하면서 집으로 걸어 돌아갔다'가 되고, 예문⑧의 他得意地打开了礼物를 한국어로 번역하면 '그는 만족해하면서 선물을 열었다'가 된다. 이때 학습자들이 '-면서'에 해당하는 성분을 지속이나 진행을 나타내는 着로 대응시킬 수 있다고 잘못 생각하여 地 대신 着를 사용하는 오류가 자주 발생한다.

(3) '동사+시량보어'에 着를 잘못 첨가한 경우

예문

오류문:

① *等**着**几分钟来了一辆出租汽车。

② *看**着**一会儿，他懂了。

③ *我莫名其妙地站**着**一分钟。

④ *我在宿舍打**着**十分钟电话。

정문:

⑤ 等**了**几分钟来了一辆出租汽车。
   몇 분을 기다렸더니 택시 한 대가 왔다.

⑥ 看**了**一会儿，他懂了。
   잠깐 보더니 그는 이해했다.

⑦ 我莫名其妙地站**了**一分钟。
   나는 영문도 모르고 일 분 동안 서 있었다.

⑧ 我在宿舍打**了**十分钟电话。
   나는 기숙사에서 십 분 동안 전화를 걸었다.

분석

동사가 시량보어를 동반할 때는 동사 뒤에 동작의 지속이나 진행을 나타내는 着를 사용할 수 없다. 예문①-④의 동사 等, 看, 站, 打는 시량보어가 쓰였음에도 着를 사용하고 있으므로 着를 모두 了로 바꾸어야 한다. 着는 일반적으로 한국어의 '-(으)면서'에 대응된다. 한국어에서는 동작의 지속이나 진행을 나타낼 때 대부분 동사 뒤에 '-(으)면서'를 사용하기 때문에 학습자들이 시량보어를 가진 동사 뒤에도 着를 잘못 첨가하는 오류가 자주 발생한다.

(4) '동사+전치사구'에 着를 잘못 첨가한 경우

예문

오류문:

① *他跪**着**在地上。
② *李明站**着**在山上看风景。
③ *她感冒了，睡**着**在床上。
④ *小王爸爸坐**着**在石头上继续说；"你昨天晚上⋯⋯"

정문:

⑤ 他跪在地上。
   그는 바닥에 꿇어앉아 있다.

⑥ 李明站在山上看风景。

리밍은 산 위에 서서 풍경을 바라보았다.

⑦ 她感冒了，睡在床上。

그녀는 감기에 걸려서 침대에서 잔다.

⑧ 小王爸爸坐在石头上继续说；"你昨天晚上……"

샤오왕의 아빠는 돌 위에 앉아 계속해서 말을 이어갔다. "너 어젯밤에……"

분석

동사가 전치사구를 보어로 가질 때는 동사와 전치사구 사이에 着를 첨가할 수 없다. 예문①-④는 모두 동사 跪, 站, 睡, 坐와 전치사구 보어 在地上, 在山上, 在床上, 在石头上 사이에 着를 첨가하였으므로 문장이 성립하지 않는다. 학습자가 동작의 지속 상태를 표시할 때는 무조건 동사 뒤에 着를 사용해야 한다고 잘못 생각하여 예문⑤-⑧과 같이 동사와 전치사구 사이에도 着를 첨가하는 오류가 발생한다.

보충설명 55 着의 용법

1. 동사 뒤에 쓰여 동작의 진행을 나타내고 문미에서 呢를 자주 수반한다.

① 外面下着雨呢，别出去了。

밖에 비가 내리고 있으니 나가지 마라.

② 我现在开着车，不方便打电话，一会儿给你打过去。

내가 지금 운전 중이라 통화가 불편하니까 잠시 뒤에 네게 전화할게.

③ 妈妈做着饭呢，你没看见吗？

엄마는 밥하고 계신데 너는 보지 못했니?

2. 동사와 형용사 뒤에 쓰이며, 상태의 지속을 나타낸다.

① 空调关着呢，能不热吗？

에어컨이 꺼져 있으니 안 더울 수가 있니?

② 你的手机在桌子上放着呢，你没看见吗？

네 휴대폰이 탁자 위에 놓여 있었는데 너는 보지 못했니?

③ 十二点了，教室里的灯还亮**着**，可能忘了关。

열 두 시가 되었는데도 교실 안에 여전히 불이 켜져 있으니 아마도 불 끄는 것을 잊은 것 같다.

3. '처소사+동사+**着**+명사'는 특정 장소에 어떤 사물이 존재하고 있음을 나타낸다.
   ① 教室的墙上贴**着**一张中国地图。

   교실 벽에 중국 지도 한 장이 붙어 있다.
   ② 图书馆门前的空地上放**着**很多自行车。

   도서관 입구 공터에 자전거가 많이 놓여 있다.
   ③ 停车场里停**着**很多汽车。

   주차장 안에 많은 자동차가 주차되어 있다.

4. '동사+**着**'가 다른 동사의 앞에 쓰이면 두 동작이 동시에 이루어짐을 나타내거나 혹은 두 번째 동작의 방식을 나타낸다.
   ① 今天考试，同学们冒**着**大雨来学校了。

   오늘이 시험이라 학생들은 큰 비를 무릅쓰고 학교에 왔다.
   ② 她抿**着**嘴笑，不说话。

   그녀는 입을 다문 채 웃으며 말을 하지 않았다.
   ③ 妈妈批评哥哥的时候，哥哥低**着**头不作声。

   엄마가 오빠를 야단칠 때, 오빠는 고개를 숙인 채 잠자코 있었다.

   '동사+**着**'는 목적을 나타내는 다른 동사의 앞에 쓰여 방식을 나타낸다. 이때 두 번째 동사는 목적을 나타낸다.
   ① 我急**着**去上班，忘了锁家里的门，真糟糕!

   나는 출근하느라 서두른 나머지 집 대문을 잠그는 것을 깜빡했다. 정말 야단났군!
   ② 这些饺子留**着**明天吃吧。

   이 만두는 내일 먹게 남겨두자.

5. '동사+**着**'가 다른 동사 앞에서 반복 사용되면 어떠한 동작이 진행 중에 있을 때 다른 동작이 발생됨을 나타낸다.

① 孩子睡**着**睡**着**哭起来了。

아이는 자다가 울기 시작했다.

② 我听**着**听**着**就睡着了。

나는 듣다가 잠이 들었다.

(5) 着의 부정 오류

예문

오류문:

① *她的房间没放**着**东西。
② *他在宿舍没做**着**作业。
③ *他没在书上写**着**名字。
④ *离开公司以后我们差点儿回国, 什么都没实现**着**。

정문:

⑤ 她的房间没放东西。

그녀의 방에 물건이 놓여 있지 않았다.

⑥ 他在宿舍没做作业。

그는 기숙사에서 숙제를 하고 있지 않았다.

⑦ 他没在书上写名字。

그는 책에 이름을 쓰지 않았다.

⑧ 离开公司以后我们差点儿回国, 什么都没实现。

회사를 떠난 후 우리는 거의 귀국할 뻔했지만, 아무것도 이루어지지 않았다.

분석

'동사+着'의 부정 형식은 일반적으로 술어동사 앞에 沒(有)를 사용하고 着를 삭제한다. 예문①-④는 술어동사 앞에 모두 沒(有)가 있지만 동사 뒤의 着를 삭제하지 않았으므로 바른 문장이 아니다. 한국어에서 동사와 형용사가 지속을 나타낼 때 그 부정 형식은 '안+ ~고 있다'가 된다. 이를 중국어로 표현하면 '沒(有)+동사/형용사+着'가 되기 때문에 학습자가 부정문에서도 着를 사용해야 한다고 잘못 생각하여 오류가 자주 발생한다.

보충설명 56 着의 부정

1. 일반적으로 동사 앞에 没(有)를 사용하고 着를 삭제한다. 만약 목적어
   앞에 수량 성분이 있으면 수량 성분도 삭제한다.

   ① 外边下**着**雪。　　　　　　→ 外边**没(有)**下雪。
   　　밖에 눈이 내리고 있다.　　　　　밖에 눈이 내리고 있지 않다.

   ② 黑板上写**着**一行字。　　　 → 黑板上**没(有)**写字。
   　　칠판에 글자가 한 줄 쓰여 있다.　칠판에 글자가 쓰여 있지 않다

   ③ 桌子上放**着**一本汉语书。　→ 桌子上**没(有)**放汉语书。
   　　책상 위에 중국어책 한 권이 놓여 있다.　책상 위에 중국어책이 놓여 있지 않다.

   문미에 어기조사 呢를 사용하였을 경우에는 呢도 삭제한다.

   ① 老师上**着**课呢。　　　　　 → 老师**没(有)**上课。
   　　선생님은 수업을 하고 있는 중이다.　선생님은 수업을 하고 있지 않다.

   ② 大家等**着**你呢。　　　　　 → 大家**没(有)**等你。
   　　모두 너를 기다리고 있는 중이다.　모두 너를 기다리고 있지 않다.

2. 명령문에서는 别, 不要를 사용하여 부정한다.

   ① 拿**着**！　　　 → **别**拿**着**！/ **不要**拿**着**！
   　　가지고 있어라(받아라)!　가지고 있지 마라(받지 마라)!

   ② 骑**着**！　　　 → **别**骑**着**！/ **不要**骑**着**！
   　　타고 있어라!　　　타지 마라!

   ③ 在这儿躺**着**！→ **别**在这儿躺**着**！/ **不要**在这儿躺**着**！
   　　여기 누워 있어라!　　여기 누워 있지 마라!

3. 의문문이나 가정문에서는 不를 사용해 부정할 수 있다.

   ① 去旅游**不**带**着**相机？
   　　여행 가는데 카메라를 가지고 가지 않는다고?

② 孩子这么小, 你们**不看着**孩子？

아이가 이렇게 어린데 너희들은 아이를 보지 않는 거니?

③ **不躺着**就不舒服, 所以我喜欢躺着。

누워있지 않으면 불편하다. 그래서 나는 누워있는 것을 좋아한다.

④ 如果我们**不等着**你, 今天就不会迟到。

만약 우리가 너를 기다리고 있지 않는다면 오늘 늦지 않을 것이다.

참고

'처소사(구)+동사+着+(수량)+명사'에서는 不를 사용하여 부정할 수 없다.

① *黑板上**不写着**(一行)字。

② *墙上**不挂着**(一幅)画。

(6) 了를 过로 잘못 사용한 경우

예문

오류문:

① *夜里起床的时候第一次在深夜看**过**动画片。

② *上周他在五道口第二次和朋友喝**过**清酒。

③ *有一天他在西单吃**过**北京烤鸭, 很高兴。

④ *有一天我去**过**普林斯顿大学。

정문:

⑤ 夜里起床的时候第一次在深夜看**了**动画片。

밤에 일어났을 때 처음으로 한밤중에 만화를 보았다.

⑥ 上周他在五道口第二次和朋友喝**了**清酒。

지난 주 그는 우다우커우에서 두 번째로 친구와 청주를 마셨다.

⑦ 有一天他在西单吃**了**北京烤鸭, 很高兴。

하루는 그가 시단에서 북경 오리 구이를 먹고 매우 신났다.

⑧ 有一天我去**了**普林斯顿大学。

어느 날 나는 프린스턴 대학교에 갔다.

동태조사 过는 동사 뒤에 쓰이며 과거에 어떠한 동작이 발생한 적이 있거나 어떤 상황이나 상태가 존재했었음을 나타낸다. 동작의 발생 시간을 제시할 경우에는 以前, 过去, 从前과 같은 과거 불특정 시간을 나타내는 단어나, 또는 과거 특정 시간을 나타내는 단어나 표현을 사용해야 한다. 예문①-④의 第一次, 第二次, 有一天은 명확한 시간을 나타내지 않기 때문에 过와 함께 사용할 수 없으므로 모두 了로 바꾸어야한다. 이러한 오류가 발생하는 것은 过와 了가 모두 과거에 발생한 동작을 표현할 수 있고 또 의미적으로도 유사하여 쉽게 혼동할 수 있기 때문이다. 이처럼 학습자가 过와 了의 용법 차이를 잘 구분하지 못하여 오류가 발생한다.

보충설명 57　过와 了의 차이

1. 过

(1) 동사나 형용사 뒤에 쓰이며, 과거에 이미 발생했던 동작이나 존재했던 성질이나 상황을 표현한다.

　① 我学过这个词，现在想不起来了。

　　　나는 이 단어를 배운 적이 있는데, 지금은 생각이 나지 않는다.

　② 我们去过长城，别再去了。

　　　우리들은 만리장성에 가본 적이 있으니 또 가지 말자.

　③ 今年冬天没有真正冷过。

　　　올해 겨울은 진정으로 추운 적이 없었다.

(2) '동사+过'는 동작이 이미 발생했지만 지금까지는 지속되고 있지 않는 상황을 나타낸다.

　① 我吃过北京烤鸭。(现在没吃)

　　　나는 북경 오리 구이를 먹었다. (지금은 먹고 있지 않다.)

　② 你着急过吗？(现在不着急)

　　　너 초조했니? (현재는 초조하지 않다.)

2. 了

(1) 동사나 형용사 뒤에 쓰이며, 동작의 완성을 나타낸다.

① 我们今天学了二十个生词, 你们呢？

우리는 오늘 단어를 스무 개 배웠다. 너희는?

② 妈妈下了班就回家, 你等一会儿。

엄마가 퇴근하시고 바로 집에 오실 테니, 너는 잠깐 기다리렴.

③ 今年夏天只热了两个多月。

올해 여름은 두 달 남짓 동안만 더웠다.

(2) '동사+了'는 동작이 지금까지 지속적으로 이어지고 있거나 혹은 지속적으로 이어지지 않는 상황 모두를 나타낼 수 있다.

① 我吃了饭, 你们去吧。(现在没吃饭)

나는 밥을 먹었으니 너희나 가렴. (지금은 밥을 먹고 있지 않다)

② 你当了班长, 就应该为同学服务。(现在依然当班长)

너는 반장을 맡았으니 당연히 학급 친구들을 위해 봉사해야 한다. (현재도 여전히 반장이다)

> [참고]
>
> 过가 시간사와 함께 쓰일 경우 시간사는 반드시 명확한 시간을 나타내야 한다.
>
> ① *有一天我吃过烤鸭。
>
> ② *我第一次来过中国。

6. 吗의 오류

[예문]

오류문:

① *你有没有困难吗？

② *你注没注意吗？

③ *这个题目难不难吗？

④ *你想没想过这个问题吗？

정문:

⑤ 你有没有困难？

　너는 힘든 일이 있니 없니?

⑥ 你注没注意？

　너는 주의를 했니 안 했니?

⑦ 这个题目难不难？

　이 제목은 어렵니 어렵지 않니?

⑧ 你想没想过这个问题？

　너는 이 문제를 생각해 본 적이 있니 없니?

분석

의문을 나타내는 어기조사 吗는 일반의문문이나 반어문에서 쓰인다. 예문①-④는 모두 일반의문문이 아닌 정반의문문이므로 吗를 사용할 수 없다. 학습자가 일반의문문이나 반어문 뿐 아니라 모든 의문문에서 吗를 사용해야 한다고 잘못 이해하여 오류가 발생한다.

7. 吗를 呢로 대체한 경우

예문

오류문:

① *我们能学好汉语呢？

② *这就是我的学校呢？

③ *这是她买的新衣服呢？

④ *他说的话有道理呢？

정문:

⑤ 我们能学好汉语吗？

　우리들이 중국어를 잘 배울 수 있을까요?

⑥ 这就是我的学校吗？

　이게 바로 우리 학교인가요?

⑦ 这是她买的新衣服吗？

　이것이 그녀가 산 새 옷인가요?

⑧ 他说的话有道理**吗**？

그가 한 말이 이치에 맞나요?

분석

어기조사 呢는 일반의문문에서 사용할 수 없다. 예문①-④는 모두 일반의문문인데도 呢를 사용하여 문장이 성립하지 않으므로 呢를 모두 吗로 바꾸어야 한다. 呢는 의문사의문문, 정반의문문이나 선택의문문 등에서 사용할 수 있는데 학습자가 呢를 일반의문문에서도 사용할 수 있다고 잘못 이해하여 오류가 발생한다.

보충설명 58   呢와 吗의 차이

1. 呢: 의문의 어기를 나타내며, 주요 용법은 다음과 같다.
 (1) 의문사의문문에서 쓰인다.
　① 她是谁**呢**？

　　그녀가 누구지?

　② 今天晚上去哪儿玩**呢**？

　　오늘 저녁 어디 가서 놀지?

　③ 中午我们吃什么**呢**？

　　점심 때 우리 뭘 먹지?

 (2) 선택의문문에 쓰인다.
　① 你去还是我去**呢**？

　　네가 가 아니면 내가 가?

　② 今天热还是昨天热**呢**？

　　오늘이 더워요 아니면 어제가 더워요?

 (3) 정반의문문에 쓰인다.
　① 明天考不考试**呢**？

　　내일 시험을 보니 안 보니?

　② 你的朋友还来不来**呢**？

　　너의 친구들이 또 오니 안 오니?

③ 他去没去过这个地方呢？

그가 이 장소에 가본 적이 있니 없니?

(4) 반어문에 쓰이며, 이때 긍정 형식은 부정의 의미를, 부정 형식은 긍정의 의미를 나타낸다.

① 这么好的天, 哪儿会下雨呢？(不会下雨)

이렇게 좋은 날에 어디 비가 오겠니? (비가 올 리 없다)

② 你也不能帮助我, 告诉你有什么用呢？(告诉你没有什么用)

너도 나를 도울 수 없는데 네게 알려줘서 무슨 소용이 있니? (알려줘도 소용이 없다)

③ 你怎么不知道我的名字呢？(你应该知道我的名字)

너 어떻게 내 이름을 모를 수가 있니? (내 이름을 알아야 한다)

2. 吗: 의문의 어기를 나타내며, 주요 용법은 다음과 같다.
(1) 일반의문문에 쓰인다.
① 你是留学生吗？

너는 유학생이니?

② 你们吃过烤鸭吗？

너는 오리 구이를 먹어본 적이 있니?

(2) 반어문에 쓰이며, 이때 긍정 형식은 부정의 의미를 나타내고 부정 형식은 긍정의 의미를 나타낸다.
① 你没学过汉语, 你会说汉语吗？(你不会说汉语)

너는 중국어를 배워본 적도 없는데 중국어를 할 수 있겠니? (중국어를 할 수 없다)

② 今天20度, 冷吗？(不冷)

오늘 20도인데 춥다고? (춥지 않다)

③ 这个词你没学过吗？(你学过)

이 단어를 너는 배운 적이 없다고? (배운 적이 있다)

参고

吗는 일반의문문이나 반어문에서만 쓰일 수 있다. 반면 呢는 일반의문문을 제외한 나머지 의문문에서 모두 쓰인다.

제2장 문장 성분별 주요 오류 유형

제1절 주어의 주요 오류 유형

1. 주어 앞 전치사 첨가 오류

예문

오류문:

① *在爸爸的脸上露出了微笑。
② *在左手受伤了
③ *从儿子的眼睛流泪了。
④ *从他的右腿流血了。

정문:

⑤ 爸爸的脸上露出了微笑。
　　아버지의 얼굴에 미소가 번졌다.
⑥ 左手受伤了。
　　왼손에 부상을 입었다.
⑦ 儿子的眼睛流泪了。
　　아들의 눈에 눈물이 흘렀다.
⑧ 他的右腿流血了。
　　그의 오른 다리에 피가 흘렀다.

분석

　　예문①의 爸爸的脸上, 예문②의 左手는 각각 동사 露出와 受伤의 주어이나, 그 앞에 전치사 在를 사용하고 있으므로 이를 삭제해야 올바른 문장이 된다. 예문③, ④ 역시 주어 앞의 전치사 从을 삭제해야 한다. 예문①의 주어 爸爸的脸上은 한국어로 '아버지의 얼굴에'로 해석되며, 예문②-④의 주어 역시 각각 '왼손에', '아들의 눈에', '그의 오른 다리에'로 해석할 수 있다. 한국어의 '-에', '-에서'는 중국어로 在나 从으로 대응되는 경우가 많아서 학습자들이 중국어 문장의 주어가 '-에', '-에서'로 해석되는 경우 전치사 在나 从을 첨가하는 오류가 자주 발생한다.

2. 주어 뒤 방위사 첨가 오류

예문

오류문:

① *东东兴奋不已, 满脸上都是好奇。
② *她感冒了, 全身上冷。
③ *他很紧张, 手心上有冷汗。
④ *现在身体上已经发抖了。

정문:

⑤ 东东兴奋不已, 满脸都是好奇。
　　동동은 흥분이 가시지 않았고 온 얼굴에 호기심이 가득 했다.

⑥ 她感冒了, 全身冷。
　　그녀는 감기에 걸려서 온 몸이 추웠다.

⑦ 他很紧张, 手心有冷汗。
　　그는 긴장해서 손바닥에 식은땀이 났다.

⑧ 现在身体已经发抖了。
　　지금 몸은 이미 떨고 있다.

분석

신체 부위를 나타내는 명사 중에서 满脸, 全身, 手心, 身体 뒤에는 일반적으로 방위사 上을 첨가할 수 없다. 예문①-④는 주어 满脸, 全身, 手心, 身体 뒤에 모두 방위사 上을 사용하고 있으므로 이를 삭제해야 올바른 문장이 된다. 이러한 오류가 발생하는 원인으로 중국어의 영향을 들 수 있다. 台上坐着很多老师 단상 위에 많은 선생님이 앉아 계신다, 地铁里有很多人 지하철 안에 많은 사람이 있다 등과 같은 중국어 존현문(存现句)은 주어로 쓰이는 처소사가 방위사와 함께 사용되는 경우가 많다. 이 때문에 학습자가 처소를 나타내는 명사가 주어를 담당할 때는 항상 그 뒤에 방위사를 첨가해야 한다고 잘못 이해하여 오류가 발생한다.

3. 주어와 부사어의 어순 오류

예문

오류문:

① *已经肚子里蠢蠢欲动起来。
② *已经他做完作业了。
③ *爸爸恍然大悟，已经时间很晚了，该吃晚饭了。
④ *他回来的时候，已经电视节目完了。

정문:

⑤ 肚子里已经蠢蠢欲动起来。
　　뱃속이 꿈틀꿈틀 요동치기 시작했다.
⑥ 他已经做完作业了。
　　그는 이미 숙제를 다 마쳤다.
⑦ 爸爸恍然大悟，时间已经很晚了，该吃晚饭了。
　　아버지는 시간이 이미 늦었고, 저녁 식사를 해야 한다는 것을 문득 깨달으셨다.
⑧ 他回来的时候，电视节目已经完了。
　　그가 돌아왔을 때, 텔레비전 프로그램은 이미 끝나 있었다.

분석

중국어의 시간부사는 일반적으로 주어 뒤, 술어 앞에 위치한다. 그러나 예문①-④의 已经은 모두 주어 肚子里, 他, 时间, 电视节目 앞에 위치하고 있으므로 이를 주어 뒤로 이동시켜야 올바른 문장이 된다. 한국어는 중국어에 비해 부사어 위치가 비교적 자유로운 편이어서 '이미 시간이

늦었다', '시간이 이미 늦었다'와 같이 부사어가 주어 앞뒤에 모두 위치
할 수 있다. 이러한 영향으로 학습자가 중국어 부사 己經 역시 주어
앞에 사용할 수 있다고 잘못 생각하여 오류가 자주 발생한다. 그러나
문장 전체를 수식하는 일부 어기부사는 주어 앞에 올 수 있다. 예를 들어,
其实他不知道这件事 사실 그는 이 일을 모른다는 他其实不知道这件事 그는 사
실 이 일을 모른다 라고도 할 수 있는데, 전자는 부사 其实가 문장 전체를
수식하는 부사어로 쓰여 주어 앞에 사용된 것이고, 후자는 주어 뒤에서
동사구를 수식하는 데 사용된 것이다. 이 때문에 학습자가 己經과 같은
시간부사도 주어 앞에 올 수 있다고 잘못 이해하여 오류가 자주 발생한다.

제2절 술어의 주요 오류 유형

1. 명사(구) 술어 앞 是의 누락 오류

예문

오류문:

① *他真胆小的人。
② *李明现在北京大学学生。
③ *因为, 老鼠现在饥饿状态, 它几天都没吃饭。
④ *他们本来住在大城市的人。

정문:

⑤ 他真是胆小的人。
　　그는 정말이지 배짱이 없는 사람이다.
⑥ 李明现在是北京大学学生。
　　리밍은 지금 베이징대학교 학생이다.
⑦ 因为, 老鼠现在是饥饿状态, 它几天都没吃饭。
　　왜냐하면 쥐는 지금 굶주린 상태이고, 며칠 동안이나 음식을 먹지 못했기 때문이다.
⑧ 他们本来是住在大城市的人。
　　그들은 원래 대도시에 사는 사람들이다.

중국어의 판단문에서는 두 개의 명사구 사이에 일반적으로 동사 是를 사용한다. 예문①의 他와 胆小的人, 예문②의 李明과 北京大学学生, 예문③의 老鼠와 饥饿状态, 예문④의 他们과 住在大城市的人은 두 명사구 사이에 모두 是가 누락되어 있으므로 是를 첨가해야 문장이 성립한다. 판단문에서 사용되는 동사 是는 일반적으로 한국어의 '이다'로 대응된다. 한국어의 '이다'는 독립된 동사가 아닌 서술격조사이기 때문에 학습자들이 중국어의 두 명사구 사이에 동사 是를 사용해야 한다는 것을 인지하지 못하는 경우가 있다. 또한 중국어 판단문 중에는 今天星期一 오늘은 월요일이다, 明天周六 내일은 토요일이다 등과 같이 동사 是를 생략할 수 있는 경우가 있기 때문에 학습자가 모든 판단문에서 是를 생략할 수 있다고 잘못 생각하여 오류가 발생한다.

보충설명 59   是가 생략되는 판단문

1. 星期一 월요일, 星期二 화요일, 星期三 수요일, 星期四 목요일, 星期五 금요일, 星期六 토요일, 星期天 일요일, 春节 음력설, 元宵节 정월 대보름, 端午节 단오절, 中秋节 추석, 国庆节 국경절, 元旦 양력설 과 같은 시간, 절기, 출생지 등을 나타내는 명사는 직접 술어를 담당할 수 있으며, 이때 동사 是는 생략한다.

① 明天星期五。

　　내일은 금요일이다.

② 星期一春节。

　　월요일은 음력설이다.

③ 后天国庆节。

　　모레는 국경절이다.

④ 李老师上海人。

　　리 선생님은 상하이 사람이다.

2. 시간, 나이, 길이, 무게, 가격 등을 나타내는 수량(명사)는 직접 술어를

담당할 수 있으며, 이때 동사 是는 생략한다.

① 现在八点。

지금은 여덟 시다.

② 我二十岁。

나는 스무 살이다.

③ 小王一米七五。

샤오왕은 175cm이다.

④ 这个西瓜二十斤。

이 수박은 이십 근이다.

⑤ 那支笔十块钱。

그 펜은 10위안이다.

2. 동사(구) 술어 앞 是의 첨가 오류

예문

오류문:

① *我在秋天是经常感到孤独。

② *周末他是到图书馆复习。

③ *他因为丈夫不在身边、无法照顾妻子才是导致这种情况。

④ *所以这家公司的产品成本肯定增加，利润是减少。

정문:

⑤ 我在秋天经常感到孤独。

나는 가을에 자주 고독을 느낀다.

⑥ 周末他到图书馆复习。

주말에 그는 도서관에 가서 복습을 한다.

⑦ 因为丈夫不在身边、无法照顾妻子才导致这种情况。

남편이 곁에 없어 아내를 돌볼 수가 없기 때문에 이런 상황이 초래된 것이다.

⑧ 所以这家公司的产品成本肯定增加，利润减少。

그러므로 이 회사 상품은 분명 원가는 증가하고 이윤은 감소할 것이다.

동사(구)가 술어를 담당할 경우, 일반적으로 동사(구) 앞에 판단동사 是를 사용할 수 없다. 예문①의 经常感到孤独, 예문②의 到图书馆复习, 예문③의 导致这种情况, 예문④의 减少는 모두 동사 혹은 동사구 술어이지만 그 앞에 판단동사 是를 사용하고 있으므로 이를 삭제해야 한다. 이러한 오류가 발생되는 원인으로 중국어의 영향을 들 수 있다. 我是去过那个地方 나는 그 곳에 가본 적이 있다. 我们昨天是考口语了 우리는 어제 구어 시험을 본 것이다 등과 같이 강조를 위해서 是를 술어 동사 앞에 첨가할 수 있는데, 이 때문에 학습자가 모든 동사(구)앞에 是를 사용할 수 있다고 잘못 이해하여 오류가 발생한다.

3. 형용사(구) 술어 앞 是의 첨가 오류

예문

오류문:

① *老张的光头也**是**很亮。
② *今天的天气恰恰**是**非常好。
③ *那家商店的衣服**是**比较便宜。
④ *在路上走着, 想去哪儿**是**最合适。

정문:

⑤ 老张的光头也很亮。
　　라오짱의 대머리도 빛이 난다.
⑥ 今天的天气恰恰非常好。
　　오늘 날씨는 마침 대단히 좋다.
⑦ 那家商店的衣服比较便宜。
　　그 상점의 옷은 비교적 싼 편이다.
⑧ 在路上走着, 想去哪儿最合适。
　　길을 걸으면서 어디에 가면 가장 적합할지 생각했다.

형용사(구)가 술어를 담당할 경우 일반적으로 그 앞에 판단동사 是를 첨가할 수 없다. 예문①의 很亮, 예문②의 非常好, 예문③의 比较便宜, 예문④의 最合适는 모두 형용사구로 술어를 담당하고 있지만 그 앞에 판단동사 是를 사용하였으므로 이를 삭제해야 한다. 중국어에서는 今天是热 오늘 덥다. 汉语是有意思 중국어는 재미있다 등과 같이 강조나 확인의 상황에서는 판단동사 是를 형용사(구) 술어 앞에 첨가할 수 있다. 이 때문에 학습자가 모든 형용사(구) 앞에 是를 사용할 수 있다고 잘못 생각하여 오류가 발생한다. 또한 영어에서 형용사 앞에는 반드시 be동사를 사용해야 하므로 학습자가 중국어 형용사(구) 앞에도 반드시 be에 대응되는 是를 사용해야 한다고 잘못 생각하여 이와 같은 오류가 자주 발생한다.

보충설명 60 형용사(구) 앞에 是를 사용하는 경우

1. 강조나 확인을 위하여 형용사(구) 앞에 是를 사용할 수 있으며 이때 是에 강세가 온다.

   ① 昨天**是**冷。

   어제는 (정말) 추웠다.

   ② 这个城市的东西**是**很贵。

   이 도시의 물가는 (확실히) 비싸다.

   ③ 这个菜**是**不好吃。

   이 요리는 (진짜) 맛이 없다.

2. 'A是A'의 A가 형용사일 때 양보의 의미를 나타낸다.

   ① 今天热**是**热, 但天气不错

   오늘 덥긴 덥지만, 날씨는 나쁘지 않다.

   ② 饺子好吃**是**好吃, 但是也不能每天都吃。

   물만두는 맛있긴 맛있지만 그렇다고 매일 먹을 수는 없다.

   ③ 飞机快**是**快, 不过机票有点儿贵。

   비행기는 빠르긴 빠르지만 비행기 표가 조금 비싸다.

---

3. 타인의 관점을 수정하거나 반박할 때 형용사(구) 앞에 是를 사용할 수 있으며, '…不是+형용사(구)'와 '…是+형용사(구)'가 대구를 이루는 경우가 많다.

① 今天**不是**冷，**是**非常冷。

오늘은 추운 정도가 아니라 엄청 춥다.

② 烤鸭**不是**好吃，**是**非常好吃。

오리 구이는 맛있는 정도가 아니라 대단히 맛있다.

③ 这件衣服**不是**漂亮，**是**难看。

이 옷은 예쁘기는커녕 보기 싫다.

4. 연동문의 선행동사 누락 오류

예문

오류문:

① *爸爸觉得儿子好可爱，慈爱的声音叫儿子。
② *她甜美的声音唱这首歌。
③ *爷爷慈爱的眼神看着孩子。
④ *老师严厉的眼光瞪着学生。

정문:

⑤ 爸爸觉得儿子好可爱，**用**慈爱的声音叫儿子。

아빠는 아들이 매우 귀엽다고 느끼고 인자한 목소리로 아들을 부른다.

⑥ 她**用**甜美的声音唱这首歌。

그녀는 감미로운 목소리로 이 노래를 부른다.

⑦ 爷爷**用**慈爱的眼神看着孩子。

할아버지는 자애로운 눈빛으로 아이를 바라보고 있다.

⑧ 老师**用**严厉的眼光瞪着学生。

선생님은 매서운 눈길로 학생을 주시하고 있다.

분석

예문①의 慈爱的声音과 叫儿子는 주술관계가 될 수 없으므로 慈爱的

声音 앞에 동사 用을 첨가하여 수단이나 방식을 나타내는 연동문으로 표현해야 바른 문장이 된다. 예문②-④의 甜美的声音, 慈爱的眼神, 严厉的眼光도 수단이나 도구를 나타내므로 그 앞에 동사 用을 첨가해야 한다. 한국어에서는 수단이나 방식을 표현할 때 '인자한 목소리로 아들을 부른다'와 같이 동사가 아닌 조사 '(으)로'를 사용하기 때문에 학습자들이 用 등에 해당하는 선행동사를 누락시키는 오류가 자주 발생한다.

5. 명사(구) 술어 오류

예문

오류문:

① *父子发现这个场面后不知怎么办好，**目瞪口呆的样子**。
② *他今天穿了一件很帅的西装，**特别精神的模样**。
③ *但如果**大风**，还有落叶，怎么办？
④ *要是**车祸**，发生灾害，他也很担心。

정문:

⑤ 父子发现这个场面后不知怎么办好，**目瞪口呆**。
　　부자는 이 광경을 목격한 후에 어찌 할 바를 모른 채 어안이 벙벙한 모습이었다.
⑥ 他今天穿了一件很帅的西装，**特别精神**。
　　그는 오늘 멋진 양복을 입었는데, 유난히 생기발랄한 모습이었다.
⑦ 但如果**有大风**，还有落叶，怎么办？
　　그러나 만약 강한 바람에 낙엽까지 있으면 어떻게 하지?
⑧ 要是**发生车祸**，发生灾害，他也很担心。
　　교통사고나 재해가 날까봐 그도 염려한다.

분석

일반적인 상황에서 명사구는 술어의 기능을 하지 못하기 때문에 단독으로 절을 이루지 못한다. 예문①, ②의 目瞪口呆的样子 어안이 벙벙한 모습 과 特别精神的模样 생기발랄한 모습 은 명사구이기 때문에 술어를 담당할 수 없다. 이때 目瞪口呆와 特别精神은 그 자체로 서술어를 담당할 수 있으므로 的样子와 的模样을 삭제해야 한다. 예문③, ④의 大风과 车祸 역시 서술 기능을 할 수 없는 명사구이므로 그 앞에 동사 有와 发生을 첨가해야 한다. 학습자들이 이처럼 중국어의 명사구가 술어를 담당할 수 있다고 잘못 생각하여 이와 같은 오류가 자주 발생한다.

제3절 목적어의 주요 오류 유형

1. 한정성 목적어의 오류

예문

오류문:

① *这次旅游的目的地是**那个**郊外。
② *周五他们要去**那个**农村参观。
③ *他在想周末要不要去爬山，害怕从**那座**山上摔下来。
④ *山里有河，他在担心如果我掉到**那条**河里，怎么办？

정문:

⑤ 这次旅游的目的地是郊外。
　　이번 여행의 목적지는 교외이다.

⑥ 周五他们要去农村参观。
　　금요일에 그들은 농촌으로 견학을 간다.

⑦ 他在想周末要不要去爬山，害怕从山上摔下来。
　　그는 주말에 등산을 갈지 말지 생각중인데, 산에서 구를까 봐 두려워한다.

⑧ 山里有河，他在担心如果我掉到河里，怎么办？
　　산에 강이 있어서, 그는 만약 내가 강으로 빠지면 어쩌나 걱정하고 있다.

분석

지시대명사 那는 앞 문장에서 언급했던 사물이나 청자와 화자가 모두 알고 있는 사물 등 한정적인 대상을 가리킨다. 예문①의 郊外는 청자나 화자가 모두 알고 있는 특정 장소를 표현하는 것이 아니며 예문②의

农村, 예문③의 山, 예문④의 河 역시 특정한 장소가 아닌 불특정한 농촌이나 산, 강을 가리키므로 이들 명사 앞에 첨가된 那个, 那座, 那条를 모두 삭제해야 한다. 이처럼 학습자들이 중국어 지시대명사 那의 한정적 용법을 제대로 파악하지 못하여 오류가 발생한다.

2. 목적어 앞 수량 성분의 오류

(1) 동사와 목적어 사이에 수량 성분이 누락된 경우

예문

오류문:

① *那时侯, 小孩儿在田里发现了奇怪的植物。

② *周末他遇到了好玩的事。

③ *他提出了有意思的想法。

④ *爸爸想起来好主意。

정문:

⑤ 那时侯, 小孩儿在田里发现了**一种**奇怪的植物。
그때 어린 아이가 논에서 신기한 식물 하나를 발견했다.

⑥ 周末他遇到了**一件**好玩的事。
금요일에 그는 재밌는 일을 하나 겪었다.

⑦ 他提出了**一个**有意思的想法。
그는 재밌는 방법을 하나 제안했다.

⑧ 爸爸想起来**一个**好主意。
아빠는 좋은 생각이 하나 떠올랐다.

분석

중국어 동사가 완료를 나타낼 때 목적어는 일반적으로 '수사+양사+명사'의 형식을 취한다. 예문①-③의 동사 发现, 遇到, 提出는 동태조사 了와 결합하여 완료를 나타내지만 목적어 앞에 수량 성분이 누락되어 있으므로 그 앞에 각각 一种, 一件, 一个를 첨가해야 한다. 또한 예문④와 같이 '동사+복합방향보어'형식의 술어가 목적어를 취할 때에도 목적어 앞에 수량 성분을 첨가해야 하는데, 예문④의 목적어 好主意 앞에 수량 성분이 누락되어 있으므로 一个를 첨가해야 바른 문장이 된다. 학습자가 이처럼 완료를 나타내는 동사의 목적어 앞에 수량 성분을 첨가해야 한다는 사실을 간과하여 오류가 자주 발생한다.

(2) 직접목적어 앞에 수량 성분이 누락된 경우

예문

오류문:

① *圣诞节，我送给她礼物。
② *请你转交给他信。
③ *所以我们寄给贵公司鞋。
④ *你借给我钱吧。

정문:

⑤ 圣诞节，我送给她**一件**礼物。

크리스마스 때 나는 그녀에게 선물을 하나 주었다.

⑥ 请你转交给他**一封**信。

그에게 편지 한 통 전달해 주십시오

⑦ 所以我们寄给贵公司**一些**鞋。

그래서 저희가 귀사에 신발을 좀 부쳤습니다.

⑧ 你借给我**一些**钱吧。

너 내게 돈 좀 빌려줘라.

분석

이중목적어구문에서는 일반적으로 직접목적어 앞에 수량 성분을 첨가해야 한다. 예문①-④는 모두 이중목적어구문이지만 직접목적어 礼物, 信, 鞋, 钱 앞에 수량 성분이 누락되어 있으므로 목적어 앞에 각각 수량 성분 一件, 一封, 一些를 첨가해야 한다. 한국어에서는 일반적으로 목적어 앞에 수량 성분을 쓰지 않는 경우가 많기 때문에 학습자가 중국어의 목적어 앞에도 수량 성분을 쓰지 않아도 된다고 잘못 생각하여 오류가 자주 발생한다.

3. 목적어의 중심어 누락 오류

오류문:

① *他在心里想着大卫可能明白了**一点儿关于农民和农村**。

② *来中国以后，他知道了**一点儿关于京剧**。

③ *那个节目正在介绍**关于北京香山**。

④ *他了解**关于中国法律**。

정문:

⑤ 他在心里想着大卫可能明白了**一点儿关于农民和农村的事情**。

　　그는 어쩌면 데이비드가 농민과 농촌에 관한 일을 조금은 이해했을 것이라고 마음속으로 생각하고 있었다.

⑥ 来中国以后，他知道了**一点儿关于京剧的知识**。

　　중국에 온 이후로 그는 경극에 대한 지식을 좀 알게 되었다.

⑦ 那个节目正在介绍**关于北京香山的事情**。

　　그 프로그램은 베이징 향산에 관한 것을 소개하고 있는 중이다.

⑧ 他了解**关于中国法律的知识**。

　　그는 중국 법률에 관한 지식을 잘 알고 있다.

　　예문①의 목적어는 관형어 一点儿과 关于农民和农村만 있을 뿐 중심어가 누락되어 있으므로, 그 뒤에 중심어 的事情을 첨가해야 바른 문장이 된다. 예문②-④ 목적어 역시 관형어 关于京剧, 关于北京香山, 关于中国法律만 있으므로 그 뒤에 각각 중심어 的知识, 的事情, 的知识를 첨가해야 한다. 예문①-④를 한국어로 직역하면 각각 '농민과 농촌에 관해 좀 이해하다', '경극에 관해 좀 알게 되었다', '향산에 관해 소개하고 있다', '중국 법률에 관해 잘 알다'가 되며, 이때 한국어의 '-관해/-대해'는 중국어 '关于…'에 대응될 수 있다. 이 때문에 학습자들이 '关

于…'를 중심어 없이 동사 明白, 知道, 介绍, 了解 등의 목적어로 사용
할 수 있다고 잘못 생각하여 중심어를 누락시키는 오류가 발생한다.

4. 이합사가 목적어를 갖는 오류

예문

오류문:

① *见面我的表姐, 我们一起吃饭, 还一起逛街。
② *以前什么事情都是父母帮忙我。
③ *今天晚上李明要请客我。
④ *终于他毕业了名牌大学。

정문:

⑤ 跟我的表姐见了面, 我们一起吃饭, 还一起逛街。
   나의 사촌 언니를 만나서 우리는 함께 밥을 먹고 또 함께 거리를 거닐었다.
⑥ 以前什么事情都是父母帮我的忙。
   이전에는 무슨 일이든 모두 부모님께서 나를 도와주셨다.
⑦ 今天晚上李明要请我客。
   오늘 저녁 리밍이 나를 초대할 것이다.
⑧ 终于他从名牌大学毕业了。
   마침내 그는 명문 대학을 졸업했다.

분석

见面, 帮忙, 请客, 毕业와 같은 중국어 이합사는 목적어를 가질 수 없
다. 예문①-④의 술어는 모두 이합사인데도 목적어 我的表姐, 我, 名牌
大学를 수반하고 있으므로 바른 문장이 아니다. 이때 오류문에서 목적
어로 사용된 행위의 대상은 예문⑤, ⑧과 같이 전치사를 사용하여 跟我
的表姐见了面, 从名牌大学毕业了와 같이 표현하거나 예문⑥, ⑦의
帮我的忙, 请我客와 같이 동사와 목적어 사이에 놓아야 한다. 한국어에
서는 '만나다 见面', '도와주다 帮忙', '초대하다 请客', '졸업하다 毕业'가
모두 타동사이므로 '나의 사촌 언니를 만나다', '나를 도와주다', '나를

초대하다', '명문대학을 졸업하다'와 같이 목적어를 취할 수 있다. 이러한 영향으로 학습자들이 见面, 帮忙, 请客, 毕业 등의 이합사를 타동사로 여기고 그 뒤에 목적어를 첨가하는 오류가 자주 발생한다.

보충설명 61 이합사와 행위 대상 간의 어순

이합사가 나타내는 행위나 동작의 대상은 이합사 뒤에서 목적어로 쓰일 수 없으며 일반적으로 전치사를 사용하여 이합사 앞에서 부사어로 표현된다. 이와 같은 이합사로는 见面만나다, 吵架다투다, 打架싸우다, 道歉사과하다, 结婚결혼하다, 分手헤어지다, 聊天수다 떨다, 谈话얘기하다, 散步산책하다, 跳舞춤을 추다, 游泳수영하다, 滑冰스케이트 타다, 睡觉잠을 자다, 担心염려하다, 操心걱정하다, 开玩笑농담하다 등이 있다.

① 弟弟**跟别人**打架了。
   남동생이 다른 사람과 싸웠다.

② 昨天是我不对, 我**向你**道歉。
   어제는 내가 잘못했어, 네게 사과한다.

③ 可以**和你**跳个舞吗?
   당신과 춤을 좀 춰도 될까요?

일부 이합사의 경우 행위나 동작의 영향을 받는 대상이 두 번째 형태소 앞에서 수식어로 쓰이기도 한다. 이러한 이합사로는 请客초대하다, 生气화를 내다, 帮忙도와주다, 劳驾실례하다, 开玩笑농담하다 등이 있다.

① 老师在**生我们的气**。
   선생님은 우리에게 화가 나 있다.

② **劳您驾**, 把那本书给我看看。
   실례합니다, 그 책을 나에게 좀 보여주세요.

③ 你别**开我的玩笑**了, 我的汉语没有你说得那么好。
   너 나 놀리지 마, 나는 너만큼 그렇게 중국어를 잘하진 않아.

---

5. 목적어와 시량보어의 어순 오류

예문

오류문:

① *我学了汉语一年。

② *我们昨天看了电影两个小时。

③ *他在图书馆读了书三个小时。

④ *他写了作业半小时，就出去玩了。

정문:

⑤ 我学了一年汉语。

　　나는 일 년 동안 중국어를 배웠다.

⑥ 我们昨天看了两个小时电影。

　　우리들은 어제 두 시간 동안 영화를 보았다.

⑦ 他在图书馆读了三个小时书。

　　그는 도서관에서 세 시간 동안 책을 읽었다.

⑧ 他写了半小时作业，就出去玩了。

　　그는 30분 동안 과제를 했고, 바로 놀러 나갔다.

분석

술어 동사 뒤에 시간을 나타내는 시량보어와 사물을 나타내는 일반명사 목적어가 모두 사용될 경우, 목적어는 시량보어 뒤에 위치한다. 예문①-④의 목적어 汉语, 电影, 书, 作业는 모두 사물을 나타내는 목적어이므로 각각 시량보어 一年, 两个小时, 三个小时, 半小时 뒤에 사용해야 한다. 중국어의 '동사+시량보어'가 목적어를 취할 때 목적어는 경우에 따라 시량보어 앞과 뒤에 모두 놓일 수 있다. 예를 들어 大家等你半天了 모두 너를 한참 기다렸다 와 같이 목적어가 인칭대명사일 때는 시량보어 앞에 놓이지만, 查一下词典 사전을 좀 찾다, 我看半天书了 나는 오랫동안 책을 읽었다 와 같이 목적어가 일반명사일 경우 시량보어 뒤에 놓인다. 이 때문에 학습자가 목적어의 위치를 혼동하여 오류가 자주 발생한다.

1. '동사+시량보어'에서 동사 뒤에는 了나 过를 쓸 수 있지만 着는 사용할
   수 없다.

   ① 我们学校放了三天假。

   > 우리 학교는 삼 일 동안 쉰다.

   ② 今天下了一天大雨。

   > 오늘 하루 종일 많은 비가 내렸다.

   ③ 我学过两年汉语。

   > 나는 이 년 동안 중국어를 배웠다.

2. 시량보어를 한정하는 부사들은 일반적으로 동사 앞에 놓이지만 경우에
   따라 시량보어 앞에 놓이기도 한다.

   ① 雨已经下了两天了。

   > 비는 이미 이틀째 내리고 있다.

   雨下了已经两天了。

   > 비는 내린 지 이미 이틀이나 되었다.

   ② 我们大概花了两个星期的时间就完成了准备工作。

   > 우리는 준비 작업을 마치는 데 대략 이 주 동안의 시간을 썼다.

   我们花了大概两个星期的时间就完成了准备工作。

   > 우리는 대략 이 주 동안의 시간을 써서 준비 작업을 마쳤다.

3. 목적어가 일반명사일 때 목적어는 일반적으로 시량보어 뒤에 놓이며,
   보어와 목적어 사이에 的를 사용할 수 있다.

   ① 弟弟看了一上午(的)电视。

   > 남동생은 오전 내내 텔레비전을 보았다.

   ② 我们这儿下了一天(的)雪。

   > 우리가 있는 곳엔 하루 종일 눈이 내렸다.

4. 목적어가 인칭대명사일 때, 목적어는 시량보어 앞에 놓인다.

   ① 我们等了她两个小时。

   > 우리는 두 시간 동안 그녀를 기다렸다.

② 你妈找你半天了, 赶快回去吧。

네 엄마가 종일 너를 찾으셨어. 어서 돌아가렴.

  그러나 보어가 一会儿이나 半天일 경우, 목적어는 시량보어 앞뒤에 모두 놓일 수 있다.

① 等弟弟一会儿。

  等一会儿弟弟。

동생을 잠깐 기다린다.

② 说你半天了, 你怎么还不听呀?

  说半天你了, 你怎么还不听呀?

한참 잔소리를 했는데 너는 어째서 여전히 말을 듣지 않는 거니?

6. 목적어와 동량보어의 어순 오류

예문

오류문:

① *请老师开灯一下。

② *我刚才查了字典一下。

③ *刚才我读了课文一遍。

④ *我又擦了桌子几遍。

정문:

⑤ 请老师开一下灯。

선생님께 불을 좀 켜달라고 부탁드렸다.

⑥ 我刚才查了一下字典。

나는 방금 자전을 좀 찾아보았다.

⑦ 刚才我读了一遍课文。

방금 나는 본문을 끝까지 한 번 읽었다.

⑧ 我又擦了几遍桌子。

나는 또 몇 번이나 책상을 닦았다.

술어동사 뒤에 동량보어와 목적어가 모두 사용될 경우 목적어는 일반적으로 보어 뒤에 위치한다. 예문①-④의 灯, 字典, 课文, 桌子는 사물을 나타내는 목적어이지만 모두 보어 앞에 쓰였으므로 이를 모두 一下, 一遍, 几遍 뒤로 이동시켜야 바른 문장이 된다. 중국어의 '동사+동량보어'는 목적어를 취할 수 있으며, 목적어는 경우에 따라 동량보어 앞뒤에 모두 놓일 수 있다. 예를 들어 你拉他一把 네가 그를 한 번 끌어주어라, 他打了我一拳 그가 나를 한 대 쳤다 와 같이 목적어가 인칭대명사인 경우 목적어는 동량보어 앞에 놓이며 你敲一下门 네가 문을 한 번 두드려라, 请挪一下车 차를 좀 이동시켜주세요 와 같이 목적어가 일반 사물을 나타낼 경우 목적어는 동량보어 뒤에 놓인다. 이 때문에 학습자가 목적어의 위치를 혼동하여 오류가 자주 발생한다.

보충설명 63 '동사+동량보어'에서의 성분별 위치

1. '동사+동량보어'는 동사 뒤에 了나 过를 쓸 수 있지만 着는 사용할 수 없다.
   ① 他朝教室里看了一眼就走了。
      그는 교실 쪽을 한 번 바라보고는 바로 떠났다.
   ② 这个电影她看过三遍。
      이 영화를 그녀는 세 번 보았다.

2. '동사+동량보어'는 没로 부정한다. 부정문은 반드시 대조를 이루는 항목과 함께 사용되어야 하며, 부정 형식을 취하는 '동사+동량보어'의 수량은 대조 항목의 수량보다 커야 한다.
   ① 我只看了一遍, 没看两遍。
      나는 한 번만 보았지 두 번 보지 않았다.
   ② 你只敲了两下, 没敲三下。
      너는 두 번만 두들겼지 세 번 두들기지 않았다.

가정문이나 의문문은 不로 부정할 수 있다.

① 你**不看**一眼, 我就**不走**。

　네가 한 번 바라봐주지 않으면 나는 가지 않을 거야.

② 修改完了, **不检查**一遍?

　수리가 다 되었는데 검사 한 번 안하나요?

③ **不敲**一下门就进去? 太**不礼貌**了吧?

　노크도 한 번 안 하고 들어가요? 너무 예의 없는 거 아니에요?

3. 사물을 나타내는 명사(구)가 목적어를 담당할 때 목적어는 동량보어 뒤에 위치한다.

① 进办公室以前, 敲**一下**门。

　사무실에 들어가기 전에 노크 한 번 해라.

② 这个字我不认识, 我查**一下**字典。

　이 글자 내가 몰라서 자전을 좀 찾아본다.

4. 사람이나 처소를 나타내는 명사(구)가 목적어를 담당할 때 목적어는 동량보어 앞뒤에 모두 위치할 수 있다.

① 该起床了, 叫**你弟弟**一下。

　该起床了, 叫**一下你弟弟**。

　일어날 때가 되었으니 네 남동생을 좀 깨우렴.

② 你去**一趟上海**, 怎么样?

　你去**上海一趟**, 怎么样?

　너 상하이에 한 번 다녀오는 건 어떠니?

5. 대명사가 목적어를 담당할 때 목적어는 동량보어 앞에 위치한다.

① 上课时, 她在下面说话, 老师看了**她一眼**, 她才不说了。

　수업 중에 그녀가 아래쪽에서 얘기를 해서 선생님이 그녀를 한 번 쳐다보셨고 그제서야 그녀는 말을 하지 않았다.

② 告诉**她们一下**, 明天不上课。

　그녀들에게 좀 알려줘. 내일 수업하지 않는다고

③ 老师找过**你们两次**, 可是你们都不在。

선생님께서 너희들을 두 번이나 찾으셨지만 너희들이 모두 없었다.

6. 拳, 脚, 把, 巴掌, 刀, 枪 등이 동량사로 쓰일 때 목적어는 동량보어 앞에 위치한다.

① 他打了**弟弟一拳**, 我也打了**他一拳**。

그가 남동생을 한 대 쳤고, 나도 그를 한 대 쳤다.

② 你踢了**他一脚**, 我也踢了**他一脚**。

네가 그를 한 대 찼고, 나도 그를 한 대 찼다.

③ 妹妹上不来, 拉**妹妹一把**。

여동생이 못 올라와서 여동생을 손으로 끌어당겼다.

7. 进行의 목적어 오류

예문

오류문:

① *每天很多人结婚, 但很多人是**进行**离婚手续。

② *明天学校礼堂要**进行**毕业仪式。

③ *快看啊, 那边在**进行**跳绳。

④ *我大学三年级时参加了他的英美戏剧课, 他的课都**进行**看戏剧。

정문:

⑤ 每天很多人结婚, 但很多人是**办**离婚手续。

매일 많은 사람이 결혼하지만 많은 사람이 이혼 수속을 밟는다.

⑥ 明天学校礼堂要**举行**毕业仪式。

내일 학교 강당에서 졸업 예식을 거행한다.

⑦ 快看啊, 那边在跳绳。

빨리 봐, 저쪽에서 줄넘기를 하고 있다.

⑧ 我大学三年级时参加了他的英美戏剧课, 他的课都看戏剧。

나는 대학 3학년 때 그의 영미연극 수업을 들었는데 그의 수업에서는 항상 연극을 본다.

進行을 비롯한 加以-하다, 给以-을 주다, 予以-을 주다 등의 동사는 이음절 동사만을 목적어로 취할 수 있다. 예문①, ②에서 進行의 목적어는 이음절 동사가 아닌 명사구 离婚手续와 毕业仪式이므로 동사 進行 대신 办과 举行을 사용해야 적합한 문장이 된다. 예문③, ④에서 목적어로 쓰인 跳绳과 看戏剧는 '동사+목적어' 구조이므로 進行을 삭제해야 한다. 進行은 한국어로 '진행하다'로 해석될 수 있으며, 한국어 동사 '진행하다'는 '결혼 예식을 진행하다', '회의를 진행하다' 등과 같이 다양한 목적어를 취할 수 있다. 반면 중국어 進行은 進行交流 교류하다, 進行比赛 시합하다, 進行研究 연구하다 와 같이 이음절 동사만을 목적어로 취할 수 있다. 학습자들이 進行의 사용 조건을 제대로 파악하지 못하여 위와 같은 오류가 자주 발생한다.

보충설명 64 進行의 용법

1. 進行은 업무 활동을 표현하는 이음절 동사를 목적어로 취한다. 목적어를 담당하는 동사가 형용사의 수식을 받을 경우 형용사 역시 이음절이어야 한다.

① 今天没有时间了，明天我们再继续**进行**讨论。
   오늘은 시간이 없으니, 내일 계속해서 우리 다시 토론을 진행합시다.

② 听说学校要对你们俩打架的事**进行**调查。
   너희 두 사람이 싸운 일에 대해 학교가 조사를 진행한다고 들었다.

③ 比赛输了后，大家对输球的原因已经**进行**了认真的分析。
   시합에서 패한 뒤, 패한 원인에 대해 모두 이미 착실한 분석을 진행하였다.

2. 進行이 사용된 문장의 주어가 업무나 종사 활동을 나타낼 경우, 주어는 일반적으로 이음절 명사가 담당하며 명사 앞에 수식 성분을 수반할 수 있다.

① 大会正在**进行**。
   대회가 진행 중이다.

② 这项研究**进行**得很顺利。

　　이 연구는 순조롭게 진행 중이다.

3. 进行은 了와 함께 사용할 수 있지만 过나 着는 사용할 수 없다.

　① 同学们对这个问题**进行**了讨论。

　　이 문제에 대해 학생들이 토론을 진행했다.

참고

1. 进行의 목적어로 일음절 동사는 사용할 수 없다.

　① *第三课明天我们**进行**学。

　② *下个星期口语**进行**考。

2. 进行의 목적어를 담당하는 동사는 목적어를 취할 수 없으므로 동사의 행위 대상은 반드시 进行 앞에 전치사 对를 사용하거나 화제주어로 표현한다.

　① *现在大家**进行**讨论这个问题。

　　现在大家**对**这个问题**进行**讨论。

　　지금 모두 이 문제에 대해 토론하고 있다.

　② *明天我们**进行**练习第三个动作。

　　明天**第三个动作**我们**进行**练习。

　　내일 세 번째 동작을 우리는 연습한다.

제4절 관형어의 주요 오류 유형

1. 多의 오류

(1) 多의 관형어 오류

예문

오류문:

① *可他们平时成绩有**多**差异。

② ***多**游客来北京大学参观。

③ *老师每天给我们**多**作业。

④ *如果你在这里种**多**种子的话，几个月后能得到很多稻子。

정문:

⑤ 可他们平时成绩有**很多**差异。

　하지만 그들의 평소 성적은 차이가 많이 났다.

⑥ **很多**游客来北京大学参观。

　많은 관광객들이 베이징대학교를 견학하러 왔다.

⑦ 老师每天给我们**很多**作业。

　선생님께서 매일 우리에게 많은 숙제를 내주신다.

⑧ 如果你在这里种**很多**种子的话，几个月后能得到很多稻子。

　네가 이곳에 씨를 많이 심으면 몇 달 후에는 많은 벼를 수확할 수 있다.

분석

형용사 多는 단독으로 명사(구)의 관형어로 쓰일 수 없다. 예문①—④의 多는 모두 정도부사의 수식 없이 명사 差异, 游客, 作业, 种子를 수식하고 있으므로 多 대신 很多를 사용해야 바른 문장이 된다. 형용사 多는 한국어에서 '많은'으로 해석되며 '많은 차이', '많은 관광객'과 같이 단독으로 명사(구)를 수식할 수 있다. 이 때문에 학습자들이 很多가 아닌 多를 사용하여 직접 명사(구)를 수식하는 오류가 자주 발생한다.

(2) '多+的'를 관형어로 잘못 사용한 경우

예문

오류문:

① *我们老师经验很丰富，而且有**多的**知识。
② *如果给我**多的**时间，我能做完。
③ *妈妈给孩子讲了**多的**故事。
④ *就像他们说的，我们的堂兄贪污**多的**钱。

정문:

⑤ 我们老师经验很丰富，而且有**很多**知识。
　우리 선생님은 경험이 풍부하고 많은 지식을 가지고 계신다.

⑥ 如果给我**很多**时间，我能做完。
　만약 나에게 많은 시간을 준다면 나는 해낼 수 있다.

⑦ 妈妈给孩子讲了**很多**故事。
　엄마는 아이에게 많은 이야기를 해주었다.

⑧ 就像他们说的，我们的堂兄贪污**很多**钱。
　그들이 말한 것처럼 우리 사촌형은 많은 돈을 횡령하였다.

분석

　형용사 多는 '多+的'의 형식으로 명사를 수식할 수 없다. 예문①-④의 '多+的'는 각각 知识, 时间, 故事, 钱의 관형어로 쓰이고 있으므로 多 대신 很多를 사용하고 的는 삭제해야 바른 문장이 된다. 중국어의 多는 한국어에서 '많은 지식', '많은 시간'과 같이 직접 명사를 수식할 수 있다. 이러한 영향으로 학습자들이 '多+的'를 관형어로 사용하는 오류가 자주 발생한다.

보충설명 65　형용사 多, 少가 관형어로 쓰이는 경우

1. '多/少+的+수량(명사)'는 문장이 대구를 이루는 경우에 많이 사용된다.
　① **多的**一箱苹果给你吧，我要**少的**一箱。
　　많이 든 사과 상자를 네게 줄게. 나는 적게 든 상자를 원해.

---

② 你拿**多**的一袋, **少**的一袋给他吧。

　　너는 많이 든 봉투를 갖고 적게 든 봉투는 그에게 주렴.

③ 你能喝, 你喝**多**的一杯, 我喝**少**的一杯。

　　너는 술을 잘 하니까 너는 많이 든 술잔을 마시고, 나는 적게 든 술잔을 마실게.

2. 정도부사 很과 함께 명사를 수식하는 관형어로 쓰인다.

① 她家有**很多**钱, 但是她还打工。

　　그녀 집에는 돈이 아주 많지만 그녀는 여전히 아르바이트를 한다.

② 这个学期我们有**很多**课。

　　이번 학기에는 수업이 아주 많다.

　반면 很少는 명사의 관형어로 쓰이지 못한다.

① *他家有**很少**钱。

② *这个学期我们有**很少**课。

3. 很少는 수량(명사)의 관형어로 쓰일 수 있다.

① 今天下大雪, 班里只有**很少**几个朋友。

　　오늘 큰 눈이 내려서 반에는 친구들이 몇 명밖에 없다.

② 瓶子里还有**很少**一点儿酒, 我们喝了吧。

　　병에 술이 아직 조금 남아 있으니까 우리 마시자.

　반면 很多는 수량(명사)의 관형어로 쓰일 수 없다.

① *今天下大雪, 办里只有**很多**几个学生。

② *瓶子里还有**很多**一些酒。

4. 不少는 명사의 관형어로 쓰일 수 있다.

① 在中国, 我交了**不少**朋友。

　　중국에서 나는 적지 않은 친구들을 사귀었다.

② 这个月我学了**不少**汉字。

　　이번 달에 나는 적지 않은 한자를 배웠다.

반면 不多는 명사의 관형어로 쓰일 수 없다.

① *在中国, 我交了**不多**朋友。

② *这个月我学了**不多**汉字。

2. 的의 오류

(1) 的의 첨가 오류

예문

오류문:

① *接着坐上出租车回到了家**的**门口。

② *在广州生活很难, 因为我吃了广东**的**菜。

③ *他**的**妈妈做菜很好。

④ *找对象**的**时, 一定要有眼光。

정문:

⑤ 接着坐上出租车回到了家门口。

　　뒤따라 택시를 타고 집 앞으로 돌아왔다.

⑥ 在广州生活很难, 因为我吃不了广东菜。

　　광저우에서 생활이 매우 어려운 것은 내가 광둥요리를 먹지 못하기 때문이다.

⑦ 他妈妈做菜很好。

　　그의 어머니는 요리 솜씨가 매우 좋으시다.

⑧ 找对象时, 一定要有眼光。

　　결혼 상대를 찾을 때, 반드시 눈썰미가 있어야 한다.

분석

예문①의 家门口는 숙어처럼 쓰이므로 家와 门口 사이의 的를 삭제해야 한다. 예문②의 广东菜도 하나의 명사이므로 广东 뒤의 的를 삭제해야 한다. 또한 인칭대명사가 관형어로 쓰일 때 중심어가 사람인 경우에는 일반적으로 的를 사용하지 않으므로 예문③의 인칭대명사 他와 중심어 妈妈 사이의 的를 삭제해야 한다. 또한 명사 时를 수식하는 관형어 뒤에는 的를 사용하지 않으므로 예문④의 时 앞에 사용된 的도 삭제해야 한다. 한국어에서는 관형어 뒤에 일반적으로 조사 '의' 혹은 어미 '- (으)ㄴ, -는, -던, - (으)ㄹ'을 사용한다. 예를 들어 他妈妈는 한국어로 '그의 어머니'로 해석할 수 있으며 이를 다시 중국어로 직역하면 他的妈妈가 된다. 이러한 영향으로 학습자들이 관형어 뒤에 的를 첨가하는 오류가 자주 발생한다.

(2) 的의 누락 오류

예문

오류문:

① *这个暑假时候，我要先回国。
② *上课时候，他在玩手机。
③ *我人多时候很紧张。
④ *我看见很多中国人随便过马路时候，感到很奇怪。

정문:

⑤ 这个暑假**的**时候，我要先回国。

　　이번 여름 방학에는 제가 먼저 귀국하겠습니다.

⑥ 上课**的**时候，他在玩手机。

　　수업 시간에 그는 휴대폰을 가지고 놀고 있었다.

⑦ 我人多**的**时候很紧张。

　　나는 사람들이 많을 때 매우 긴장한다.

⑧ 我看见很多中国人随便过马路**的**时候，感到很奇怪。

　　나는 많은 중국인들이 마음대로 길을 건너는 것을 보면 매우 이상하다고 생각한다.

분석

명사 时候 앞에는 명사(구)와 동사(구) 관형어가 출현할 수 있으며, 이때 관형어 뒤에는 반드시 的를 사용해야 한다. 그러나 예문①-④의 时候 앞에는 的가 누락되어 문장이 성립하지 않으므로 모두 时候 앞에 的를 첨가해야 한다. 的의 용법은 비교적 복잡한 편이어서 상황에 따라 생략이 가능한 경우도 있고 또 반드시 사용해야 하는 경우도 있는데 학습자들이 이를 잘 숙지하지 못하여 오류가 자주 발생한다.

보충설명 66　관형어 표지 的의 사용

1. 명사 관형어

(1) 직업, 재질, 기능, 용도, 생산지 등을 표시하는 명사가 관형어로 쓰일 때는 일반적으로 的를 사용하지 않는다.

① 他是**汉语**老师。
  그는 중국어 선생님이다.

② 我想买一张**木头**桌子。
  나는 나무탁자 하나를 사고 싶다

③ 我吃过**北京**烤鸭。
  나는 베이징 오리구이를 먹은 적이 있다.

(2) 소유자를 나타내는 명사가 관형어로 쓰일 때는 的를 사용한다.

① 这是**老师的**书，不是你的。
  이것은 선생님 책이지 네 것이 아니다.

② **哥哥的**脾气很好，**弟弟的**脾气不太好。
  오빠의 성격은 매우 좋고, 동생의 성격은 그다지 좋지 않다.

③ **别人的**经验对自己学习汉语有帮助的。
  다른 사람의 경험은 중국어 학습에 도움이 된다.

(3) 일음절 방위사가 관형어로 쓰일 때는 的를 사용하지 않지만 이음절 방위사가 관형어로 쓰일 때는 的를 사용한다.

① 我睡**上**铺，你睡**下**铺。
  나는 윗층에서 자고 너는 아래층에서 잔다.

② **里**屋和**外**屋一样大，你住哪间?
  안방과 바깥방은 크기가 같은데 너는 어느 방에 묵을래?

③ **后面的**人请都往前站。
  뒤쪽의 사람들은 모두 앞쪽으로 서세요.

④ 我住**南边的**房间，你住北边的。

내가 남쪽 방에서 지낼 테니, 너는 북쪽 방에서 지내라.

2. 대명사 관형어

(1) 관형어가 인칭대명사이고 중심어가 사람을 나타낼 때는 일반적으로 的를 사용하지 않지만 중심어가 사물을 나타낼 때는 的를 사용한다.

① **我**弟弟大学已经毕业了。

나의 동생은 이미 대학교를 졸업했습니다.

② **我们**老师是北京人。

우리 선생님은 베이징 사람입니다.

③ 这是**他的**东西，不是我的。

이것은 그의 것이지 저의 것이 아닙니다.

④ **我们的**教室比你们的大。

우리 교실은 당신들의 것보다 큽니다.

(2) 관형어가 지시대명사일 때는 的를 사용하지 않는다.

① **这**人我不认识，你认识吗?

저는 이 사람을 모르는데 당신은 알고 있나요?

② **这**班有点儿慢，我想去那班。

이 반은(진도가) 조금 늦어서 저는 그 반에 가고 싶습니다.

(3) 관형어가 의문대명사일 때 的의 사용은 선택적이지만 谁나 怎么样이 관형어로 쓰일 때는 的를 사용한다.

① 这是**谁的**手机?

이것은 누구의 휴대폰인가?

② 你的同屋是**怎么样的**人，你了解吗?

너의 룸메이트가 어떤 사람인지 너는 알고 있니?

만약 중심어가 '一+양사+명사'이면 怎么样이 관형어로 쓰여도 的를 사용하지 않는다.

① 你的同屋是**怎么样**一个人，你了解吗?

너의 룸메이트가 어떤 사람인지 너는 알고 있니?

② 北大是**怎么样**一所大学，我当然知道。

베이징대학이 어떤 학교인지 나는 당연히 알고 있다.

위의 문장에서 怎么样은 怎么로 대신할 수 있다.

① 你的同屋是**怎么**一个人，你了解吗?

너의 룸메이트가 어떤 사람인지 너는 알고 있니?

② 北大是**怎么**一所大学，我当然知道。

베이징대학이 어떤 학교인지 나는 당연히 알고 있다.

什么가 관형어로 쓰이면 的를 사용할 수 없다.

① 你找我有**什么**事情?

당신이 나를 무슨 일로 찾습니까?

② 明天我们**什么**时候出发?

내일 우리는 언제 출발하나요?

3. 형용사와 형용사구 관형어

(1) 관형어가 일음절 형용사일 때 일반적으로 的를 사용하지 않는다.

① 这是一本**好**书。

이것은 좋은 책이다.

② **大**桌子卖完了，只有小的。

큰 탁자는 다 팔렸고, 작은 것만 있습니다.

③ 我买了一部**新**手机。

나는 새 휴대폰을 한 대 샀다.

그러나 대구를 이루거나 강조를 위해서는 的를 사용할 수 있다.

① **大的**桌子卖完了，只有小的。

큰 탁자는 다 팔렸고 작은 것만 있습니다.

② 他今天开了一辆**新的**车。

그는 오늘 새 차를 운전하였다.

(2) 이음절 형용사와 형용사구가 일음절 명사를 수식할 때는 的를 사용
해야 한다.

① 我有**重要的**事想跟你谈一谈。
> 내게 당신과 이야기하고 싶은 중요한 일이 있습니다.

② 他是一个**伟大的**人。
> 그는 위대한 사람이다.

③ 妈妈是一个**非常善良的**人。
> 엄마는 매우 선량한 사람이다.

이음절 형용사가 이음절 명사를 수식할 때는 的는 경우에 따라 생략이
가능하다.

① 圣诞节，我给女朋友买了一件**漂亮**衣服。
圣诞节，我给女朋友买了一件**漂亮的**衣服。
> 성탄절에 나는 여자친구에게 예쁜 옷 한 벌을 사주었다.

② 还有什么**重要**事情吗?
还有什么**重要的**事情吗?
> 또 무슨 중요한 일이 있습니까?

③ 这个房间有点儿脏，请给我换一个**干净**房间。
这个房间有点儿脏，请给我换一个**干净的**房间。
> 이 방은 좀 더러우니까 저에게 깨끗한 방으로 바꿔주세요

(3) 형용사 중첩식이 관형어로 쓰일 때는 的를 사용한다.

① 她男朋友**高高的**个子，大大的眼睛，挺帅的。
> 그녀의 남자친구는 큰 키와 큰 눈에 정말 멋지다.

② 孩子躺在**舒舒服服**的床上，一会儿就睡着了。
> 아이는 편안한 침대에 누워 이내 잠이 들었다.

4. 동사와 동사구 관형어

(1) 동사와 동사구가 관형어로 쓰일 때는 일반적으로 的를 사용한다.

① 这是**买的**衣服，不是我做的。

이것은 산 옷이지 내가 만든 것이 아니다.

② 妈妈**包的**饺子很好吃。

엄마가 빚은 만두는 정말 맛있다.

③ **开车的**时候不能打手机。

운전할 때 핸드폰을 사용하면 안 된다.

(2) 이음절 동사가 이음절 명사를 수식할 때는 일반적으로 的를 사용하지 않는다.

① 学习的时候一定要注意**学习**方法。

공부할 때는 반드시 공부 방법에 주의해야 한다.

② 今天的**休息**时间只有一个小时。

오늘 휴식시간은 한 시간뿐이다.

5. 수사와 수량구 관형어

(1) 백분율이 관형어로 쓰일 때는 的를 사용한다.

① 我们学校**百分之九十的**学生都是男生。

우리 학교의 90퍼센트는 모두 남학생이다.

② 这次去中国留学有**百分之百的**希望。

이번 중국 유학은 백퍼센트의 희망이 있다.

(2) 수량구가 관형어로 쓰일 때는 일반적으로 的를 사용하지 않지만, 상황을 한정하거나 강조하는 경우에는 的를 사용할 수 있다.

① 这儿没有**一斤的**鱼，都是半斤以下的。

(一斤的鱼는 一斤重的鱼를 나타냄)

여기에 한 근이 되는 생선은 없고 모두 반 근 이하이다.

② 你真能吃，一个人吃了一个**三斤的**西瓜。

(三斤的西瓜는 三斤重的西瓜를 나타냄)

너는 정말 잘 먹는다. 혼자서 세 근이나 되는 수박을 먹었구나.

(3) 양이 많음을 나타내는 수량구의 중첩식에는 一AA와 一A一A 형식
   이 있다. 一AA 뒤에는 的를 사용하지 않고 一A一A 뒤에는 的를
   사용한다.
   ① 教室外边放着**一排排**自行车。
      교실 밖에 자전거가 줄줄이 놓여 있다.
   ② **一座座**青山, **一条条**河流, 构成了一幅美丽的风景画。
      이어진 푸른 산과 강줄기는 한 폭의 아름다운 풍경화를 이루었다.
   ③ 图书馆的书架上整整齐齐地摆放着**一本一本的**书。
      도서관의 책꽂이에는 책이 한 권 한 권 가지런히 놓여 있다.

(4) 양사의 중첩식 AA가 관형어로 쓰일 때는 的를 사용하지 않는다.
   ① **条条**大路通罗马。
      모든 길은 로마로 통한다.
   ② 刚到七点半, **间间**教室都坐满了学习的学生。
      이제 막 7시 반이 되었는데 교실마다 공부하는 학생들로 가득 찼다.

6. 주술구가 관형어로 쓰일 때는 **的**를 사용한다.

   ① 圣诞节快到了, 我还没收到**家里寄来的**礼物。
      크리스마스가 곧 다가오는데 나는 아직 집에서 보낸 선물을 받지 못했다.
   ② **妈妈做的**鱼非常好吃。
      엄마가 만드신 생선요리는 아주 맛있다.

7. 전치사구가 관형어로 쓰일 때는 **的**를 사용한다.

   ① 感谢老师**对我的**帮助!
      저에게 주신 선생님의 도움에 감사드립니다!
   ② 今天开会, 请大家谈一谈**关于这件事**的一些看法。
      오늘 회의에서는 여러분께서 이번 사건에 관한 의견을 좀 얘기해 주십시오.

3. '真+형용사'의 오류

예문

오류문:

① *这是一次**真难**的考试。

② *在这辆拥挤的汽车上，发生了一件**真不好**的事情。

③ *他买到了一件**真便宜**的衣服。

④ *他们用一块一块的石头建成一座庙，一点儿水泥都没放，是**真罕见**的事。

정문:

⑤ 这是一次**非常难**的考试。

이것은 대단히 어려운 시험이었다.

⑥ 在这辆拥挤的汽车上，发生了一件**非常不好**的事情。

이 붐비는 차에서 아주 좋지 않은 일이 하나 벌어졌다.

⑦ 他买到了一件**非常便宜**的衣服。

그는 아주 싼 옷 한 벌을 샀다.

⑧ 他们用一块一块的石头建成一座庙，一点儿水泥都没放，是**非常罕见**的事。

그들이 돌 하나하나로 절을 지었는데 조금의 시멘트도 넣지 않은 것은 매우 드문 일이다.

분석

'真+형용사'는 술어로만 사용할 수 있고 관형어로는 사용할 수 없다. 예문①-④의 真难, 真不好, 真便宜, 真罕见은 각각 考试, 事情, 衣服, 事를 수식하는 관형어로 쓰이고 있으므로 예문⑤-⑧의 非常难, 非常不好, 非常便宜, 非常罕见과 같이 真이 아닌 다른 정도부사를 사용해야 바른 문장이 된다. 부사 真은 한국어에서 '진짜'로 해석할 수 있는데, '진짜'는 '진짜 어려운 시험 非常难的考试', '진짜 나쁜 일 非常不好的事情'과 같이 '진짜+형용사'의 형식으로 명사를 수식할 수 있다. 이러한 영향으로 학습자들이 '真+형용사'가 명사를 수식할 수 있다고 잘못 생각하여 위와 같은 오류가 자주 발생한다.

보충설명 67 '부사+형용사'가 관형어로 쓰이는 경우

1. '부사+형용사'는 대부분 관형어로 쓰일 수 있다.
   ① 去中国学习汉语，是一件**非常好的**事情。
   중국에 가서 중국어 공부를 하는 것은 매우 좋은 일이다.
   ② **最大的**那个苹果给弟弟吧，我吃小的。
   가장 큰 그 사과는 동생에게 주세요. 저는 작은 것을 먹을게요.
   ③ 期中考试同学们取得了**比较好的**成绩。
   중간고사에서 학생들이 비교적 좋은 성적을 거뒀다.

2. 일부 부사는 형용사와 함께 관형어로 쓰일 수 없다.
   ① *这些都是**的确好的**东西。
   ② *北京大学是一所**真好的**大学。

형용사와 함께 관형어로 쓰일 수 없는 부사는 다음과 같다.

必定반드시, 毕竟결국, 并함께, 不定어쩌면, 不妨무방하다, 不料뜻밖에, 不免면할 수 없다, 差点儿하마터면, 凑巧공교롭게, 大约아마, 到底도대체, 倒(是)오히려, 的确확실히, 反거꾸로, 反倒반대로, 反而오히려, 反正아무튼, 恐怕아마, 明明분명히, 难道설마, 偏기어코, 偏偏일부러, 颇꽤, 其实사실, 恰好마침, 恰恰꼭, 千万제발, 说不定짐작컨대, 似乎마치, 索性차라리, 万万결코, 万一만일에, 未必반드시 한 것은 아니다, 未免아무래도, 幸好다행히, 幸亏운 좋게, 也许어쩌면, 约대략, 真정말로, 正巧공교롭게도, 只得부득이, 只好할 수 없이, 只是단지, 至多많아야, 至于-에 관해서는, 终究결국, 终于마침내, 总算겨우, 最好제일 좋기는

4. 다항 관형어의 어순 오류

예문

오류문:

① *他是**有经验的我们学校的**老师。
② ***难以回答的我们的**问题现在还没解决。
③ *但是有的时候我们**理解的知道的**事情不是真的。
④ ***不好看的一个聪明的**人比**好看的十个**人好。

정문:

⑤ 他是**我们学校有经验的**老师。
   그는 우리 학교에서 경험이 있는 선생님이시다.

⑥ **我们的难以回答的**问题现在还没解决。
   답하기 어려운 우리의 문제는 아직 해결되지 않았다.

⑦ 但是有的时候我们**知道的理解的**事情不是真的。
   하지만 때로는 우리가 알고 이해하는 일이 모두 진실은 아니다.

⑧ **一个不好看的聪明**人比**十个好看的**人好。
   한 명의 예쁘지 않은 똑똑한 사람이 열 명의 예쁜 사람보다 낫다.

분석

여러 개의 관형어가 동시에 하나의 명사를 수식할 경우, 일반적으로 소유관계를 나타내는 성분은 가장 앞에 위치한다. 따라서 예문①의 我们学校는 有经验的의 앞에 놓여야 하고 예문②의 我们的는 难以回答的의 앞에 위치해야 한다. 또한 비슷한 의미의 관형어가 동시에 명사를 수식할 경우, 의미의 범위가 넓은 것이 앞에 위치한다. 예를 들어 예문③에서 知道的의 의미 범위가 理解的보다 넓으므로 知道的理解的로 표현해야 한다. 수량 관형어는 일반적으로 형용사구 앞에 위치하므로 예문④의 一个와 十个는 각각 不好看的와 好看的 앞에 위치해야 한다. 이와 같이 여러 개의 관형어가 동시에 명사를 수식할 때에는 일정한 규칙을 따라야 하는데, 학습자들이 이를 잘 파악하지 못하여 오류가 자주 발생한다.

다항 관형어의 어순

다항 관형어는 크게 병렬관계와 점증관계로 나눌 수 있으며, 이에 따라
서로 다른 어순을 가진다.

1. 병렬관계 다항 관형어의 어순

병렬관계 다항 관형어란 여러 개의 관형어가 종속의 구분 없이 모두 평
등한 관계를 가지는 것을 가리킨다.

　① 这些年, **城市、农村**的差距在逐渐缩小。
　　　요 몇 해 도시와 농촌의 차이는 점점 줄어들고 있다.

　② 现在**白菜、黄瓜、胡萝卜**的价格差不多。
　　　현재 배추, 오이, 당근의 가격은 비슷하다.

예문①의 城市, 农村과 예문②의 白菜, 黄瓜, 胡萝卜는 모두 병렬관계
를 가지며 각각 生活水平과 价格의 관형어로 쓰이고 있다. 이같이 서로
병렬관계를 가지는 관형어들은 어순이 바뀌어도 문장의 의미에 큰 영향을
주지 않는다.

(1) 병렬관계 다항 관형어에서의 접속사: 병렬관계를 가지는 관형어들이
　　명사(명사구)나 동사(동사구)이면 일반적으로 가장 마지막 항목 앞
　　에 和, 或, 以及 등을 사용하고 각각의 항목은 '、'으로 연결한다.

　① 他期中考试**和**期末考试的成绩都不错。
　　　그는 중간고사와 기말고사의 성적이 모두 좋다.
　② 躺着**或**走路的时候最好不要看书、对眼睛不好。
　　　누워 있거나 걸을 때에는 최대한 책을 읽지 마라, 눈에 좋지 않다.
　③ 这几天气温变化很大、前天、昨天**和**今天的温度差别很大。
　　　요 며칠은 기온 변화가 심하다. 그제, 어제 그리고 오늘의 온도 차이가 매우 컸다.

(2) 병렬관계 다항 관형어의 어순: 병렬관계 다항 관형어의 어순 배열은 일반적으로 논리 순서에 따른다.

A. 서열관계에서 우선하는 것이 선행한다.

① **家长、学生**的意见都要听一听。

학부모와 학생의 의견 모두 들어봐야 한다.

② 这个活动很重要，**学校、学院**的领导都来了。

이 행사는 매우 중요해서 학교, 단과대학의 대표가 모두 왔다.

③ 这次比赛，**冠军、亚军**的奖金差别很大。

이번 대회는 우승과 준우승의 상금 차이가 매우 컸다.

B. 전체적인 특징 묘사가 세부적인 특징 묘사에 선행한다.

① 她男朋友是一个**高大、英俊**的小伙子。

그녀의 남자 친구는 건장하고 잘생긴 청년이다.

② 我住的是一栋**很高、黄色**的楼。

내가 살고 있는 곳은 높은 노란색 건물이다.

C. 외형 묘사가 내면이나 내부 묘사에 선행한다.

① 妹妹是个**漂亮、善良**的姑娘。

여동생은 예쁘고 마음씨 좋은 아가씨다.

② 我家的房子是一栋**三层、有十几个房间**的别墅。

우리 집은 십여 개의 방이 있는 3층짜리 빌라이다.

D. 주요한 것이 부차적인 것에 선행한다.

① 作为学生，一定要安排好**学习和打工**的时间。

학생으로서 반드시 공부하는 시간과 아르바이트 하는 시간을 잘 안배해야 한다.

② **工作、休息**的时间都要安排好。

일과 휴식 시간은 모두 잘 안배해야 한다.

E. 발생 시간의 선후에 따라 배열한다.

① **预习、学习**的时间都不够。

예습하고 공부할 시간이 모두 부족하다.

② 这个公司管理很严，**上班、下班**的时候都要打卡。

이 회사는 관리가 매우 엄격해서 출근하고 퇴근할 때 모두 카드를 찍어야 한다.

(3) 병렬관계 다항 관형어와 的: 병렬관계 다항 관형어는 일반적으로 가장 마지막 항목 뒤에 的를 사용한다.

① **快乐、紧张的**一个学期就要结束了。

즐겁고 긴장되었던 한 학기가 곧 끝난다.

② 在中国留学的时候, 得到了**老师、同学的**很多帮助、非常感谢。

중국에서 유학할 때 선생님과 친구들의 많은 도움을 받았습니다. 대단히 감사합니다.

③ 现在**电脑、手机的**价格差不多。

지금 컴퓨터와 핸드폰의 가격은 거의 비슷하다.

그러나 모든 관형어를 강조하기 위해서는 각 항목 뒤에 모두 的를 사용할 수 있다.

① 为了健康, **好吃的、不好吃的**东西都要吃。

건강을 위해서는 맛있는 것과 맛없는 것을 모두 먹어야 한다.

② 中华民族是一个**勤劳的、勇敢的**民族。

중화 민족은 근면하고 용감한 민족이다.

2. 점증관계 다항 관형어의 어순

점증관계의 다항 관형어는 일정한 순서에 따라 배열된다. 그리고 각 항목 사이에 휴지가 없다.

① **那个穿羽绒服的男孩**是谁家的孩子?

저 다운 점퍼를 입은 남자아이는 어느 집의 아이일까?

② 我买了**一本汉韩词典**。 나는 중한사전 한 권을 샀다.

점증관계를 가지는 관형어는 일반적으로 다음과 같은 순서를 따른다.

A. 소유관계를 나타내는 명사(구)나 대명사
B. 시간이나 장소를 나타내는 명사(구)
C. 지시 대명사
D. 수량구
E. 주술구, 동사(구), 전치사구
F. 형용사(구)
G. 的를 수반하지 않은 형용사 및 속성·소속·재료 등을 나타내는 명사

예를 들면 다음과 같다.

① **那**本书我丢了。
　　C D
그 책은 제가 잃어버렸어요.

② 刘老师是**我们汉语**老师。
　　　　　　A　G
리우 선생님은 우리 중국어 선생님이다.

③ 一月是**一年中最冷的**时候。
　　　　　　B　　F
1월은 1년 중에서 가장 추울 때다.

④ 找**一个妈妈不在家的**周末，你们来我家吧。
　　　D　　　E
엄마가 안 계신 주말을 골라서 너희 우리 집에 와라.

⑤ **那个个子不高的男**学生是新来的。
　C D　　E　　G
그 키가 크지 않은 남학생은 새로 온 학생이다.

위의 G에서 언급한 的를 수반하지 않는 형용사나 명사의 어순은 일반적으로 다음과 같다.

시간 + 크기나 면적 + 색깔 + 형체 + 재질 + 중심어
[1]　　　[2]　　　[3]　　[4]　　[5]

① 我的那件**新丝绸**衣服丢了。

　　　　　[1] [5]

나의 그 새 실크 옷은 잃어버렸다.

② 那张**大圆**桌已经被别人预订了。

　　　　　[2] [4]

그 큰 원탁은 이미 다른 사람들에게 예약이 되었다.

③ 我买了一台**黑色液晶**电视机。

　　　　　[3]　　[5]

나는 검은색 액정 텔레비전 한 대를 샀다.

제5절 부사어의 주요 오류 유형

1. 부사어의 어순 오류

(1) 전치사구의 어순 오류

예문

오류문:

① *他们玩完后，就睡觉了**像昨天一样**。

② *他在中国学习了五年，喜欢喝茶**像中国人一样**。

③ *周末**在宿舍**他玩了一天。

④ *一天，儿子和女儿去学校的时候，妈妈打扫房间**在家里**。

정문:

⑤ 他们玩完后，就**像昨天一样**睡觉了。

그들은 다 놀고 나서 어제처럼 잠을 잤다.

⑥ 他在中国学习了五年，**像中国人一样**喜欢喝茶。

그는 중국에서 5년 동안 공부해서 중국인처럼 차를 마시는 것을 좋아한다.

⑦ 周末他**在宿舍**玩了一天。

주말에 그는 기숙사에서 하루 종일 놀았다.

⑧ 白天，儿子和女儿去学校的时候，妈妈**在家里**打扫房间。

낮에 아들과 딸이 학교에 갔을 때 엄마는 집에서 방을 청소했다.

분석

'像⋯一样'은 술어동사 앞에만 사용할 수 있다. 예문①의 像昨天一样과 예문②의 像中国人一样은 모두 동사(구) 睡觉와 喜欢喝茶 뒤에 위치하고 있으므로 올바른 문장이 아니다. 행위나 동작이 발생한 장소를 나타내는 '在+명사' 역시 술어동사 앞에만 올 수 있다. 예문③의 在宿舍와 예문④의 在家里는 각각 동사 玩과 打扫가 발생한 장소를 나타내므로 모두 동사 앞에 두어야 한다. 영어의 전치사구는 대부분 문장 끝에 놓이는데 학습자들이 영어의 어순을 중국어에도 그대로 적용시킬 수 있다고 생각하여 이와 같은 오류가 자주 발생한다.

(2) 부사의 어순 오류

예문

오류문:

① *才现在我给你们写信。
② *又他们回来了。
③ *还他在超市买了牛奶。
④ *她性格外向，**常常**她很容易笑。

정문:

⑤ 现在我**才**给你们写信。

지금에서야 내가 비로소 너희에게 편지를 쓴다.

⑥ 他们**又**回来了。

그들은 또 돌아왔다.

⑦ 他**还**在超市买了牛奶。

그는 또 슈퍼마켓에서 우유를 샀다.

⑧ 她性格外向，她**常常**很容易笑。

그녀는 성격이 외향적이어서 항상 잘 웃는다.

부사 才, 又, 还, 常常은 주어 뒤 술어동사 앞에 사용해야 한다. 예문①-
④의 才, 又, 还, 常常은 모두 주어 앞에 쓰였으므로 이를 모두 주어
뒤로 이동시켜야 바른 문장이 된다. 다만 예문①, ③과 같이 전치사구가
동사를 수식하고 있는 경우에는 부사를 전치사구 앞에 두어야 한다. 중
국어의 부사 才, 又, 还, 常常은 한국어로 '비로소/겨우', '또', '항상'
등으로 해석될 수 있는데 이 부사들은 한국어에서 주어 앞과 뒤에 모두
올 수 있다. 이 때문에 학습자들이 중국어의 부사도 위치가 자유롭다고
잘못 생각하여 오류가 자주 발생한다.

(3) 把구문의 부사어 어순 오류

예문

오류문:

① *妈妈**把**那些东西**生气地**扔在垃圾箱里。

② *她**把**衣服**才**洗完。

③ *我**把**作业**仅仅**做了，作文还没写。

④ *可惜的是，虽然人们知道珍惜东西的重要性，可**把**它**只**挂在嘴边，不为它做出努力，如果这样下去的话，等待我们的只能是绝望。

정문:

⑤ 妈妈**生气地把**那些东西扔在垃圾箱里。

　엄마는 화를 내며 그 물건들을 쓰레기통에 버렸다.

⑥ 她**才把**衣服洗完。

　그녀는 이제야 옷을 다 세탁했다.

⑦ 我**仅仅把**作业做了，作文还没写。

　나는 겨우 숙제를 했을 뿐 작문은 아직 쓰지 않았다.

⑧ 可惜的是，虽然人们知道珍惜东西的重要性，可**只把**它挂在嘴边，不为它做出努力，如果这样下去的话，等待我们的只能是绝望。

　애석하게도 사람들은 물건의 소중함을 알지만 그것을 말로만 내세울 뿐 이를 위해 노력을 기울이지 않는다. 이렇게 계속 나간다면 우리를 기다리는 것은 절망뿐이다.

분석

把구문에서 부사어는 일반적으로 把 앞에 위치한다. 예문①-④의 生气地, 才, 仅仅, 只는 모두 동사 앞에 위치하고 있으므로 이를 모두 把 앞으로 전치시켜야 바른 문장이 된다. 중국어에서 부사어는 술어동사 앞에 오는 것이 일반적이지만 전치사구와 함께 출현할 때는 전치사 앞에 위치한다. 把구문의 把 역시 넓은 의미에서 전치사에 속하므로 生气地, 才, 仅仅, 只 등의 부사어는 술어동사 앞이 아닌 把 앞에 사용해야 한다. 학습자들이 이점을 숙지하지 못하여 위와 같은 오류가 자주 발생한다.

보충설명 69 把구문에서의 부사어 위치

1. 부사어는 일반적으로 把 앞에 위치한다.
   ① 我**大概**把手机忘在宾馆里了。
   나는 아마도 핸드폰을 호텔에 두고 온 것 같다.
   ② 你**赶快**把车开回去, 妈妈等着用呢!
   너는 어서 빨리 차를 몰고 돌아가라. 엄마가 쓰시려고 기다리고 계셔!
   ③ 这次旅游, 我**没**把带的钱花完。
   이번 여행에서 나는 가진 돈을 다 쓰지 않았다.
   ④ 坐车的时候, **别**把头伸出窗外!
   차를 탈 때는 머리를 창 밖으로 내밀지 마세요!
   ⑤ **不要**把垃圾扔在地上。
   쓰레기를 땅에 버리지 마시오.

2. 방향이나 경로를 나타내거나 행위나 동작을 묘사하는 부사어는 술어동사 앞에 위치한다.
   ① 请您把椅子**往前**挪一点儿, 好吗?
   당신이 의자를 앞으로 좀 옮겨 주시겠어요?
   ② 我把钥匙**从窗户**扔下去, 你不用上来取。
   내가 열쇠를 창문으로 던질테니 넌 가지러 올라올 필요 없다.

③ 他把灯一关，就离开了教室。

그는 불을 끄고 바로 교실을 떠났다.

把구문에서 부정부사는 把 앞에만 사용할 수 있다.

① *昨天你把钱没还给我。

② *坐车的时候，把钱包别放在裤子后面的口袋里。

2. 부사어 표지 地의 누락 오류

예문

오류문:

① *两个孩子把玩具放在房间里**很轻松**离开了房间。

② *他们一直**很认真**在宿舍做作业。

③ *老师**满意**看着这篇作文。

④ *妈妈**诧异**进房间一看，地上到处都是玩具。

정문:

⑤ 两个孩子把玩具放在房间里**很轻松地**离开了房间。

두 아이는 놀잇감을 방 안에 두고 가뿐하게 방을 나갔다.

⑥ 他们一直**很认真地**在宿舍做作业。

그들은 계속 열심히 기숙사에서 숙제를 한다.

⑦ 老师**满意地**看着这篇作文。

선생님께서 만족스럽게 이 작문을 읽고 계신다.

⑧ 妈妈**诧异地**进房间一看，地上到处都是玩具。

엄마가 이상해서 방에 들어가 보니 바닥은 온통 장난감으로 가득했다.

분석

형용사가 부사어로 쓰일 때는 일반적으로 부사어 표지인 구조조사 地를
사용해야 한다. 예문①-④의 형용사 轻松, 认真, 满意, 诧异는 부사어

로 사용되고 있으므로 地를 첨가해야 바른 문장이 된다. 이때 형용사 부사어는 예문①, ②와 같이 정도부사 很의 수식을 받을 수도 있다. 중국어에서 모든 형용사 부사어가 地를 사용해야 하는 것은 아니기 때문에 학습자들이 부사어를 사용할 때 地를 사용해야 하는 경우와 그렇지 않은 경우를 구분하지 못해 위와 같은 오류가 자주 발생한다.

보충설명 70 부사어 표지 地를 사용하는 경우

1. 형용사

(1) 일음절 형용사가 부사어로 쓰일 때는 地를 사용하지 않는다.
  ① 你**快**回去吧，你妈到处找你呢!
    너 빨리 돌아가라, 네 엄마가 여기저기 너를 찾고 계신다.
  ② 你一定要**多**看、**多**说、**多**记这样才能学好汉语!
    너는 꼭 많이 보고, 많이 말하고, 많이 외워라. 그래야만 중국어를 잘 배울 수 있다.
  ③ 开车的时候不能**急**停车。
    차를 운전할 때 급하게 차를 세우면 안 된다.

(2) 이음절 형용사가 부사어로 쓰이고 그 의미가 주어의 상태나 태도 등을 나타낼 때는 地를 사용한다.
  ① 弟弟**生气地**说: "我再也不跟你玩了。"
    동생은 화를 내며 "나는 다시는 너랑 놀지 않겠어"라고 말했다.
  ② 昨天朋友去我家，妈妈**热情地**招待了他们。
    어제 친구들이 우리 집에 갔는데 엄마가 친절하게 그들을 대접했다.
  ③ 孩子摔倒后，**痛苦地**哭了起来。
    아이가 넘어지고 나서 슬프게 울기 시작했다.

  반면 형용사 부사어가 행위나 동작의 방식이나 정도 등을 나타내면 地를 생략할 수 있다.
  ① 我们班的同学都**努力**学习汉语。
    우리 반 학우들은 모두 열심히 중국어를 공부한다.

---

② 那件事**彻底**解决了，你不用担心。

그 일은 완벽하게 해결했으니 너는 걱정할 필요가 없다.

(3) 형용사 중첩식이 부사어로 쓰일 때는 地를 생략할 수 있다.

① **慢慢(地)**说，别着急!

천천히 말해, 조급해 하지 마!

② 今天有考试，同学门**早早(地)**来到了学校。

오늘 시험이 있어서 학우들이 일찌감치 학교에 왔다.

③ 昨天晚上我**舒舒服服(地)**洗了一个澡就睡了。

어제 저녁에 나는 아주 상쾌하게 목욕을 하고 바로 갔다.

④ 希望你们**平平安安(地)**去，**平平安安(地)**回来。

너희가 평안히 갔다가 평안하게 돌아오길 바란다.

그러나 부사어를 강조하고자 할 때에는 地를 사용한다.

① 你把杯子**轻轻**放在桌子上。

你把杯子**轻轻地**放在桌子上。

너는 컵을 책상 위에 살살 놓아라.

2. 부사

(1) 일음절 부사가 부사어로 쓰일 때는 地를 사용하지 않는다.

① 我**在**看书呢。

나는 책을 보고 있어.

② 今天怎么**又**考试?

오늘 왜 또 시험을 치지?

③ 这儿太美了，明年我**还**来这儿。

여기가 너무 아름다워서 내년에 나는 또 여기에 와야겠다.

(2) 이음절 부사도 거의 대부분 地를 사용하지 않는다.

① 他**经常**不做作业。

그는 자주 숙제를 하지 않는다.

② 这件事我**其实**也不知道。

　　이 일은 나도 사실 모르겠다.

③ 天快黑了, 咱们**赶快**回学校吧。

　　날이 곧 어두워지니 우리 서둘러 학교로 돌아가자.

(3) 일부 이음절 부사의 경우 地의 생략과 사용이 모두 가능하다.

① 火车**缓缓(地)**进站了。

　　기차가 느릿느릿 역으로 들어왔다.

② 你这么想, 我也**暗暗(地)**这么想。

　　네가 이렇게 생각하니까 나도 암암리에 이렇게 생각하게 된다.

③ 进入七月以后, 天**更加(地)**热了。

　　7월에 들어서고 나서 날씨가 훨씬 더워졌다.

이러한 부사는 다음과 같다

暗暗몰래, 不断끊임없이, 不住계속하여, 大力힘껏, 大肆제멋대로, 分别각각, 胡乱함부로, 缓缓느릿느릿하게, 极力있는 힘을 다하여, 渐渐점차, 尽量가능한 한, 来回반복하여, 连连줄곧, 默默묵묵히, 悄悄은밀히, 日益나날이, 随意마음대로, 特意특별히, 偷偷남몰래, 逐步점차, 逐渐점점, 及早일찌감치, 尽快되도록 빨리, 偶尔우연히, 永远영원히, 格外각별히, 更加더욱, 极度아주, 略微약간, 稍微조금, 十分매우, 简直완전히, 偏偏기어코, 常常늘, 多么얼마나, 反复거듭하여, 一再수차, 再三거듭 등등.

다만 부사의 의미를 강조할 때는 地를 사용한다.

① 上课的时候, 他**偷偷**出去了。

上课的时候, 他**偷偷地**出去了。

　　수업 시간에 그는 몰래 나갔다.

3. 동사(구)

행위 혹은 행위자를 묘사하는 동사가 부사어로 쓰이면 地를 사용한다.

① 雨还在**不停地**下着, 咱们怎么回去啊?

　　비가 여전히 끊임없이 내리고 있는데 우리 어떻게 돌아가지?

술어를 묘사하는 동사가 부사어로 쓰이면 地를 생략할 수 있다.

① 我忙着呢, 你别在这儿**来回**(地)走好不好?

　내가 바쁘니 너는 여기서 왔다 갔다 하지 않으면 안 되겠니?

동사구가 부사어로 쓰일 때 어떤 경우에도 地를 사용한다.

① 这次谈判, 我们**有条件地**接受了他们的建议。

　이번 협상에서 우리는 조건부로 그들의 제안을 받아들였다.

② 他不走, 大家**连推带拉地**把他弄回了家。

　그가 가지 않으려 해서 모두 밀고 당겨서 그를 집으로 돌려보냈다.

4. 수량(구)

(1) 수량구가 부사어로 쓰이면 地를 사용하지 않는다.

① 弟弟**一脚**把球踢进了球门。

　남동생은 단번에 공을 골대 안으로 차 넣었다.

② 一进门, 就**一把**把我抱起来, 不停地亲我。

　문에 들어서자마자 나를 덥석 안더니 끊임없이 나에게 뽀뽀를 하였다.

③ 他能**一口**吃一个鸡蛋。

　그는 달걀 하나를 한입에 먹을 수 있다.

(2) 수량 중첩식이 부사어로 쓰이면 地를 생략할 수 있다.

① 天**一天一天**(地)热起来了。

　날씨가 하루하루 더워지기 시작했다.

② 饭要**一口一口**(地)吃, 不能着急。

　밥은 한 입 한 입 먹어야지 급하게 먹으면 안 된다.

③ 大家**一个个**(地)往里走, 别挤。

　여러분 한 명 한 명 안으로 들어오세요. 밀지 마시고요.

④ 服务员**一趟趟**(地)给客人送饭菜, 很辛苦。

　종업원이 차례차례 손님에게 요리를 갖다 드린다. 아주 고생이다.

5. 의성어

 (1) 일음절 의성어가 부사어로 쓰이면 地를 사용한다.
　① 他**砰地**把门关上了。
　　그는 쾅하고 문을 닫았다.
　② 弟弟坐在地上，**哇地**哭了起来。
　　동생이 바닥에 앉아 엉엉 울기 시작했다.

 (2) 이음절이나 다음절 의성어가 부사어로 쓰이면 地를 생략할 수 있다.
　① 水龙头没关好，水在**哗哗(地)**流着。
　　수도꼭지를 꼭 잠그지 않아서 물이 줄줄 흐르고 있다.
　② 同学们听了这个笑话以后，都**哈哈(地)**笑了起来。
　　친구들은 이 농담을 들은 후 모두 하하 웃기 시작했다.
　③ 外边**轰隆隆(地)**打着雷，要下雨了，别出去。
　　밖에 우르르 쾅쾅 천둥이 치고 비가 오려고 하니 나가지 마라.

6. 전치사구

 전치사구가 부사어로 쓰이면 地를 사용할 수 없다.
　① 老师**对我们**非常好。
　　선생님께서는 우리에게 대단히 잘 해주신다.
　② 书**在桌子上**放着呢，你没看见吗?
　　책이 책상 위에 놓여 있었는데, 너는 보지 못했니?

7. 관용구

 관용구가 부사어로 쓰이면 地를 생략할 수 있다.
　① 弟弟想看电视，**马马虎虎(地)**把作业做完了。
　　동생은 텔레비전이 보고 싶어서 대충대충 숙제를 끝냈다.
　② 大家一到上海，又**马不停蹄(地)**赶到机场，坐飞机去北京。
　　모두 상하이에 도착하자마자 또 조금도 지체하지 않고 바로 공항에 가서 비행기를
　　타고 베이징으로 갔다.

3. 다항 부사어의 어순 오류

예문

오류문:

① *管理员**在门口已经**等我们了。

② *老师**对我们经常**说: "每天都要复习复习。"

③ *她**和我不**见面。

④ *你**跟我没**说那样的话。

정문:

⑤ 管理员**已经在门口**等我们了。

  관리원은 이미 입구에서 우리를 기다리고 있었다.

⑥ 老师**经常对我们**说: "每天都要复习复习。"

  선생님께선 항상 우리에게 "매일 매일 복습해야 한다."고 말씀하신다.

⑦ 她**不和我**见面。

  그녀는 나를 만나지 않는다.

⑧ 你**没跟我**说那样的话。

  너는 나에게 그런 말을 하지 않았다.

분석

  시간부사와 전치사구가 부사어로 동시에 출현할 때, 시간부사는 전치사구 앞에 위치해야 한다. 예문①, ②의 시간부사 已经과 经常은 각각 전치사구 在门口와 对我们의 뒤에 위치하고 있으므로 이를 모두 전치사구 앞으로 이동시켜야 바른 문장이 된다. 또한 부정부사와 전치사구가 동시에 부사어로 사용될 경우, 부정부사는 전치사구 앞에 위치해야 한다. 예문③과 예문④의 不와 没는 각각 和我와 跟我의 뒤에 위치하고 있으므로 이를 모두 전치사구 앞으로 이동시켜야 한다. 학습자들이 부사는 반드시 술어 앞에 사용해야 한다고 잘못 생각하여 전치사구를 포함하는 문장에서도 부사를 술어 앞에 사용하는 오류가 자주 발생한다.

다항 부사어의 어순

1. 병렬관계 다항 부사어의 어순

병렬관계 다항 부사어는 부사어 사이에 주된 것과 부차적인 것의 구분이 없이 대등하게 중심술어를 묘사 혹은 한정한다.

① 你要**认真、严肃地**对待这个问题。

너는 진지하고 심각하게 이 문제를 대해야 한다.

② 我们**坚决、不失礼貌地**拒绝了他们的要求。

우리는 단호하고 무례하지 않게 그들의 요구를 거절했다.

(1) 병렬관계를 이루는 부사어와 부사어 사이에는 일반적으로 ‘、’를 사용하며, 부사어 표지 地는 가장 마지막 부사어 뒤에 사용한다.

① **慢慢、轻轻地**把电视放在桌子上、千万别磕了。

천천히 살살 텔레비전을 테이블 위에 놓아라. 절대 부딪히지 말고

② 老师**毫无保留、心甘情愿地**把自己学习语言的经验告诉了同学们。

선생님은 아낌없이 기꺼이 자신의 언어 학습 경험을 학생들에게 알려주셨다.

(2) 만약 각각의 부사어들을 모두 강조하고자 할 경우에는 각 항목 뒤에 모두 地를 사용할 수 있다.

① 老师**毫无保留地、心甘情愿地**把自己学习语言的经验告诉了同学们。

선생님은 아낌없이 기꺼이 자신의 언어 학습 경험을 학생들에게 알려주셨다.

(3) 병렬관계를 가지는 부사어들의 어순은 상대적으로 비교적 자유로운 편이다.

① 会上校长**耐心、诚恳地**听取了同学们的意见和建议。

회의에서 교장선생님은 인내심을 갖고 진실 되게 학우들의 의견과 건의를 귀담아 들으셨다.

会上校长**诚恳、耐心地**听取了同学们的意见和建议。

회의에서 교장선생님은 진실되고 인내심 있게 학우들의 의견과 건의를 귀담아 들으셨다.

② 我**对自己的学生、对别人的学生**一样好。

나는 내 학생과 다른 사람의 학생에게 똑같이 잘해준다.

我**对别人的学生、对自己的学生**一样好。

나는 다른 사람의 학생과 내 학생에게 똑같이 잘해준다.

2. 점증관계 다항 부사어의 어순: 점증관계 다항 부사어란 각각의 부사어가 일정한 순서에 따라 술어동사를 수식하는 것을 가리킨다.

① 弟弟**又把电脑**打开。

동생이 또 컴퓨터를 켰다.

② 你们俩**不一起**走吗?

너희 둘은 함께 안 가니?

③ 昨天的作业大家**都不会**做。

어제의 숙제는 모두 다 할 줄 모른다.

④ 现在八点, 他们**大概还没**起床。

지금 8시인데, 그들은 아마 아직 일어나지 않았을 것이다.

점증관계를 가지는 부사어들은 일반적으로 다음의 순서로 배열된다.

A. 어기 부사
B. 시간, 빈도 부사
C. 범위, 부정 부사
D. 행위자를 묘사하는 형용사나 부사
E. 목적, 근거, 상호협력을 나타내는 전치사구
F. 장소, 방향, 노선을 나타내는 전치사구
G. 대상을 나타내는 전치사구
H. 동작, 행위자를 묘사하는 형용사나 부사

예를 들면,

① 他们**毕竟都**是孩子。
         A C

그들은 어쨌든 모두 아이들이다.

② 这道题我**又不**知道怎么做了。
               B C

이 문제를 나는 또 어떻게 풀어야 할지 모르겠다.

③ 弟弟<u>也</u>**又**<u>把汉语书</u>弄丢了。
         A B   G

동생도 또 중국어 책을 잃어버렸다.

④ 我们**一定根据学校规定对这件事**做出严肃的处理。
         A   E   G

우리는 반드시 학교 규정에 따라 이 일을 엄격하게 처리해야 한다.

⑤ 你的车可不可以**再往前稍微**挪一挪?
                B F H

당신 차를 좀 더 앞으로 옮길 수 있어요?

참고

위의 A에서 H까지의 어순은 특정 부사어를 강조하고자 할 경우 그 순서가 바뀌기도 한다. 대표적인 경우는 다음과 같다.

1. '在+명사', '从+명사'와 같이 행위가 발생하는 장소를 나타내는 전치사 구는 행위자를 묘사하는 부사어 앞에 올 수 있다.

  ① 昨天我**舒舒服服在家**休息了一天。
  　　　　　　D　　F

  　昨天我**在家舒舒服服**休息了一天。
  　　　　　F　　　D

  　어제 나는 집에서 편안하게 하루 종일 쉬었다.

  ② 考完试以后, 同学们都**不安地从学校**回到了家里。
  　　　　　　　　　　D　　F

  　考完试以后, 同学们都**从学校不安地**回到了家里。
  　　　　　　　　　F　　　D

  　시험을 마친 후 학우들은 모두 불안해하며 학교에서 집으로 돌아갔다.

2. 행위나 동작을 묘사하는 부사어는 장소, 방향을 나타내는 전치사구 앞에 올 수 있다.

  ① 老师在黑板上写字的时候, 有一个学生**从教室偷偷地**出去了,
  　　　　　　　　　　　　　　　　F　　H

  　老师根本没发现。

  　老师在黑板上写字的时候, 有一个学生**偷偷地从教室**出去了,
  　　　　　　　　　　　　　　　　H　　　F

  　老师根本没发现。

  　선생님이 칠판에 글을 쓰실 때 한 학생이 몰래 교실에서 나갔는데 선생님은 전혀 알 아채지 못했다.

  ② 大家排着队, **往前一点一点地**走。
  　　　　　　　F　　H

  　大家排着队, **一点一点地往前**走。
  　　　　　　　H　　　F

  　모두 줄을 선 채 아주 조금씩 앞을 향해 걷는다.

3. 也, 都와 같은 부사는 대상을 나타내는 전치사구 뒤에 올 수 있다.

① 弟弟**也对这件事**不满意。

          A   G

동생도 이 일에 대해 만족하지 않는다.

② 弟弟**对这件事也**不满意。

            G   A

동생은 이 일에 대해서도 만족하지 않는다.

4. 행위나 동작을 묘사하는 부사어가 동시에 출현할 때 일반적으로 음절 수가 많은 것이 앞에 놓인다.

① 到了北京以后, 就**马不停蹄地直**飞上海。

베이징에 도착하고 나서 쉬지 않고 곧장 비행기로 상하이에 갔다.

② 做完题以后, 一定要**一遍一遍地仔细地**检查。

다 마치고 나서 반드시 여러 번 자세하게 검토해야 한다.

5. 범위부사와 부정부사는 어순에 따라 의미가 달라진다. 범위부사가 부정부사에 선행할 경우 완전부정을 나타내며, 범위부사가 부정부사에 후행하는 경우는 부분부정을 나타낸다.

① 我们**全不**知道这件事。

우리 모두가 이 일을 모른다.

我们**不全**知道这件事。

우리가 모두 이 일을 아는 것은 아니다.

② 我们**都不**是留学生。

우리 모두가 유학생이 아니다.

我们**不都**是留学生。

우리가 모두 유학생인 것은 아니다.

제6절 보어의 주요 오류 유형

1. 결과보어의 오류

(1) 결과보어 앞 술어동사의 누락 오류

예문

오류문:

① *教室里**满**了人。

② *他从楼梯上**倒**了。

③ *他的思想没**成**好的思想。

④ *现在的流行歌曲过一段时间后**成**过时的。

정문:

⑤ 教室里**坐满**了人。

교실에 사람들이 가득 앉아 있다.

⑥ 他从楼梯上**摔倒**了。

그는 계단에서 넘어졌다.

⑦ 他的思想没**变成**好的思想。

그의 생각이 좋게 변하지 않았다.

⑧ 现在的流行歌曲过一段时间后**变成**过时的。

지금 유행하는 노래는 일정 시간이 흐른 후엔 철 지난 것으로 변한다.

분석

예문①의 满은 '가득 차다'라는 뜻을 나타내는 형용사로 행위의 결과만을 나타내므로 동사 坐의 결과보어로 사용해야 바른 문장이 된다. 예문②의 倒 역시 '거꾸러지다'라는 뜻으로 행위의 결과만을 나타내므로 동사 摔의 결과보어로 사용해야 한다. 예문③과 ④의 成은 '-이 되다'라는 의미로 결과만을 강조하고 있으므로 变을 첨가해야 바른 문장이 된다. 한국어에서는 '가득 차다', '거꾸러지다', '되다'와 같이 결과를 나타내는 성분이 서술어로 쓰일 수 있지만, 중국어에서는 반드시 결과의 원인이 되는 행위를 술어동사로 사용하고 결과를 나타내는 성분은 동사 뒤의 보어로 사용해야 한다. 이와 같이 학습자들이 한국어와 중국어의 차이를 숙지하지 못하여 위와 같은 오류가 자주 발생한다.

(2) 술어동사 뒤 결과보어의 누락 오류

예문

오류문:

① *我从小到现在，一直在城市里**长**了。
② *他**看**这本书，终于明白了。
③ *闻名全球的美国猫王的流行歌曲**迷**了那个时代的年轻人。
④ *虽然现在没有朋友，但是一定能**找**很多朋友。

정문:

⑤ 我从小到现在，一直在城市里**长大**。

　　나는 어려서부터 지금까지 계속 도시에서 자랐다.

⑥ 他**看完**这本书，终于明白了。

　　그는 이 책을 다 읽고 나서 마침내 깨달았다.

⑦ 闻名全球的美国猫王的流行歌曲**迷住**了那个时代的年轻人。

　　전 세계에 널리 알려진 미국의 엘비스 프레슬리의 유행가는 그 시대의 젊은이들을 사로잡았다.

⑧ 虽然现在没有朋友，但是一定能**找到**很多朋友。

　　지금은 친구가 없지만 반드시 많은 친구를 만날 수 있을 것이다.

분석

중국어의 동사는 일반적으로 동작이나 행위의 과정이나 방식을 강조하기 때문에 결과를 나타내는 성분은 반드시 동사 뒤의 보어로 표현해야 한다. 예문①의 长, 예문②의 看, 예문③의 迷, 예문④의 找는 결과를 나타내는 성분이 누락되어 있으므로 그 뒤에 각각 결과를 나타내는 大, 完, 住, 到를 첨가해야 바른 문장이 된다. 반면 한국어는 '자랐다', '보았다', '사로잡았다', '찾았다'와 같이 과거시제 '-았/었'만으로 행위의 실현과 결과를 나타낼 수 있다. 이러한 영향으로 학습자들에게서 술어동사 뒤에 결과보어를 누락하는 오류가 자주 발생한다.

(3) '동사+결과보어'의 부정 오류

예문

오류문:

① *他**写不完**作业就出门了。
② *因为没有注意, **看不到**前面没有路。
③ *他来晚了, **吃不到**好吃的饺子。
④ *那些歌词我**不听懂**。

정문:

⑤ 他**没写完**作业就出门了。
> 그는 숙제를 끝내지 않고 문을 나섰다.

⑥ 因为没有注意, **没看到**前面没有路。
> 주의하지 않아서 앞에 길이 없는 것을 보지 못했다.

⑦ 他来晚了, **没吃到**好吃的饺子。
> 그는 늦게 와서 맛있는 만두를 먹지 못했다.

⑧ 那些歌词我**没听懂**。
> 그 가사를 나는 알아듣지 못했다.

분석

'동사+결과보어'에 대한 부정은 동사 앞에 부정부사 没나 不, 别 등을 사용한다. 동작이 이미 완성되었을 때는 没를, 현재나 미래를 나타낼 때는 不나 别를 사용한다. 예문①-④는 모두 이미 완성된 동작이지만 부정부사 不를 사용하고 있으므로, 동사 앞에 没를 사용해야 바른 문장이 된다. 중국어에서 보어의 부정 형식은 '동사+不+결과보어'와 '没+동사+결과보어'가 모두 가능하다. 단 '동사+不+결과보어'는 '-할 수 없다'의 불가능을 나타내고, '没+동사+결과보어'는 '-하지 못하다'라는 미완성, 미실현을 나타낸다. 학습자들이 이 차이를 구분하지 못하여 위와 같은 오류가 자주 발생한다.

(4) '동사+결과보어'의 목적어 오류

예문

오류문:

① *我买贵了这个花瓶。

② *他洗干净了这件衣服。

③ *她准备好了考试。

④ *我们早上吃饱了饭。

정문:

⑤ 这个花瓶我买贵了。

　　이 꽃병을 나는 비싸게 샀다.

⑥ 这件衣服他洗干净了。

　　이 옷은 그가 깨끗하게 빨았다.

⑦ 考试她准备好了。

　　그녀가 시험 준비를 다 했다.

⑧ 我们早上吃饱了。

　　우리는 아침에 배불리 먹었다.

분석

행위나 동작을 통해 행위 대상에 발생한 변화를 결과보어로 표현할 경우, '동사+결과보어'는 자동사 구조에 상응하므로 그 행위 대상을 목적어로 가질 수 없다. 예문①의 买贵, 예문②의 洗干净, 예문③의 准备好에서 결과보어인 贵, 干净, 好는 모두 행위 대상인 这个花瓶, 这件衣服, 考试의 변화를 나타내고 있다. 이때 이들 성분은 목적어로 사용될 수 없고 문두의 화제 주어로 사용해야 한다. 반면 예문④의 吃饱는 비록 타동사 구조이지만 吃饱肚子와 같이 수반할 수 있는 목적어는 肚子로 제한적이다. 따라서 목적어 饭은 삭제해야 바른 문장이 된다.

2. 방향보어의 오류

(1) '동사+来/去'의 목적어 어순 오류

예문

오류문:

① *过几天进去**城**了解北京的情况。

② *他进来**教室**，看见了王老师。

③ *新年我回去**韩国**。

④ *咱们上去**楼**吧。

정문:

⑤ 过几天进**城**去了解北京的情况。

　　며칠 후 시내에 가서 베이징의 상황을 알아봐야겠다.

⑥ 他进**教室**来，看见了王老师。

　　그가 교실로 들어와서 왕 선생님을 보았다.

⑦ 新年我回**韩国**去。

　　설에 나는 한국으로 돌아간다.

⑧ 咱们上**楼**去吧。

　　우리 위층으로 올라갑시다.

분석

단순방향보어 '동사+来/去'에서 장소를 나타내는 명사가 목적어로 쓰일 때, 목적어는 동사와 '来/去' 사이에 위치한다. 예문①-④는 장소를 나타내는 城, 教室, 韩国, 楼가 모두 '来/去' 뒤에 위치하고 있으므로, 이를 모두 '来/去'의 앞에 놓아야 바른 문장이 된다. 예문⑤-⑧의 进城去, 进教室来, 回韩国去, 上楼去는 한국어로 각각 '시내에 들어가다', '교실로 들어오다', '한국으로 돌아가다', '위층에 올라가다'로 해석될 수 있다. 이처럼 한국어에서는 '가다/오다'가 본동사 뒤 보조동사로 사용되고 장소명사는 그 뒤에 위치하기 때문에 학습자들이 '来/去'를 동사 바로 뒤에 사용하는 오류가 자주 발생한다.

1. 단순방향보어가 '来/去'인 경우

  (1) 목적어가 '수사+양사+명사'구조의 일반명사일 경우 '来/去' 뒤에 위치한다.

    ① 昨天，妈妈给我寄**来几件冬天的衣服**。

       어제 어머니께서 나에게 겨울옷 몇 벌을 부쳐왔다.

    ② 中秋节，我的邻居给我送**来几块月饼**。

       추석에 우리 이웃이 나에게 월병 몇 개를 보내왔다.

  그러나 명령, 청유, 제안과 같이 아직 실현되지 않은 사건을 나타낼 경우, 일반명사 목적어는 '来/去' 앞에 위치할 수도 있다.

    ① 明天有个晚会，大家可以带**朋友来**。

       내일 저녁 파티가 있으니 여러분은 친구를 데려 와도 좋습니다.

    ② 我去买**一点儿吃的来**!

       내가 가서 먹을 것을 좀 사 올게.

  (2) 목적어가 好处좋은점, 问候안부, 希望희망, 失望실망, 实惠실익, 祝福축복 등의 추상명사일 경우 '来/去' 뒤에 위치한다.

    ① 改革开放给我们带**来了好处**。

       개혁 개방은 우리에게 이익을 가져왔다.

    ② 刘老师给我们带**来了校长的问候**。

       리우 선생님은 우리에게 교장 선생님의 인사를 전해왔다.

    ③ 修公路给当地的农民带**来了实惠**。

       도로 정비는 현지 농민들에게 실질적인 혜택을 가져왔다.

    ④ 春节的时候，演员们为山里的孩子带**去了节日的祝福**。

       설에 배우들은 산 속의 아이들을 위해 명절의 축복을 전했다.

  (3) 목적어가 장소명사일 경우 '来/去' 앞에 위치한다.

    ① 大家都回**家去**吧!

       다들 모두 집으로 돌아가라!

② 老师上**楼去**了。

　　선생님께서 위층으로 올라가셨다.

③ 我们进**教室去**吧, 外边太冷!

　　우리 교실로 들어가자. 밖은 너무 춥다!

2. 단순방향보어가 '**来/去**'가 아닌 경우

보어가 '**来/去**'가 아닌 上, 下, 回, 进, 出 등인 경우, 목적어는 항상
보어 뒤에 위치한다. 이때 목적어는 장소명사, 일반명사 모두 가능하다.

① 孩子爬**上树**了, 你赶快去看一下。

　　아이가 나무에 올라갔으니 너는 얼른 좀 가 보아라.

② 你把我的钥匙扔**下楼**吧。

　　네가 내 열쇠를 아래층으로 던져라.

③ 他的自行车丢了, 他是从学校跑**回家**的。

　　자전거를 잃어버려서, 그는 학교에서 뛰어서 집으로 돌아갔다.

④ 天太热, 他脱**下了一件衣服**。

　　날씨가 너무 더워서 그는 옷을 하나 벗었다.

(2) 복합방향보어의 오류

예문

오류문:

① *东郭先生从口袋里把书拿**下来**, 把狼放在口袋里。

② *考试准备**下来**。

③ *他们有个问题, 两个人讨论**下来**。

④ *我的朋友把自行车往左边转的时候, 跟一个中国人冲突**下来**。

정문:

⑤ 东郭先生从口袋里把书拿**出来**, 把狼放在口袋里。

　　둥궈 선생님은 주머니에서 책을 꺼내고 늑대를 주머니에 넣었다.

⑥ 考试准备**完了**。

　　시험은 다 준비됐어요.

⑦ 他们有个问题，两个人讨论**起来**。

그들에게 문제가 있어서 두 사람이 토론하기 시작하였다.

⑧ 我的朋友把自行车往左边转的时候，跟一个中国人冲突**起来**。

내 친구가 자전거를 왼쪽으로 돌릴 때, 중국인 한 명과 충돌하였다.

분석

下来는 동작이 높은 곳에서 낮은 곳으로 이동하는 것을 나타낸다. 예문 ①의 书는 높은 곳에서 낮은 곳이 아니라 안에서 밖으로 이동하고 있으므로 出来를 사용해야 바른 문장이 된다. 반면 下来가 记录기록하다, 录녹음, 녹화하다, 停멈추다, 停止정지하다 등의 동사 뒤에 사용될 때는 동작의 완성을 나타낼 수 있지만, 예문②와 같이 '준비를 마치다'의 의미를 나타내기 위해서는 准备 뒤에 下来 대신 完了를 사용해야 한다. 또한 下来는 과거에서 지금까지 지속됨을 나타낼 수 있다. 그러나 예문③, ④는 모 시점에서 동작이 시작되었음을 나타내므로 讨论과 冲突 뒤에 下来 대신 起来를 사용해야 한다.

(3) '동사+복합방향보어'의 목적어 어순 오류

예문

오류문:

① *我们走回去北大。
② *最后他写出来答案了。
③ *神仙从五只羊嘴里拿下来稻穗。
④ *出发以前，我拿出来词典，写上说明。

정문:

⑤ 我们走回北大去。

우리는 걸어서 베이징대학교로 돌아갔다.

⑥ 最后他写出答案来了。

마침내 그는 답을 써냈다.

⑦ 神仙从五只羊嘴里拿下**稻穗**来。

신선이 다섯 마리 양의 입에서 벼 이삭을 꺼냈다.

⑧ 出发以前，我拿出**词典**来，写上说明。

출발 전에 나는 사전을 꺼내서 설명을 적었다.

분석

出来, 出去, 进来, 进去, 过来, 过去, 上来, 上去, 下来, 下去, 回来, 回去, 起来 등의 복합방향보어에서 수식어를 갖지 않는 원형명사 목적어는 '来/去' 앞에만 사용할 수 있다. 예문①-④의 목적어 北大, 答案, 稻穗, 词典은 모두 원형명사이므로 각각 回去, 出来, 下来, 出来의 来와 去 앞에 사용해야 한다. 학습자들이 '동사+복합방향보어'를 분리될 수 없는 하나의 구조로 파악하기 때문에 목적어를 走回去, 写出来, 拿下来, 拿出来 뒤에 사용하는 오류가 자주 발생한다.

보충설명 73　'동사+복합방향보어'의 목적어 위치

1. '동사+上, 下, 回, 进, 出+来/去+목적어'

   목적어가 '수사+양사+명사' 구조일 경우 복합방향보어 뒤에 위치한다.

   ① 上个星期, 妈妈给我寄过来**一些衣服**。

   지난주에 엄마가 내게 옷을 몇 벌 부쳐왔다.

   ② 圣诞节我给弟弟寄回去**一个小礼物**。

   성탄절에 내가 동생에게 작은 선물 하나를 부쳐 주었다.

   ③ 你看, 前面的汽车上掉下来**一箱苹果**。

   봐봐, 앞의 차에서 사과 한 상자가 떨어졌어.

2. '동사+上, 下, 回, 进, 出+목적어+来/去'

   목적어가 장소명사이거나 수식구가 없는 일반명사일 경우 복합방향보어의 '来/去' 앞에 위치한다.

   ① 圣诞节我飞回**韩国**去。

   성탄절에 나는 비행기로 한국에 돌아간다.

② 孩子跑回**家**去了，你回家看看吧。

　아이가 뛰어서 집에 돌아갔으니 너는 집에 가서 좀 보렴.

③ 他说起**话**来没完没了。

　그는 말을 하기 시작하면 끝이 없다.

3. '把+목적어+동사+복합방향보어'

목적어가 화자와 청자가 모두 알고 있는 특정 대상일 경우 일반적으로 把와 함께 동사 앞에 위치한다.

① 大家把**书**拿出来，我们上课。

　모두들 책을 꺼내세요. 우리 수업합시다.

② 你把**钱**还回去。

　당신은 돈을 돌려 보내 주세요.

③ 明天把**作业**带过来。

　내일 숙제를 가져오세요.

(4) 복합방향보어를 동사로 잘못 사용한 경우

예문

오류문:

① *说完以后老人一看马克就好奇心**起来**。

② *他一到公司就**起来**工作。

③ *我们上的电梯向下**起来**。

④ *冬天**起来**冷。

정문:

⑤ 说完以后老人一看马克就好奇**起来**。

　말을 마치자 노인이 마이크를 보고 호기심을 갖기 시작했다.

⑥ 他一到公司就**开始**工作。

　그는 회사에 도착하자마자 일을 시작했다.

⑦ 我们上的电梯向下**运动**。

　우리가 탄 엘리베이터가 아래로 움직였다.

⑧ 冬天**开始**冷。

　　겨울에는 추워지기 시작한다.

분석

동작이나 상태변화의 시작을 나타내는 起来는 동사나 형용사 뒤에서 보어로만 사용할 수 있고 술어동사로는 쓰일 수 없다. 예문①의 起来는 명사 好奇心과 함께 '-하기 시작하다'라는 의미로 쓰이고 있으므로 心을 삭제하고 형용사 好奇의 보어로 사용해야 한다. 또한 예문②의 起来工作, 예문④의 起来冷에서도 起来는 술어동사로 사용될 수 없기 때문에 起来 대신 시작하다는 뜻을 가진 동사 开始를 사용해야 바른 문장이 된다. 예문③의 起来 역시 방향을 나타내는 向下 뒤에서 '(아래로 향하기) 시작하다'라는 뜻의 술어동사로 쓰일 수 없으므로 구체적인 동작을 나타내는 동사 运动을 사용해야 한다. 开始와 起来는 모두 '시작하다'의 의미를 나타내지만 起来는 반드시 보어로만 사용할 수 있다. 학습자들이 이 둘을 구분하지 못하고 起来가 술어동사로 사용될 수 있다고 잘못 생각하여 오류가 자주 발생한다.

(5) 복합방향보어를 잘못 첨가한 경우

예문

오류문:

① *古话说，好人才能认识**出来**好人。
② *最后他终于知道**出来**这个道理。
③ *大家一听这个字就懂**起**意思**来**了。
④ *老师讲了几分钟，大家明白这句话**起来**了。

정문:

⑤ 古话说，好人才能认识好人。

　　옛말에 좋은 사람이라야 좋은 사람을 알아 볼 수 있다고 하였다.

⑥ 最后他终于知道了这个道理。

　　마지막에 그는 마침내 이 이치를 알게 되었다.

⑦ 大家一听这个字就懂了意思。

　　모두들 이 글자를 듣자마자 의미를 알았다.

⑧ 老师讲了几分钟，大家明白了这句话。

　　선생님께서 몇 분간 설명해주셔서 모두들 이 말을 이해하였다.

분석

认识, 知道, 懂, 明白 등의 지각동사는 복합방향보어 出来-해내다 나 起来-하기 시작하다 와 결합하여 사용할 수 없다. 따라서 예문①-④의 出来와 起来는 모두 삭제해야 바른 문장이 된다. 认识, 知道, 懂, 明白는 일련의 과정을 통해 이루어지는 것이 아닌 순간에 완성되는 동사이기 때문에 과정을 통해 완성되는 出来나 시작과 지속을 나타내는 起来와 함께 사용할 수 없다. 학습자들이 이를 인지하지 못하여 위와 같은 오류가 자주 발생한다.

(6) 起를 起来로 잘못 사용한 경우

예문

오류문:

① *我想**起来**了那种情况。

② *他想**起来**困难的情况。

③ *他记**起来**张老师的名字了。

④ *在课上，小明谈**起来**昨天的电视节目了。

정문:

⑤ 我想**起**了那种情况。

　　나는 그러한 상황을 떠올렸다.

⑥ 他想**起**困难的情况。

　　그는 어려운 상황을 떠올린다.

⑦ 他记**起**张老师的名字了。

　　그는 장 선생님의 이름이 기억났다.

⑧ 在课上，小明谈**起**昨天的电视节目了。

　　수업 시간에 샤오밍은 어제 텔레비전 프로그램을 이야기하기 시작했다.

방향보어 起来와 起는 모두 '-하기 시작하다'의 의미를 나타내지만 목적어의 사용에서 차이가 있다. 단순방향보어 起는 목적어에 제한이 없으나, 복합방향보어 起来는 일반적으로 '수사+양사+명사'구조의 목적어를 가진다. 예문①-④의 목적어 那种情况, 困难的情况, 张老师的名字, 昨天的电视节目는 모두 수량구의 수식을 받고 있지 않으므로 起来 대신 起를 사용해야 바른 문장이 된다.

3. 가능보어의 오류

(1) '동사+得+了'를 '能+동사'로 잘못 사용한 경우

예문

오류문:

① *我有电影票, 我**能看**电影。
② *周末我有时间, 我**能爬**长城。
③ *菜做得太多了, 怎么**能吃**呢?
④ *这个游戏必须由两个人打, 但现在只有小张一个人在房间里, 怎么**能玩**呢?

정문:

⑤ 我有电影票, 我**看得了**电影。
　나는 영화표가 있어서 영화를 볼 수 있다.

⑥ 周末我有时间, 我**爬得了**长城。
　주말에 나는 시간이 있어서 만리장성에 올라갈 수 있다.

⑦ 菜做得太多了, 怎么**吃得了**呢?
　음식을 너무 많이 했어. 어떻게 다 먹을 수 있겠니?

⑧ 这个游戏必须由两个人打, 但现在只有小张一个人在房间里, 怎么**玩得了**呢?
　이 게임은 반드시 두 사람이 해야 하는데 지금 샤오짱 혼자 방에 있으니 어떻게 놀 수 있겠니?

'동사+得+了'와 '能+동사'는 한국어에서 모두 '-할 수 있다'로 해석되지만 '能+동사'는 어떤 일을 할 수 있는 능력이 있음을 나타내고 '동사+得+了'는 어떤 일을 할 수 있는 객관적인 조건이 허용됨을 나타낸다. 예문①은 영화를 볼 수 있는 능력이 있음을 가리키는 것이 아니라 영화를 볼 수 있는 조건이 있음을 나타내고, 예문②는 만리장성에 오를 수 있는 능력이 아닌 그곳을 오를 수 있는 시간적 조건이 있음을 나타낸다. 따라서 能看, 能爬 대신 看得了, 爬得了를 사용해야 바른 문장이 된다. 또한 '能+동사'는 도리상 어떤 일을 허용하거나 허락하는 것을 나타내고, '동사+得+보어'는 객관적인 조건에 의한 허용을 나타낸다. 예문③은 먹도록 허락한 것이 아니라 음식을 다 먹을 수 있는 상황인지를 묻고 있으므로 能吃 대신 吃得了를 사용해야 하며, 예문④는 놀도록 허락하는 것이 아니라 놀 수 있는 객관적 조건이 갖추어져 있는지를 묻는 것이므로 能玩 대신 玩得了를 사용해야 한다.

(2) '동사+不+보어'를 '不能+동사'로 잘못 사용한 경우

예문

오류문:

① *我给朋友们打电话, 可是一个人也**不能来**。

② *今天我感冒嗓子痛, **不能说话**。

③ *我觉得今天一个礼物也**不能收到**了。

④ *这本书书店**不能买到**。

정문:

⑤ 我给朋友们打电话, 可是一个人也**来不了**。
　　나는 친구들에게 전화를 걸었지만 한 사람도 올 수가 없었다.

⑥ 今天我感冒嗓子痛, **说不了**话。
　　오늘 나는 감기 때문에 목이 아파서 말을 할 수 없다.

⑦ 我觉得今天一个礼物也**收不到**了。
　　나는 오늘 한 개의 선물도 받을 수 없을 것이라고 생각했다.

⑧ 这本书书店**买不到**。
> 이 책은 서점에서 살 수 없다.

분석

'不能+동사'는 도리 상 어떤 일을 할 수 없음을 나타내고, '동사+不+보어'는 객관적 조건에 의해 어떤 일이 허용되지 않는 것을 나타낸다. 예문①은 도리상 못 오는 것이 아니라, 객관적인 상황 때문에 올 수 없는 것이므로 不能来 대신 来不了를 사용해야 한다. 예문②도 목이 아픈 객관적인 상황에서 말을 할 수 없는 것이므로 不能说话 대신 说不了话를 사용해야 하고, 예문③과 ④ 역시 선물을 받는 것과 책을 사는 것은 객관적인 상황에 의한 것이므로 각각 收不到와 买不到를 사용해야 바른 문장이 된다. '不能+동사'와 '동사+不+보어'는 한국어에서 모두 '-할 수 없다'로 해석되지만 실제 사용에서는 차이가 존재한다. 특히 객관적인 조건 또는 상황에 의해 어떤 일을 할 수 없는 경우에는 '동사+不+了'를 사용해야 하는데 학습자들이 이 둘의 차이를 구분하지 못하여 오류가 자주 발생한다.

(3) '동사+得+보어'를 '숲+동사'로 잘못 사용한 경우

예문

오류문:

① *如果那个爷爷给我别的礼物，比如说电脑、书等，就是一个人**会玩**的东西，那多好啊！
② *这种酒不太厉害，我**会喝**。
③ *对韩国人来说，这菜不散辣，他**会吃**。
④ *行李不多，我一个人**会拿**。

정문:

⑤ 如果那个爷爷给我别的礼物，比如说电脑、书等，就是一个人**玩得了**的东西，那多好啊！
> 만약 그 할아버지께서 나에게 다른 선물, 예를 들어 컴퓨터나 책과 같이 혼자서도 놀 수 있는 것을 주신다면 얼마나 좋을까!

⑥ 这种酒不太厉害, 我**喝得了**。

　　이런 술은 그다지 독하지 않아서 나는 마실 수 있다.

⑦ 对韩国人来说, 这菜不算辣, 他**吃得了**。

　　한국 사람들에게는 이 음식이 매운 편이 아니라서 그는 먹을 수 있다.

⑧ 行李不多, 我一个人**拿得了**。

　　짐이 많지 않아서 나 혼자 들 수 있다.

분석

‘会+동사’와 ‘동사+得+了’는 모두 ‘-할 수 있다’는 뜻을 나타내지만, ‘会+동사’는 후천적으로 배워서 갖게 된 능력을 나타내고, ‘동사+得+了’는 객관적인 조건에서 어떤 일을 할 수 있음을 나타낼 때 사용한다. 예문①-④의 玩, 喝, 吃, 拿는 배워서 할 수 있는 것이 아니므로 ‘会+동사’ 대신 ‘동사+得+了’를 사용해야 바른 문장이 된다. 학습자들이 이 둘의 차이를 구분하지 못하여 오류가 자주 발생한다.

(4) '동사+不+보어'를 '不会+동사'로 잘못 사용한 경우

예문

오류문:

① *“假如只有一个人的话, **不会打**网球。” 男生怒气冲冲地跳起来, 然后气急败坏地说。

② *明天早上八点我们在火车上, **不会回来**。

③ *他没买到周日的火车票, 周一**不会上课**。

④ *我今天电脑坏了, **不会做**作业。

정문:

⑤ “假如只有一个人的话, **打不了**网球。” 男生怒气冲冲地跳起来, 然后气急败坏地说。

　　“만약 한 사람뿐이라면 테니스를 칠 수 없다.”며 남학생은 노발대발하며 펄쩍 뛰었고, 격분하며 말했다.

⑥ 明天早上八点我们在火车上, **回不来**。

　　내일 아침 8시에 우리는 기차에 있을 테니 돌아올 수 없다.

⑦ 他没买到周日的火车票，周一**上不了**课。

　　그는 일요일 기차표를 사지 못해서 월요일 수업에 올 수 없다.

⑧ 我今天电脑坏了，**做不了**作业。

　　나는 오늘 컴퓨터가 고장 나서 숙제를 할 수 없다.

분석

'不会+동사'와 '동사+不+보어'는 모두 '-할 수 없다'를 나타내지만 '不会+동사'는 배우지 못해 어떤 일을 하는 능력이 없음을 나타내고 '동사+不+보어'는 객관적인 조건이 허용하지 않아 어떤 일을 할 수 없음을 나타낸다. 예문①은 테니스를 배우지 않아서 칠 수 없는 것이 아니라, 상대가 없어서 테니스를 칠 수 없는 것이므로 不会打 대신 打不了를 사용해야 바른 문장이 된다. 예문②도 기차에 있는 객관적인 상황에 의해 돌아올 수 없는 것이므로 不会回来 대신 回不来를 사용해야 한다. 예문③, ④ 역시 돌아올 기차표를 사지 못해 수업에 올 수 없었고 컴퓨터가 고장 나서 숙제를 할 수 없는 것이므로 각각 객관적인 상황을 나타내는 上不了课, 做不了作业를 사용해야 한다. 학습자들이 '不会+동사'와 '동사+不+보어'의 의미 차이를 구분하지 못하여 오류가 자주 발생한다.

(5) 가능보어를 잘못 사용한 경우

예문

오류문:

① *这件衣服太贵，我买**不上**。
② *你不下工夫就赶**不了**他们。
③ *我眼睛不好，前面的字看**不到**。
④ *昨天他喝了很多咖啡，睡**不了**。

정문:

⑤ 这件衣服太贵，我买**不起**。

　　이 옷은 너무 비싸서 나는 살 수가 없다.

⑥ 你不下工夫就赶**不上**他们。

　　너는 노력하지 않으면 그들을 따라잡을 수가 없다.

⑦ 我眼睛不好，前面的字看**不清**。

　　내 눈이 나빠서 앞의 글씨가 잘 보이지 않는다.

⑧ 昨天他喝了很多咖啡，睡**不着**。

　　어제 그는 커피를 많이 마셔서 잠이 오지 않는다.

분석

'동사+不+보어'는 보어에 따라 그 의미도 달라진다. 예문①의 买不上은 물건이 부족하여 살 수 없다는 뜻이므로, 물건이 비싸서 살 수 없다는 뜻의 买不起를 사용하는 것이 적합하다. 어떤 대상을 따라잡을 수 있거나 없음은 赶**得**上/赶**不**上으로 표현하므로 예문②는 赶**不**了 대신 赶**不**上을 사용해야 한다. 看不到와 看不清은 모두 '보이지 않는다'는 의미를 나타내지만, 看不到는 어떤 대상이 내 시야에 있지 않는 경우에 사용하고 看不清은 시야에는 있으나 명확하게 보이지 않는 경우에 사용된다. 예문③은 시력이 좋지 않아서 글자가 희미하게 보인다는 뜻이므로 看不清을 사용해야 한다. 睡不了와 睡不着는 모두 잠을 잘 수 없는 상황을 나타내지만 睡不了는 잠을 잘 수 없는 경우를 나타내고 睡不着는 잠이 들지 못하는 경우를 나타낸다. 예문④는 커피를 많이 마셔서 잠이 오지 않는다는 뜻이므로 睡不着를 사용하는 것이 적합하다. 이와 같이 '동사+不+보어'는 보어에 따라 각기 다른 의미를 나타내는데 학습자들이 이를 구분하지 못하여 오류가 자주 발생한다.

4. 상태보어의 오류

(1) 목적어의 위치 오류

예문

오류문:

① *他说得**汉语**很流利。

② *我唱得**歌**很好听。

③ *他做得**菜**很好吃。

④ *韩国学生写得**汉字**很漂亮。

정문:

⑤ 他**汉语**说得很流利。 / 他说**汉语**说得很流利。
　　그는 중국어를 유창하게 구사한다.

⑥ 我**歌**唱得很好听。 / 我唱**歌**唱得很好听。
　　저는 노래를 아주 잘 부릅니다.

⑦ 他**菜**做得很好吃。 / 他做**菜**做得很好吃。
　　그는 요리를 아주 맛있게 만든다.

⑧ 韩国学生**汉字**写得很漂亮。 / 韩国学生写**汉字**写得很漂亮。
　　한국 학생들은 한자를 예쁘게 쓴다.

분석

'동사+得+보어'가 목적어를 가질 때 '동사+목적어+동사+得+보어'나 '목적어+동사+得+보어'의 두 가지 형식을 취할 수 있다. 예문①-④의 목적어 汉语, 歌, 菜, 汉字는 모두 得 뒤에 위치하고 있으므로 각각 동사 说, 唱, 做, 写 앞으로 이동시켜야 한다. 이때 목적어 앞에 동사 说, 唱, 做, 写를 첨가하여 '동사+목적어+동사+得+보어' 형식을 사용할 수 있다. 이처럼 보어 표지 得는 반드시 동사 뒤에 사용해야 하는데 학습자들이 이를 간과하여 오류가 자주 발생한다. 또한 중국어에는 他说的汉语很流利 그의 중국어는 매우 유창하다, 他唱的歌很好听 그가 부르는 노래는 매우 듣기 좋다, 他做的菜很好吃 그가 만든 요리는 맛있다, 韩国学生写的汉字很漂亮 한국 학생들이 쓴 한자는 매우 예쁘다 라는 표현도 가능하다. 이때 명사를 수식하는 구조조사 的와 보어를 이끄는 구조조사 得의 발음이 같기 때문에 학습자들이 得와 的를 혼동하여 위와 같은 오류가 자주 발생한다.

(2) 个를 得로 잘못 사용한 경우

예문

오류문:

① *马达的声音响**得**不停。

② *他一吃饺子就吃**得**不停。

③ *今天考试结束了, 他去酒吧喝**得**痛快。

④ *今天我们要玩**得**痛快。

정문:

⑤ 马达的声音响**个**不停。

모터 소리가 멈추지 않고 계속 울린다.

⑥ 他一吃饺子就吃**个**不停。

그는 한번 교자만두를 먹기 시작하면 멈추지 않고 계속 먹는다.

⑦ 今天考试结束了, 他去酒吧喝**个**痛快。

오늘 시험이 끝나서 그는 술집에 가서 실컷 술을 마셨다.

⑧ 今天我们要玩**个**痛快。

오늘 우리는 실컷 놀 거다.

분석

‘동사+得+보어’와 ‘동사+个+보어’는 모두 행위자나 행위의 대상, 행위나 동작을 묘사할 때 사용하지만 ‘동사+个+보어’는 주로 구어에서 사용되며 과장의 어기를 나타낸다. 특히 ‘끊임없이 -하다’라는 의미를 나타내기 위해서는 ‘동사+个+不停’을 사용해야 하므로 예문①, ②의 响得不停과 吃得不停은 각각 响个不停과 吃个不停으로 표현해야 한다. 예문③, ④는 痛快가 정도부사 很의 수식을 받고 있지 않고 또한 단순 묘사가 아닌 과장된 상황을 나타내고 있으므로 得 대신 个를 사용해야 바른 문장이 된다.

(3) 得를 着로 잘못 사용한 경우

예문

오류문:

① *书上写**着**清清楚楚的。

② *路标方向画**着**明明白白的。

③ *我的家人都伤心**着**哭了。

④ *大家高兴**着**跳起来了。

정문:

⑤ 书上写**得清清楚楚**的。
　　책에 똑똑히 쓰여 있다.

⑥ 路标方向画**得明明白白**的。
　　도로표지 방향이 분명하게 그려져 있다.

⑦ 我的家人都伤心**得**哭了。
　　우리 가족은 모두 슬퍼서 울었다.

⑧ 大家高兴**得跳起来**了。
　　모두가 기뻐서 껑충 뛰었다.

분석

동사와 상태보어 사이에는 반드시 보어 표지 得를 사용해야 한다. 예문 ①-④의 清清楚楚, 明明白白, 哭, 跳起来는 앞에 쓰인 술어의 상태나 결과를 나타내는 상태보어이므로 지속의 의미를 나타내는 조사 着 대신 得를 사용해야 바른 문장이 된다. 예문⑤, ⑥의 书上写得清清楚楚的와 路标方向画得明明白白的는 한국어로 각각 '책에 똑똑히 쓰여 있다', '도로방향이 분명하게 그려져 있다'로 해석할 수 있기 때문에 학습자들이 '-아/어 있다'를 표현하기 위해 지속의 의미를 나타내는 동태조사 着를 사용하는 오류가 자주 발생한다.

(4) 상태보어를 잘못 사용한 경우

예문

오류문:

① *他很努力, 但是常常考得**一般的成绩**。
② *爬山以后, 他累得**睡觉**。
③ *旅行的时候, 我高兴得**喜气洋洋**。
④ *我急得**想想好办法**。

정문:

⑤ 他很努力, 但是常常考得**一般**。
　　그는 매우 노력을 하지만 시험성적은 늘 보통이다.

⑥ 爬山以后, 他累得**睡着了**。

등산을 하고 나서, 그는 피곤해서 잠이 들었다.

⑦ 旅行的时候, 我高兴得**手舞足蹈**。

여행할 때 나는 기뻐서 덩실덩실 춤을 추었다.

⑧ 我急得**想不出好办法**。

나는 조급한 나머지 좋은 방법이 떠오르지 않았다.

분석

得 뒤의 상태보어로 형용사(구)나 동사(구)만 사용할 수 있으며 명사는 사용할 수 없다. 예문①의 보어 一般的成绩는 명사구이므로 的成绩를 삭제하여 형용사 一般으로 표현해야 한다. 예문②의 睡觉는 동사이지만 술어 累의 결과 상태를 기술하지 못하므로 피곤한 결과로 잠이 들었다는 뜻을 나타내기 위해서는 睡着了를 사용해야 한다. 예문③의 보어 喜气洋洋은 '기쁨이 넘치다'라는 뜻으로 나타내지만 高兴의 결과 상태를 묘사할 수는 없으므로 手舞足蹈를 사용하는 것이 적합하다. 예문④의 想想好办法 좋은 방법을 좀 생각하다 역시 急의 결과 상태를 나타낼 수 없으므로 想不出好办法 좋은 방법이 떠오르지 않는다 로 표현해야 바른 문장이 된다. 보어 표지 得 뒤에는 술어가 나타내는 행위나 상태 변화에 대한 평가 또는 그 결과를 나타내는 형용사(구), 동사(구)만 사용할 수 있는데 학습자들이 이 점을 잘 파악하지 못하여 오류가 자주 발생한다.

(5) 보어와 술어동사의 어순 오류

예문

오류문:

① *因为我**很晚得出现**, 所以才有你们。

② *快迟到了, 他**很快得跑**。

③ *中国大学生**怎样得住**?

④ *住在这儿的古人**怎样得生活**?

정문:

⑤ 因为我**出现得很晚**, 所以才有你们。

> 내가 늦게 나타났기 때문에 너희들이 있었던 것이다.

⑥ 快迟到了, 他**跑得很快**。

> 지각할 것 같아서 그는 빨리 뛰었다.

⑦ 中国大学生**住得怎样**?

> 중국 대학생들은 어떻게 삽니까(거주합니까)?

⑧ 住在这儿的古人**生活得怎样**?

> 이곳에 살던 옛 사람들은 어떻게 생활했습니까?

분석

형용사구는 일반적으로 상태보어를 수반할 수 없다. 예문①의 很晚, 예문②의 很快는 형용사구임에도 불구하고 상태보어를 가지고 있으므로 각각 出现得很晚와 跑得很快와 같이 동사 出现과 跑를 술어로, 很晚과 很快를 보어로 사용해야 한다. 의문대명사 역시 상태보어를 수반할 수 없으므로 예문③, ④의 怎样得住는 住得怎样로, 怎样得生活는 生活得怎样으로 표현해야 바른 문장이 된다. 出现得很晚, 跑得很快, 住得怎样, 生活得怎样 등의 상태보어 문장을 한국어로 해석하면 '아주 늦게 나타나다', '아주 빨리 달리다', '어떻게 삽니까', '어떻게 생활합니까'와 같이 '부사어+술어'로 표현된다. 이 때문에 학습자들이 한국어 어순을 그대로 중국어에 적용시켜 보어로 사용해야 할 것을 부사어로 사용하는 오류가 자주 발생한다.

(6) 상태보어를 부사어로 잘못 사용한 경우

예문

오류문:

① *昨天她做的菜很好吃, 我**很高兴地**吃了。

② *他很聪明, **很快地**学了。

③ *虽然他每天很辛苦, 但是**很愉快地**工作。

④ *我的毕业论文**很成功地**答辩了。

정문:

⑤ 昨天她做的菜很好吃，我吃得**很高兴**。

　　어제 그녀가 만든 음식은 맛있어서 나는 매우 즐겁게 먹었다.

⑥ 他很聪明，学得**很快**。

　　그는 매우 총명해서 빨리 배운다.

⑦ 虽然他每天很辛苦，但是工作得**很愉快**。

　　그는 매일 고생스럽지만, 매우 즐겁게 일한다.

⑧ 我的毕业论文答辩得**很成功**。

　　나의 졸업 논문 답변은 매우 성공적이었다.

분석

형용사가 부사어로 사용될 경우 일반적으로 사건이 이루어지는 과정의 구체적인 방식이나 태도를 기술한다. 반면 형용사가 사건에 대한 평가나 묘사일 경우에는 보어로 표현된다. 예문①-④의 很高兴, 很快, 很愉快, 很成功은 모두 사건의 과정을 기술하는 것이 아니라 사건의 결과나 상태에 대해 평가, 묘사하고 있으므로 부사어가 아닌 보어로 표현해야 한다. 중국어의 상태보어는 한국어에서 대부분 부사어로 해석되기 때문에 학습자들이 보어와 부사어의 쓰임을 혼동하여 오류가 자주 발생한다.

(7) 상태보어를 절로 잘못 사용한 경우

예문

오류문:

① *他很饿，**所以走不动路了**。

② *因为她很闷，**所以差不多晕过去了**。

③ *我很高兴，**所以差不多流眼泪了**。

④ *那个孩子很瘦，**所以好像只有骨头和皮**。

정문:

⑤ 他饿得**走不动路了**。

　　그는 배가 고파서 걸음을 옮길 수가 없다.

⑥ 她闷得**差不多晕过去了**。

그녀는 답답해서 거의 기절할 뻔 했다.

⑦ 我高兴得**差不多流眼泪了**。

나는 기뻐서 거의 눈물이 날 지경이었다.

⑧ 那个孩子瘦得**好像只有骨头和皮**。

그 아이는 너무 말라서 뼈와 가죽만 남은 거 같았다.

분석

형용사 술어가 나타내는 정도가 심해졌을 때 발생되는 결과는 형용사 술어 뒤 상태보어를 통해 하나의 문장으로 표현하는 것이 자연스럽다. 예문①의 走不动路了는 饿의 정도가 심해져 발생된 결과를 나타내므로 他饿得走不动路了로 표현해야 바른 문장이 된다. 예문②-④ 역시 闷, 高兴, 瘦는 원인을, 差不多晕过去了, 差不多流眼泪了, 好像只有骨头和皮는 원인의 정도가 심해져 발생한 결과를 나타내므로 각각 예문⑤-⑧과 같이 하나의 문장으로 표현해야 한다. 이처럼 학습자들이 원인과 결과를 나타낼 수 있는 상태보어의 용법을 제대로 파악하지 못하고 인과관계는 반드시 복문의 형식으로 표현해야 한다고 잘못 생각하는 경우가 많아 오류가 자주 발생한다.

5. 정도보어의 得 첨가 오류

예문

오류문:

① *他高兴**得极了**。
② *他伤心**得极了**。
③ *学生累**得死了**。
④ *妈妈气**得死了**。

정문:

⑤ 他高兴**极了**。

그는 대단히 기쁘다.

⑥ 他伤心**极了**。

　그는 대단히 슬프다.

⑦ 学生累**死了**。

　학생은 피곤해 죽을 것 같았다.

⑧ 妈妈气**死了**。

　엄마가 화나서 죽을 것 같았다.

형용사나 심리동사 뒤에서 정도가 매우 심함을 나타내는 极了, 死了 등의 정도보어는 得 없이 사용해야 한다. 따라서 예문 ①-④는 极了와 死了 앞의 得를 삭제해야 바른 문장이 된다. 정도보어에는 '동사+得+보어'와 '동사+보어'의 두 가지 형식이 모두 존재하는데 학습자들이 이 둘을 구분하지 못하여 오류가 자주 발생한다.

제3장 구문별 주요 오류 유형

1. 是…的구문의 오류

(1) 的의 첨가 오류

예문

오류문:

① *这是个人的意见的。

② *这是普通的观点的。

③ *这是我第一次学习汉语，真是兴奋不己的。

④ *他也来中国学习了，真是让人大吃一惊的。

정문:

⑤ 这是个人的意见。

이것은 개인적인 생각입니다.

⑥ 这是普通的观点。

이것은 일반적인 관점입니다.

⑦ 这是我第一次学习汉语，真是兴奋不己。

이번이 제가 처음으로 중국어를 배우는 것이어서 정말 기대됩니다.

⑧ 他也来中国学习了，真是让人大吃一惊。

그 사람도 중국에 공부하러 왔다니 정말이지 너무 놀라워.

'是+명사구+的'는 일반적으로 소속이나 소재를 나타낸다. 예문①의 是
个人的意见的와 예문②의 是普通的观点的는 소속이나 재료를 나타내
지 않으므로 문미의 的를 삭제해야 한다. 또한 '是+형용사구+的'는 분
류의 의미를 나타내는데, 예문③의 是兴奋不已的와 예문④의 是让人
大吃一惊的는 분류를 표현하는 것이 아니므로 문미의 的를 삭제해야
한다. 이처럼 학습자들이 是…的구문의 사용 조건을 제대로 파악하지
못하여 的를 사용하지 말아야 할 곳에 的를 첨가하는 오류가 발생한다.

보충설명 74 是…的구문의 용법

1. '주어+是+명사+的'는 소속이나 소재를 나타낸다.
   ① 那本书是老师的。
      그 책은 선생님 것이다.
   ② 这个杯子是玻璃的。
      이 컵은 유리로 된 것이다.

2. '주어+是+동사/형용사+的'는 분류의 의미를 표현한다.
   ① 这是吃的。
      이것은 먹는 거야.
   ② 弟弟用的手机是新的。
      동생이 사용하는 핸드폰은 새 것이다.

3. '주어+是+절+的'는 시간이나 장소를 강조한다.
   ① 我是去年毕业的。
      나는 작년에 졸업하였다.
   ② 他是从美国来的。
      그는 미국에서 왔다.

4. '是+절+的'는 행위자 주어를 강조한다.

---

① 是妈妈让我来中国的。

　　엄마가 나를 중국에 오게 한 것이다.

② 是李老师教我的。

　　이선생님이 나에게 가르쳐 준 것이다.

(2) 的의 어순 오류

[예문]

오류문:

① A: 你到中国来的目的是什么？

　*B：我们是来中国学的汉语。

② A: 你到北京来干什么？

　*B：我是来北京吃的烤鸭。

③ A: 你去西安参观了什么？

　*B：我是去西安看的兵马俑。

④ A: 上周你去山东干什么？

　*B：我是去山东爬的泰山。

정문:

⑤ A: 你到中国来的目的是什么？

　　네가 중국에 온 목적이 무엇이니?

　B: 我们是来中国学汉语的。

　　우리는 중국어를 배우러 중국에 왔어.

⑥ A: 你到北京来干什么？

　　너는 무엇을 하러 베이징에 왔니?

　B: 我是来北京吃烤鸭的。

　　나는 오리구이를 먹으러 베이징에 왔어.

⑦ A: 你去西安参观了什么？

　　너는 시안에 견학 가서 무엇을 보았니?

　B: 我是去西安看兵马俑的。

　　나는 시안에 가서 병마용을 보았어.

⑧ A: 上周你去山东干什么？

지난주에 너는 무엇을 하러 산동에 갔니?

B: 我是去山东爬泰山的。

나는 태산을 등반하러 산동에 간 거야.

분석

是…的구문이 목적을 강조할 때 的는 목적어 뒤에 위치한다. 예문①-④는 的가 모두 목적어 앞에 있으므로 的를 汉语, 烤鸭, 兵马俑, 泰山 뒤로 이동시켜야 바른 문장이 된다. 중국어의 是…的구문이 시간, 장소, 인물, 방식을 강조할 때 的는 목적어 앞에 위치할 수 있다. 이러한 영향 때문에 목적을 강조할 때도 的를 목적어 앞에 놓을 수 있다고 잘못 생각하여 오류가 발생한다.

보충설명 75 是…的구문에서 的의 위치

1. 목적어가 명사일 때 的는 목적어 앞에 놓일 수 있다.
   ① 昨天我们是喝的啤酒。

   어제 우리가 마신 것은 맥주이다.

   ② 我是在北京学的汉语。

   내가 중국어를 배운 곳은 베이징이다.

   ③ 他们是昨天到的北京。

   그들이 베이징에 도착한 것은 어제이다.

2. 목적어가 대명사일 때 的는 목적어 뒤에 위치한다.
   ① 这块手表是妈妈送给我的。

   이 손목시계는 엄마가 나에게 선물해 준 것이다.

   ② 他是昨天来学校找我的。

   그는 어제 나를 찾으러 학교에 온 것이다.

3. 행위의 목적을 강조할 때 的는 목적어 뒤에 위치한다.
   ① 我是来北京学习汉语的, 不是来玩的。

   나는 중국어를 공부하러 베이징에 온 것이지 놀러 온 것이 아니다.

② 上次他和家人是来中国看朋友的。

지난번에 그와 가족들은 친구를 보러 중국에 온 것이다.

4. 동사가 장소목적어와 방향보어를 취할 때 的는 방향보어 뒤에 위치한다.

① 我是坐飞机飞回韩国去的。

나는 비행기를 타고 한국으로 돌아간 것이다.

② 小猫是从这儿爬出房间来的。

고양이는 여기로 방을 기어 나온 것이다.

5. 술어동사가 동목이합사일 때 的는 일반적으로 목적어 성분 앞에 위치한다.

① 昨天晚上我是十点睡的觉。

어제 저녁에 내가 잠든 시간은 10시이다.

② 我们是在学校图书馆见的面。

우리가 만난 곳은 학교 도서관이다.

(3) 是의 누락 오류

예문

오류문:

① *我们来学汉语的, 不来玩的。
② *他们去美国开会的, 不去旅游的。
③ *他坐高铁去上海的, 不坐飞机的。
④ *我在韩国学过, 但不专门学的。

정문:

⑤ 我们来学汉语的, 不是来玩的。

우리는 중국어를 배우러 온 것이지 놀러 온 것이 아니다.

⑥ 他们去美国开会的, 不是去旅游的。

그들은 미국에 회의하러 간 것이지 여행하러 간 것이 아니다.

⑦ 他坐高铁去上海的, **不是**坐飞机的。

그는 고속열차를 타고 상하이에 간 것이지 비행기를 타고 간 것이 아니다.

⑧ 我在韩国学过, 但**不是**专门学的。

나는 한국에서 배운 적이 있으나 전문적으로 배운 것은 아니다.

분석

목적이나 방식을 강조하는 是…的구문의 부정 형식은 不是…的이며, 이 때 동사 是는 생략할 수 있다. 예문①-④는 모두 是…的구문이지만 술어 동사 是가 누락되었으므로 不 뒤에 是를 첨가하여야 바른 문장이 된다. 是…的구문의 긍정 형식에서는 我(是)今天到的 나는 오늘 도착한 거야, 他 (是)坐车去的 그는 차를 타고 간 거야 와 같이 是를 생략할 수 있다. 이 때문에 부정 형식에서도 是를 생략할 수 있다고 잘못 생각하여 오류가 발생한다.

2. 有비교문의 오류

(1) 比비교문을 有비교문으로 잘못 사용한 경우

예문

오류문:

① *弟弟**有**哥哥矮。
② *他**有**这个人穷。
③ *这次考试**有**上次容易。
④ *北京的东西**有**首尔的便宜。

정문:

⑤ 弟弟**比**哥哥矮。

동생이 형보다 작다.

⑥ 他**比**这个人穷。

그는 이 사람보다 가난하다.

⑦ 这次考试**比**上次容易。

이번 시험이 지난번보다 쉽다.

⑧ 北京的东西**比**首尔的便宜。

베이징의 물건이 서울보다 싸다.

有비교문의 술어에는 크다, 높다, 길다, 어렵다 등 순방향을 나타내는 형용사만 사용할 수 있고 작다, 낮다, 짧다, 쉽다 등과 같이 역방향의 의미를 가지는 형용사는 사용할 수 없다. 예문①의 矮, 예문②의 穷, 예문③의 容易, 예문④의 便宜는 모두 역방향을 나타내는 형용사이므로 有 대신 比를 사용해야 한다. 有비교문에서는 大 크다/나이가 많다, 高 높다/키가 크다, 长 길다, 重 무겁다와 같은 순방향을 나타내는 형용사만 사용할 수 있지만 학습자들이 역방향의 의미를 가지는 형용사도 有비교문에 사용할 수 있다고 잘못 생각하여 이와 같은 오류가 자주 발생한다.

보충설명 76 有비교문의 용법

1. 'A有B+술어'는 의문문에서 많이 사용되며, 이때 형용사 술어는 일반적으로 순방향을 나타낸다.

   ① 火车**有**飞机**安全**吗？

   기차는 비행기만큼 안전하니?

   ② 电脑**有**手机那么**贵**吗？

   컴퓨터는 핸드폰만큼 비싸니?

2. 'A有B+这么/那么+술어'가 평서문에 사용될 때 형용사 술어는 일반적으로 순방향을 나타내고, 의문문에 사용될 때에는 순방향과 역방향을 모두 나타낼 수 있다.

   ① 她**有**妹妹这么**漂亮**。

   그녀는 여동생만큼 예쁘다.

   ② 汉字**有**你说的这么**容易**吗？

   한자는 네가 말한 것만큼 쉽니?

   ③ 今天**有**昨天那么**冷**吗？

   오늘은 어제만큼 춥니?

3. 有비교문의 부정은 没有를 사용한다.

① 今天**没有**昨天那么热。

오늘은 어제만큼 그렇게 덥지 않다.

② 汽车**没有**火车快。

자동차는 기차만큼 빠르지 않다.

③ 包子**没有**饺子好吃。

만두는 교자만큼 맛있지 않다.

[참고]

'A有B+형용사'는 일반적으로 평서문에서 사용되지 않는다.

① *那儿的夏天有北京热。

② *他的汉语有你的好。

(2) 有비교문의 술어 누락 오류

[예문]

오류문:

① *很多人游泳都**没有**你。

② *她写的汉字**没有**我。

③ *他跑步**没有**我。

④ *他认识的中国朋友**没有**你。

정문:

⑤ 很多人游泳都**没有**你好。

많은 사람들의 수영실력이 너만큼 좋지 않다.

⑥ 她写的汉字**没有**我好。

그녀는 나만큼 한자를 잘 쓰지 못한다.

⑦ 他跑步**没有**我快。

그는 나만큼 달리기가 빠르지 않다.

⑧ 他认识的中国朋友**没有**你多。

그가 아는 중국친구들이 너만큼 많지 않다.

有비교문의 기본 형식은 'A有B+술어'이고 부정 형식은 'A沒有B+술어'이다. 그러나 예문①-④는 비교 대상만 있고 비교 결과를 나타내는 술어가 누락되어 있다. 따라서 你와 我 뒤에 술어 好, 快, 多를 첨가해야 바른 문장이 된다. 有비교문에는 반드시 비교의 결과가 있어야 하는데 이를 간과하여 오류가 자주 발생한다.

(3) 有비교문과 比비교문의 혼합 오류

오류문:

① *这位歌手**比**那位歌手**没有**唱得好。

② *他**比**那个人**没有**跑得快。

③ *这件衣服**比**那件衣服**没有**好看。

④ *他打羽毛球**比**我**没有**好。

정문:

⑤ a. 这位歌手**没有**那位歌手唱得好。

　　　이 가수는 저 가수만큼 노래를 잘하지 못한다.

　 b. 这位歌手**比**那位歌手唱得好。

　　　이 가수는 저 가수보다 노래를 잘한다.

⑥ a. 他**没有**那个人跑得快。

　　　그는 저 사람만큼 빨리 달리지 못한다.

　 b. 他**比**那个人跑得快。

　　　그는 저 사람보다 빨리 달린다.

⑦ a. 这件衣服**没有**那件衣服好看。

　　　이 옷은 저 옷만큼 예쁘지 않다.

　 b. 这件衣服**比**那件衣服好看。

　　　이 옷은 저 옷보다 예쁘다.

⑧ a. 他打羽毛球**没有**我好。

　　　그는 배드민턴을 나만큼 잘 치지 못한다.

b. 他打羽毛球**比**我好。

　　그는 배드민턴을 나보다 잘 친다.

比비교문의 기본 형식은 'A比B+형용사(구)/동사(구)'이며 부정 형식은 'A没有B+형용사(구)/동사(구)'다. 예문①-④는 比비교문에 有비교문의 부정 형식을 잘못 첨가하였으므로 올바른 문장이 아니다. 따라서 比 대신 没有를 那位歌手, 那个人, 那件衣服, 我 앞에 사용하거나, 没有를 삭제하여 比비교문으로 표현해야 한다. 이처럼 학습자들이 比비교문과 有비교문을 혼합 사용하여 오류가 자주 발생한다.

3. 比비교문의 오류

(1) 比비교문의 부정 오류

예문

오류문:

① *结果比前者**不**好。

② *我的汉语比小金**不**好。

③ *小李比小赵**不**聪明。

④ *我比小王**不**高。

정문:

⑤ 结果**没有**前者好。

　　결과가 이전만큼 좋지 않다.

⑥ 我的汉语**没有**小金好。

　　나는 샤오찐만큼 중국어를 잘하지 못한다.

⑦ 小李**没有**小赵聪明。

　　샤오리는 샤오짜오만큼 똑똑하지 못하다.

⑧ 我**没有**小王高。

　　나는 샤오왕만큼 키가 크지 않다.

‘A比B+술어’의 부정 형식은 ‘A比B+不+술어’가 아니라 ‘A沒有B+술어’이다. 예문①-④는 모두 ‘A比B+不+술어’ 형식이므로 不를 삭제하고 比 대신 沒有를 사용해야 바른 표현이 된다. 중국어에서 형용사 술어의 부정은 형용사 앞에 부정부사 不를 사용하기 때문에 학습자가 ‘A比B+술어’의 부정에서도 형용사 술어 앞에 不를 사용한다고 잘못 생각하여 오류가 자주 발생한다. 또한 한국어에서는 비교문을 부정할 때 모두 형용사 술어를 부정하기 때문에 학습자가 중국어에서도 부정부사를 형용사 앞에 잘못 사용하는 오류가 자주 발생한다.

(2) 比비교문의 부정부사 어순 오류

예문

오류문:

① *他的汉语水平比我**不**高，为什么他在6班，我在5班？
② *他学汉语的时间比我**不**长，为什么他汉语比我好？
③ *这件衣服比那件**不**贵，买这件也可以吧？
④ A: 火车比飞机安全，所以我喜欢坐火车。
    B: *我觉得火车比飞机**不**安全。

정문:

⑤ 他的汉语水平**不**比我高，为什么他在6班，我在5班？
  그의 중국어 실력은 나보다 높지 않은데 왜 그는 6반이고 나는 5반이지?
⑥ 他学汉语的时间**不**比我长，为什么他汉语比我好？
  그가 중국어를 공부한 시간이 나보다 길지 않은데 왜 나보다 중국어를 잘하지?
⑦ 这件衣服**不**比那件贵，买这件也可以吧？
  이 옷은 저 옷보다 비싸지 않으니 이 옷을 사도 되겠지요?
⑧ A: 火车比飞机安全，所以我喜欢坐火车。
    기차가 비행기보다 안전해. 그래서 나는 기차 타는 것을 좋아해.
  B: 我觉得火车**不**比飞机安全。
    나는 기차가 비행기보다 안전하지 않다고 생각해.

'A比B+술어'의 부정은 일반적으로 'A沒有B+술어'형식을 사용한다. 그러나 'A不比B+술어'의 형식도 존재하며 주로 앞에서 언급한 내용을 수정하거나 반박할 때 사용된다. 예문①-④는 不가 모두 형용사 술어 앞에 위치하고 있으므로 이를 모두 比 앞으로 이동시켜야 한다. 한국어에서 비교문의 부정은 모두 형용사 술어를 부정하기 때문에 학습자들에게서 부정부사를 형용사 앞에 잘못 사용하는 오류가 자주 발생한다.

(3) 不比구문의 오류

예문

오류문:

① A: 你们两个的汉语谁的好？

　　B: *我的汉语**不比**他好。

② A: 包子和饺子哪个好吃？

　　B: *饺子**不比**包子好吃。

③ A: 两件衣服哪件漂亮？

　　B: *蓝的**不比**红的漂亮。

④ A: 乒乓球谁打得好？

　　B: *我**不比**他打得好。

정문:

⑤ A: 你们两个的汉语谁的好？

　　　너희 둘 중에 누가 중국어를 더 잘하니?

　　B: 我的汉语**没有**他好。

　　　나는 쟤만큼 중국어를 잘 하지 못해요.

⑥ A: 包子和饺子哪个好吃？

　　　만두와 교자 중에 어느 것이 맛있니?

　　B: 饺子**没有**包子好吃。

　　　교자는 만두만큼 맛있지 않아요.

⑦ A: 两件衣服哪件漂亮？

　　　두 벌의 옷 중에 어느 옷이 예쁘니?

B: 蓝的**没有**红的漂亮。

파란색이 빨간색만큼 예쁘지 않아.

⑧ A: 乒乓球谁打得好？

탁구는 누가 잘 쳐요?

B: 我**没有**他打得好。

나는 저 사람만큼 탁구를 잘 치지 못해요.

분석

‘A比B+술어'를 부정할 때는 ‘A没有B+술어'를 사용하고 선행문에 대한 수정이나 반박을 할 때는 ‘A不比B+술어'를 사용한다. 예문①-④는 모두 수정이나 반박을 하는 문장이 아님에도 불구하고 ‘A不比B+술어'의 형식을 사용하고 있으므로 바른 표현이 아니다. 따라서 이를 모두 ‘A没有B+술어' 형식으로 표현해야 한다. ‘A不比B+술어'는 표면적으로 ‘A比B+술어'의 부정 형식으로 보이기 때문에 학습자들에게서 위와 같은 오류가 자주 발생한다.

보충설명 77 ‘A不比B+술어'의 특징

‘A不比B+술어'는 주로 선행문에 대한 수정이나 반박으로 사용된다.

① A: 我觉得英语比汉语容易。

나는 영어가 중국어보다 쉽다고 생각해.

B: 我觉得英语**不比**汉语容易。

나는 영어가 중국어보다 쉽지 않다고 생각해.

② A: 你弟弟比你哥哥帅。

네 동생이 형보다 잘 생겼구나.

B: 是吗？我觉得弟弟**不比**哥哥帅，他们差不多。

그래? 내 생각에는 동생이 형보다 잘 생긴 것 같지 않아, 둘 다 비슷비슷해.

③ 他的汉语**不比**我好，汉字也**不比**我强，为什么他在高级班，我在中级班？

그는 나보다 중국어를 잘하지 않고 한자도 나보다 잘하지 않는데 왜 그는 고급반이고 나는 중급반이지?

(4) 비교 대상의 어순 오류

예문

오류문:

① *他才知道坐着看这个地方更好**比去危险的地方**。

② *对韩国人来说, 写汉字更容易**比说汉语**。

③ *他喜欢下棋**比我**。

④ *他力气大**比弟弟**。

정문:

⑤ 他才知道坐着看这个地方**比去危险的地方**更好。

> 그는 앉아서 이곳을 보는 것이 위험한 곳에 가는 것보다 더 낫다는 것을 이제야 알았다.

⑥ 对韩国人来说, 写汉字**比说汉语**更容易。

> 한국인에게는 한자를 쓰는 것이 중국어를 말하는 것보다 더 쉽다.

⑦ 他**比我**喜欢下棋。

> 그는 나보다 바둑 두는 것을 좋아한다.

⑧ 他力气**比弟弟**大。

> 그는 동생보다 힘이 세다.

분석

중국어 비교문의 기본 형식은 'A比B+술어'이다. 예문①-④는 비교 대상을 나타내는 比去危险的地方, 比说汉语, 比我, 比弟弟가 모두 술어 更好, 更容易, 喜欢, 大 뒤에 위치하고 있으므로 이를 각각 술어 앞으로 이동시켜야 바른 문장이 된다.

(5) 비교 대상의 불일치 오류

예문

오류문:

① *我的自行车比**他**贵100元。

② *我的作文比**他**多200个字。

③ ***弟弟**比我的课少两门。

④ ***哥哥**比我的手机贵200元。

정문:

⑤ 我的自行车比**他的**贵100元。

　　내 자전거는 그의 것보다 100위안이 비싸다.

⑥ 我的作文比**他的**多200个字。

　　나의 작문은 그의 것보다 200자 많다.

⑦ **弟弟的课**比我的课少两门。

　　동생은 나보다 수업이 두 과목 적다.

⑧ **哥哥的手机**比我的手机贵200元。

　　오빠의 핸드폰은 나의 핸드폰보다 200위안 비싸다.

분석

　　比비교문에서 비교 대상의 중심어가 동일할 경우 比가 이끄는 비교 대상의 중심어는 생략할 수 있다. 예문①은 我的自行车와 他的自行车를 비교하고 있지만 他 뒤에 的가 생략되어 我的自行车와 他가 비교 대상이 되고 있다. 따라서 他 뒤에 的를 첨가해야 바른 문장이 된다. 예문② 역시 비교의 대상은 作文이어야 하므로 他 뒤에 的를 첨가해야 한다. 그러나 비교 대상의 중심어가 동일하더라도 주어의 중심어는 생략할 수 없다. 예문③은 弟弟와 我的课가 비교대상이 되고 있으므로 弟弟 뒤에 的课를 첨가해야 바른 문장이 된다. 예문④ 역시 비교의 대상은 哥哥的手机와 我的手机이므로 哥哥 뒤에 的手机를 첨가해야 한다. 이와 같이 比비교문에서 비교 대상의 중심어가 동일할 때 比가 이끄는 비교 대상의 중심어는 생략할 수 있지만 주어의 중심어는 생략할 수 없음을 구분하지 못하여 위와 같은 오류가 자주 발생한다.

(6) 比비교문의 정도부사 오류

예문

오류문:

① *他觉得这样在家里通过电视看的风景比自己出去看的真正的风景**很美**。

② *今年的房租比去年**非常贵**。

③ *飞机的速度比火车**有点儿快**。

④ *他唱歌比我有点儿好。

정문:

⑤ 他觉得这样在家里通过电视看的风景比自己出去看的真正的风景**更**美。

> 그는 이렇게 집에서 텔레비전으로 보는 풍경이 직접 가서 보는 풍경보다 훨씬 더 아름답다고 생각한다.

⑥ 今年的房租比去年贵**得多**。

> 올해의 집세는 작년보다 훨씬 비싸다.

⑦ 飞机的速度比火车快**一点儿**。

> 비행기의 속도가 기차보다 조금 빠르다.

⑧ 他唱歌比我好**一点儿**。

> 그는 나보다 노래를 조금 더 잘한다.

분석

比비교문에서는 更이나 还와 같은 정도부사나 得多, 多了 등의 정도보어만 사용할 수 있다. 예문①, ②는 정도부사 很과 非常을 사용하고 있으므로 이를 각각 정도가 심함을 나타내는 更이나 정도보어 得多 등으로 표현해야 바른 문장이 된다. 그리고 比비교문에서는 정도가 약함을 나타내는 부사인 有点儿을 사용할 수 없으므로 정도의 차이가 적음을 나타낼 때는 술어 뒤에 一点儿로 표현해야 한다. 따라서 예문③의 有点儿快와 예문④의 有点儿好는 각각 快一点儿과 好一点儿로 고쳐야 바른 문장이 된다. 한국어의 정도부사 '매우', '아주', '조금' 등은 평서문과 비교문에서 제한 없이 사용된다. 이러한 영향으로 很, 非常, 有点儿과 같은 부사도 비교문에서 사용할 수 있다고 잘못 생각하여 오류가 자주 발생한다.

(7) 比비교문의 정도보어 오류

예문

오류문:

① *今年夏天比去年热得**不得了**。
② *那家店的价格比去年贵得**厉害**。

③ *他的家比我的远得**很**。

④ *她的嗓子比我的好得**很**。

정문:

⑤ 今年夏天比去年热得**多**。

올해 여름은 작년보다 훨씬 덥다.

⑥ 那家店的价格比去年贵得**多**。

저 상점의 가격은 작년보다 훨씬 비싸다.

⑦ 他的家比我的远得**多**。

그의 집은 우리 집보다 훨씬 멀다.

⑧ 她的嗓子比我的好得**多**。

그녀의 목소리는 나보다 훨씬 좋다.

분석

比비교문의 형용사 술어 뒤에는 得不得了, 得厉害, 得很과 같은 정도 보어는 사용할 수 없으며, 정도의 차이가 심함을 나타내는 보어 得多만 사용할 수 있다. 예문①-④는 모두 得不得了, 得厉害, 得很을 사용하고 있으므로 이를 각각 热得多, 贵得多, 远得多, 好得多로 표현해야 바른 문장이 된다.

(8) 跟비교문을 比비교문으로 잘못 사용한 경우

예문

오류문:

① *广州东西的价钱**比**韩国的差不多一样。

② *韩国的衣服**比**中国的差不多一样。

③ *他的汉语**比**中国人的差不多。

④ *这儿**比**韩国的生活方式差不多。

정문:

⑤ 广州东西的价钱**跟**韩国的差不多一样。

광저우의 물가는 한국과 거의 비슷하다.

⑥ 韩国的衣服**跟**中国的差不多一样。

한국의 옷은 중국과 거의 비슷하다.

⑦ 他的汉语**跟**中国人的差不多。

그의 중국어 실력은 중국인과 비슷하다.

⑧ 这儿**跟**韩国的生活方式差不多。

여기는 한국의 생활 방식과 비슷하다.

분석

比비교문은 정도의 차이를 나타날 때 쓰이므로 중심술어로 差不多(一样)나 一样 등을 사용할 수 없다. 예문①-④와 같이 정도가 비슷하거나 같음을 나타내는 差不多(一样), 一样은 比비교문이 아닌 跟비교문을 사용해야 한다. 중국어의 비교문은 比비교문, 跟비교문 등 여러 가지 형식이 존재하므로 학습자가 이들을 혼용하는 오류가 자주 발생한다.

4. 把구문의 오류

(1) 把구문의 자동사 오류

예문

오류문:

① *我把衣服**湿**了。

② *弟弟把花瓶**破**了。

③ *风把树**倒**了。

④ *理发师把头发**干**了。

정문:

⑤ 我把衣服**弄湿**了。

내가 옷을 적셨다.

⑥ 弟弟把花瓶**打破**了。

동생이 꽃병을 깨뜨렸다.

⑦ 风把树**吹倒**了。

바람이 나무를 쓰러뜨렸다.

⑧ 理发师把头发**吹干**了。

　　이발사가 머리를 말렸다.

분석

把구문은 '행위의 대상을 A의 상태에서 B의 상태로 바꾸거나 변화시키다'는 의미를 나타내기 때문에 타동사를 중심술어로 사용해야 한다. 예문①-④의 湿, 破, 倒, 干은 모두 상태를 나타내는 형용사 또는 자동사이므로 把구문에 사용할 수 없다. 따라서 이를 각각 타동사의 결과보어로 사용하여 弄湿, 打破, 吹倒, 吹干으로 표현해야 바른 문장이 된다. 학습자들이 형용사나 자동사도 把구문의 술어로 사용할 수 있다고 잘못 생각하여 위와 같은 오류가 자주 발생한다.

(2) 把구문의 원형동사 오류

예문

오류문:

① *我去超市把水果**买**。
② *他下午把衣服**洗**。
③ *你把这道题目**回答**。
④ *圣诞节，他把明信片**寄**。

정문:

⑤ 我去超市把水果**买回来**。

　　나는 슈퍼마켓에 가서 과일을 사왔다.

⑥ 他下午把衣服**洗了**。

　　그는 오후에 옷을 세탁하였다.

⑦ 你把这道题目**回答一下**。

　　너는 이 문제를 한 번 대답해 보아라.

⑧ 圣诞节，他把明信片**寄走**。

　　성탄절에 그는 엽서를 보냈다.

把구문은 '동작이나 행위를 통해 어떤 결과가 발생하다'를 나타내기 때문에 중심술어로 원형동사를 사용할 수 없다. 따라서 예문①-④의 원형동사 买, 洗, 回答, 寄 뒤에 결과를 나타내는 回来, 了, 一下, 走 등을 첨가해야 바른 문장이 된다. 중국어의 把구문은 사용 제약이 비교적 많은 구문으로 把의 목적어는 반드시 한정적이어야 하고, 중심술어는 타동사여야 하며 원형동사 형식으로 쓰일 수 없다. 학습자들이 이러한 제약을 간과하는 경우가 많기 때문에 위와 같은 오류가 자주 발생한다.

(3) 把구문의 가능보어 오류

예문

오류문:

① *我把这篇文章写得好。

② *孩子把今天的作业做得完。

③ *他把这些啤酒喝不完。

④ *学生把这些生词复习不完。

정문:

⑤ 我能把这篇文章**写好**。

　　나는 이 글을 잘 쓸 수 있다.

⑥ 孩子**能**把今天的作业**做完**。

　　아이는 오늘의 숙제를 다 할 수 있다.

⑦ a. 他**不能**把这些啤酒**喝完**。

　　　그는 이 맥주들을 다 마실 수 없다.

　　b. 这些啤酒他**喝不完**。

　　　이 맥주들은 그가 다 마실 수 없다.

⑧ a. 学生**不能**把这些生词**复习完**。

　　　학생들은 이 단어들을 다 복습할 수 없다.

　　b. 这些生词学生**复习不完**。

　　　이 단어들은 학생들이 다 복습 할 수 없다.

把구문의 술어는 예문①의 写得好, 예문②의 做得完, 예문③의 喝不完, 예문④의 复习不完과 같이 가능보어 형식을 사용할 수 없다. 把구문에서 가능이나 불가능을 나타낼 때는 예문⑤, ⑥, ⑦a, ⑧a와 같이 조동사 能이나 不能을 사용해야 한다. 만약 술어와 가능보어를 함께 사용할 때는 목적어를 ⑦b, ⑧b와 같이 문두의 화제로 표현해야 한다. 把구문의 중심술어는 我把她气哭了/我把她气得哭了 내가 그녀를 화나게 해서 울게 만들었다 와 같이 결과보어나 상태보어와 함께 쓰일 수 있다. 이러한 영향으로 학습자들이 가능보어를 동반한 술보구조도 把구문에 사용할 수 있다고 잘못 생각하여 위와 같은 오류가 자주 발생한다.

(4) 把구문의 조동사 어순 오류

예문

오류문:

① *把祖先的遗产**应该**维护好。

② *今天晚上我把这些作业**能**做完。

③ *明天把这些书**可以**看完。

④ *他把100块钱**会**还给我。

정문:

⑤ **应该**把祖先的遗产维护好。

조상들의 유산을 마땅히 유지 보호해야 한다.

⑥ 今天晚上我**能**把这些作业做完。

오늘 저녁에 나는 이 숙제들을 다 할 수 있다.

⑦ 明天**可以**把这些书看完。

내일이면 이 책들을 다 볼 수 있다.

⑧ 他**会**把100块钱还给我。

그가 100위안을 나에게 돌려 줄 것이다.

把구문의 조동사는 술어동사 앞이 아닌 把의 앞에 사용해야 한다. 예문
①-④의 应该, 能, 可以, 会는 모두 술어동사 维护, 做, 看, 还 앞에
쓰이고 있으므로 이를 모두 把의 앞으로 이동시켜야 바른 문장이 된다.
중국어의 조동사는 일반적으로 술어동사 앞에 사용하지만 '把+목적어'
와 같은 전치사구를 포함하는 경우에는 전치사 앞에 사용해야 한다. 학
습자들이 이러한 차이를 제대로 인지하지 못하여 위와 같은 오류가 자
주 발생한다.

(5) 把구문의 부정부사 어순 오류

오류문:

① *甚至把自己的名字**没**写上。
② *我把今天的课**没有**预习好。
③ *大家把东西**不要**乱扔。
④ *你把字**别**写在桌上。

정문:

⑤ 甚至**没**把自己的名字写上。
   심지어 자신의 이름도 쓰지 않았다.
⑥ 我**没有**把今天的课预习好。
   나는 오늘 수업 예습을 잘하지 못했다.
⑦ 大家**不要**把东西乱扔。
   여러분 물건을 함부로 버리지 마세요.
⑧ 你**别**把字写在桌上。
   너는 글씨를 탁자 위에 쓰지 마라.

把구문에서 부정부사는 반드시 把 앞에 사용해야 한다. 예문①-④의 부
정부사 没, 没有, 不要, 别는 모두 술어동사 앞에 쓰이고 있으므로 이를

모두 把 앞으로 이동시켜야 바른 문장이 된다. 能, 可以, 会 등의 조동
사와 마찬가지로 부정부사도 '把+목적어' 앞에 사용해야 하는데 학습자
들이 이를 제대로 인지하지 못하여 위와 같은 오류가 자주 발생한다.

(6) 把구문의 목적어 오류

예문

오류문:

① *我什么时候把**一封信**给你了？
② *他到图书馆把**一本书**借了。
③ *你把**一些书**读了，成绩就好了。
④ *各国要帮一下贫穷的国家，把**一些工厂**建好，使那个国家经济发达
　起来。

정문:

⑤ 我什么时候把**信**给你了？
　　내가 언제 편지를 너에게 줬니?
⑥ 他到图书馆把**书**借了。
　　그는 도서관에 가서 책을 빌렸다.
⑦ 你读了**一些书**，成绩就好了。
　　네가 책을 좀 읽으면 성적은 좋아질 것이다.
⑧ 各国要帮一下贫穷的国家，建好**一些工厂**，使那个国家经济发达起来。
　　각 나라들은 가난한 나라를 도와 공장을 세우고 그 나라의 경제를 발전시켜야 한다.

분석

把의 목적어는 반드시 한정적이어야 하며, 일반적으로 화자와 청자가
모두 알고 있는 사람이나 사물인 경우가 많다. 예문①-④의 一封信, 一
本书, 一些书, 一些工厂은 모두 비한정적이고 화자와 청자가 모두 인
지하고 있는 사물이 아니므로 把의 목적어로 사용할 수 없다. 따라서
把구문을 사용할 경우에는 예문⑤의 把信给你了, 예문⑥의 把书借了
와 같이 중심어 앞의 '一+양사'를 생략해야 하며, 把구문을 사용하지

않을 경우에는 예문⑦의 你读了一些书, 예문⑧의 建好一些工厂과 같이 일반적인 '동사+목적어' 형식으로 표현해야 한다. 이처럼 학습자들이 把의 목적어 사용 조건을 제대로 파악하지 못해 위와 같은 오류가 자주 발생한다.

(7) 把의 누락 오류

예문

오류문:

① *他就背的包都放在电视旁边。
② *明天早上那些米放在地上吧。
③ *小男孩盒子里的东西给了他的妹妹。
④ *圣诞老人礼物送给小明。

정문:

⑤ 他就**把**背的包都放在电视旁边。
그는 메고 있는 가방을 텔레비전 옆에 놓았다.
⑥ 明天早上**把**那些米放在地上吧。
내일 아침에 그 쌀을 바닥에 두어라.
⑦ 小男孩**把**盒子里的东西给了他的妹妹。
꼬마 남자아이가 상자 안의 물건을 그의 여동생에게 주었다.
⑧ 圣诞老人**把**礼物送给小明。
산타할아버지가 선물을 샤오밍에게 주었다.

분석

把구문은 '행위나 동작을 통해 사람이나 사물의 위치를 이동시키거나 어떤 결과를 발생시키다'는 의미를 나타낸다. 예문①-④는 모두 사물을 이동시키는 상황을 기술하고 있으므로 把구문을 사용할 수 있다. 따라서 背的包, 那些米, 盒子里的东西, 礼物 앞에 모두 누락된 把를 첨가해야 바른 문장이 된다. SOV형 언어인 한국어의 어순에 익숙한 학습자들은 목적어를 술어동사 앞에 사용하는 경우가 많다. 이때 把구문을 사용할 수 있는 상황에서는 전치된 목적어의 앞에 반드시 把를 사용해야 하는데 학습자들이 이를 간과하고 把를 누락시키는 오류가 자주 발생한다.

보충설명 78 **把구문의 구성 성분과 사용 조건**

把구문은 '(주어)+把+목적어+동사+기타성분'으로 구성된다.

① 昨天我**把**作业交给了老师。

　　어제 나는 숙제를 선생님께 제출하였다.

② 请**把**护照拿出来。

　　여권을 꺼내주세요.

③ 睡觉前，**把**电视关了。

　　잠자기 전에 텔레비전을 꺼라.

1. **把구문의 구성 성분**

(1) 把의 목적어

把의 목적어는 일반적으로 명사(구)이고 화자와 청자 모두 이미 알고 있는 사물을 가리키는 경우가 많다.

① 妈妈把**圣诞礼物**寄来了。

　　엄마가 크리스마스 선물을 보내왔다.

② 我把**那本书**还了。

　　나는 그 책을 돌려주었다.

③ 教室里很热，请把**窗户**打开。

　　교실 안이 너무 더우니 창문을 열어주세요.

(2) 把구문의 술어동사

把구문의 술어동사는 반드시 타동사여야 한다. 또한 술어동사 앞에 부사어를 수반하거나 술어동사 뒤에 보어, 목적어, 동태조사 등을 수반해야 한다. 즉 원형동사는 把구문의 술어동사로 쓰일 수 없다.

① 离开教室的时候，请把灯**关掉**。

　　교실을 나갈 때는 불을 꺼 주세요.

---

② 我们对这个地方不了解, 请您把这儿的情况给我们**介绍一下**。

우리는 이 지역에 대해 잘 모르니 여기의 상황을 우리에게 소개 좀 해 주세요.

③ 明天我就把钱**还给你**, 你放心吧。

내일 내가 돈을 너에게 돌려줄 테니 걱정하지 마라.

④ 老师把黑板**擦了**, 我还没记下来。

선생님이 칠판을 지워버리셨다. 나는 아직 적지 못했는데.

⑤ 风把门**刮开了**, 你去关一下吧。

바람에 문이 열렸으니 네가 가서 좀 닫아라.

A. 把구문의 술어동사 뒤에는 동태조사 过를 사용할 수 없다. 다만 술어 동사가 결과보어와 함께 쓰이는 경우에는 결과보어 뒤에 过를 사용할 수 있다.

① 工作二十多年来, 我从来没把工资**发错过**。

일한 지 이십여 년 이래로 나는 월급을 잘못 준 적이 없다.

B. 가능보어를 포함한 술보구조는 把구문의 술어로 쓰일 수 없다.

① *作业这么多, 今天晚上我们把作业**做得完吗**？

② *他的名字太长, 我把他的名字**记不住**。

2. 把구문의 사용 조건

(1) 把구문은 행위자가 행위 대상에게 일정한 동작을 가하여 그 위치를 이동시키거나 어떤 결과가 발생됨을 나타낸다.

① 大家**把**书拿出来, 我们上课。

모두들 책을 꺼내세요. 우리 수업합시다.

② 老师昨天**把**作业发给我们了, 你忘了吧？

선생님이 어제 우리에게 숙제를 내주셨는데 너 잊었지?

③ 哥哥**把**可乐喝光了, 真讨厌！

오빠가 콜라를 다 마셔버렸어. 진짜 싫어!

④ 天气太热, 请**把**空调打开。

날씨가 너무 더우니 에어컨을 켜 주세요.

⑤ 我把那个苹果吃了, 你别找了。

내가 그 사과를 먹었으니 너는 찾지 마라.

(2) 다음의 상황에서는 일반적으로 把구문을 사용한다.

 A. 주어의 행위나 동작에 의해 사물의 위치가 이동하며 이동된 장소가
    제시될 때 把구문을 사용할 수 있다.

① 外边下雨了, 你们把这些桌子搬进教室里去。

밖에 비가 오니 너희가 이 탁자들을 교실 안으로 옮겨라.

② 考试的时候, 请把手机放在书包里。

시험을 볼 때에는 핸드폰을 가방 안에 넣어주세요.

 B. 술어동사가 成, 为, 作, 做 등의 보어를 포함하고 두 개의 대상이 제시
    될 때 把구문을 사용할 수 있다.

① 他经常把'于'写成了'干'。

그는 자주 '于'를 '干'으로 썼다.

② 我们俩是好朋友, 我把她视为自己的妹妹。

우리 둘은 좋은 친구야. 나는 그녀를 내 친여동생처럼 생각해.

③ 我们老师特别好, 他把我们当作了朋友。

우리 선생님은 정말 좋으셔. 그분은 우리를 친구처럼 여기셨어.

 C. 술어동사가 목적어 및 목적어의 상태를 나타내는 보어와 함께 쓰일
    때 把구문을 사용할 수 있다.

① 你把事情弄得太复杂, 实际上很简单。

네가 일을 너무 복잡하게 만들었지만 사실은 아주 간단해.

② 弟弟太不听话, 昨天把妈妈气得都哭了。

동생이 너무 말을 안 들어서 어제는 엄마를 화가 나 울게 만들었어.

③ 老师把这个语法讲得太复杂了, 我们都没听懂。

선생님이 이 문법을 너무 복잡하게 설명하셔서 우리는 모두 알아듣지 못했다.

 D. 술어동사가 이중목적어를 가질 수 있는 수여동사이고 직접목적어가
    비교적 복잡한 형식일 때 把구문을 사용할 수 있다.

> ① 你把**桌子上靠近窗边的那个大本子**递给我。
>
> 너는 탁자 위 창가 쪽에 있는 그 큰 노트를 나에게 건네주렴.
>
> ② 千万别把**我去年在上海跟别人打架的事**告诉我父母!
>
> 내가 작년에 상하이에서 어떤 사람과 싸운 일을 우리 부모님께 절대로 말하지 마라.

(8) 使·让구문을 把구문으로 잘못 사용한 경우

예문

오류문:

① *最好的办法是把'绿色食品'和'非绿色食品'共存。

② *最后老师**把**他自己走。

③ *这样的毛病**把**他的心情失落。

④ *他学习很努力,但最后的成绩**把**他失望。

정문:

⑤ 最好的办法是**让**'绿色食品'和'非绿色食品'共存。

가장 좋은 방법은 친환경식품과 친환경식품이 아닌 것을 공존시키는 것이다.

⑥ 最后老师**让**他自己走。

결국 선생님께서는 그가 스스로 가도록 했다.

⑦ 这样的毛病**使**他的心情失落。

이러한 병폐가 그를 실의에 빠지게 했다.

⑧ 他学习很努力, 但最后的成绩**让**他失望。

그는 열심히 공부했지만 최종 성적은 그를 실망시켰다.

분석

把구문은 '처치', 즉 행위나 동작을 통해 사람이나 사물의 위치를 이동시키거나 어떤 결과를 발생시킨다는 의미를 나타낸다. 예문①, ②는 처치의 의미를 가지지 않으며 술어동사도 자동사 共存과 走를 사용하고 있으므로 把구문을 사용할 수 없다. 이 경우 把구문이 아닌 사동을 나타내는 让구문을 사용하는 것이 적합하다. 예문③, ④도 처치의 의미가 없고 자동사 失落, 失望이 술어로 쓰이고 있으므로 把 대신 사동동사

使와 让을 사용해야 바른 문장이 된다. 중국어의 把구문과 使·让구문
은 모두 '- (을)를 -하게 만들다'의 의미를 가지고 있기 때문에 위와 같이
두 구문을 혼용하는 오류가 자주 발생한다.

5. 被구문의 오류

(1) 被구문의 자동사 오류

예문

오류문:

① *不少孩子**被**网络游戏上瘾。

② *他**被**美丽的风景完全陶醉了。

③ *踢足球时, 儿子**被**受伤了。

④ *他小的时候, 常常在家里乱跑, **被**妈妈挨打。

정문:

⑤ 不少孩子网络游戏上瘾。

  적지 않은 아이들이 온라인 게임에 중독되었다.

⑥ 他完全陶醉在美丽的风景里了。

  그는 아름다운 풍경에 완전히 도취되었다.

⑦ 踢足球时, 儿子受伤了。

  축구를 할 때 아들이 부상을 당했다.

⑧ 他小的时候, 常常在家里乱跑, 挨妈妈的打。

  그는 어릴 때 집에서 자주 뛰어다녀서 엄마에게 맞았다.

분석

被구문의 술어동사는 반드시 타동사여야 하며 자동사나 형용사는 사용
할 수 없다. 예문①-④의 술어동사 上瘾, 陶醉, 受伤, 挨打는 자동사이
므로 被구문을 사용하는 것은 적합하지 않다. 예문①의 上瘾과 예문③
의 受伤은 각각 '중독되다', '부상을 당하다'로 당함(피동)의 의미를 가
지고 있기 때문에 被를 삭제해야 문장이 성립한다. 예문②의 陶醉는
도취된 대상을 在를 사용하여 陶醉在美丽的风景里了로 표현하며, 예

문④의 挨打는 때리는 행위자를 挨와 打 사이에 사용하여 挨妈妈的打로 표현하는 것이 적합하다. 이와 같이 학습자들이 피동이나 당함의 의미를 지니는 동사들을 자동사로 인식하지 못하고 被구문에 잘못 사용하는 오류가 자주 발생한다.

(2) 被구문의 원형동사 오류

예문

오류문:

① *门被风**开**。
② *礼物被小孩**开**。
③ *灯被老师**关**。
④ *信被他**读**。

정문:

⑤ 门被风**刮开了**。
　　문이 바람에 열렸다.
⑥ 礼物被小孩**打开了**。
　　선물을 아이들이 열었다. (선물이 아이들에 의해 열렸다.)
⑦ 灯被老师**关了**。
　　등을 선생님이 껐다. (등이 선생님에 의해 꺼졌다.)
⑧ 信被他**读了**。
　　편지를 그가 읽었다. (편지가 그에 의해 읽혔다.)

분석

被구문의 술어동사는 일반적으로 보어, 목적어, 동태조사 了 등과 함께 쓰여야 하며 원형동사는 사용될 수 없다. 예문①, ②의 开는 결과 상태만을 나타내고 开의 원인을 나타내는 중심동사가 생략되어 있으므로 예문①은 刮开了로, 예문②는 打开了로 표현해야 한다. 예문③의 关과 예문④의 读는 모두 보어나 기타성분을 동반하지 않은 원형동사이므로 关과 读 뒤에 동작의 실현을 나타내는 了를 첨가하면 문장이 성립한다.

이와 같이 被구문 술어동사의 제약 조건을 제대로 파악하지 못하여 위와 같은 오류가 자주 발생한다.

(3) 被구문의 가능보어 오류

예문

오류문:

① *今天的作业不多, 被我做得完。
② *这本书不厚, 被我读得完。
③ *行李太重了, 被她拿不动。
④ *这辆自行车很重, 被她搬不动。

정문:

⑤ 今天的作业不多, **能被我做完**。

오늘 숙제가 많지 않으니 나는 다 할 수 있다. (오늘 숙제가 많지 않으니 나에 의해 다 끝내질 수 있다.)

⑥ 这本书不厚, **能被我读完**。

이 책은 두껍지 않으니 나는 다 읽을 수 있다. (이 책은 두껍지 않으니 나에 의해 다 읽혀질 수 있다.)

⑦ 行李太重了, **她拿不动**。

짐이 너무 무거워서 그녀가 들 수 없다.

⑧ 这辆自行车很重, **她搬不动**。

이 자전거는 정말 무거워서 그녀가 옮길 수 없다.

분석

被구문의 술어로 예문①-④의 做得完, 读得完, 拿不动, 搬不动 등의 가능보어는 사용할 수 없다. 被구문에서 가능을 나타낼 때는 예문⑤, ⑥과 같이 조동사 能을 사용해야 하며, 불가능을 나타낼 때는 예문⑦, ⑧과 같이 被구문이 아닌 가능보어 형식을 사용한다. 我被他气得直哭 나는 개 때문에 화가 나서 연신 울었다 나 屋子被孩子弄得乱七八糟 집이 아이에 의해 엉망진창이 되었다 와 같이 상태보어를 동반한 술보구조는 被구문에 사용될 수 있기 때문에 학습자들이 가능보어를 동반한 술보구조도 被구문에 사용할 수 있다고 잘못 생각하여 위와 같은 오류가 자주 발생한다.

(4) 被구문의 부사어 어순 오류

예문

오류문:

① *桌子上被他**又**堆满了。
② *手机被他**才**找到。
③ *手机**从书包里**被人拿走了。
④ *钱包**从桌子上**被人偷走了。

정문:

⑤ 桌子上**又**被他堆满了。
　　탁자 위는 또 그로 인해(물건들이) 가득 쌓여 있다.

⑥ 手机**才**被他找到。
　　핸드폰을 그가 간신히 찾았다. (핸드폰은 간신히 그에 의해 찾아졌다.)

⑦ 手机被人**从书包里**拿走了。
　　핸드폰을 어떤 사람이 책가방에서 가져갔다. (핸드폰이 어떤 사람에 의해 책가방에서 가져가졌다.)

⑧ 钱包被人**从桌子上**偷走了。
　　지갑을 어떤 사람이 탁자 위에서 훔쳐갔다. (지갑이 어떤 사람에 의해 탁자 위에서 훔쳐졌다.)

분석

被구문에서 부사어는 일반적으로 被의 앞에 사용해야 한다. 예문①의 부사 又와 예문②의 부사 才는 각각 술어동사 堆满과 找到 앞에 놓였으므로 이를 각각 被의 앞으로 이동시켜야 바른 문장이 된다. 그러나 被구문이 기점을 나타내는 '从+명사'와 함께 사용되는 경우 '被+행위자'는 '从+명사' 앞에 놓여야 한다. 예문③, ④의 从书包里와 从桌子上은 모두 '被+행위자' 앞에 쓰였으므로 이를 모두 술어동사 拿走 偷走 앞으로 이동시켜야 한다. 被구문에서 부사어는 일반적으로 被의 앞에 사용하지만 从书包里와 从桌子上과 같이 기점을 나타내는 전치사구가 부사어로 사용될 때에는 술어동사 앞에 사용한다. 이처럼 학습자들이 부사어의 정확한 위치를 혼동하여 위와 같은 오류가 자주 발생한다.

보충설명 79 被구문의 부사어 어순

1. 부사는 일반적으로 '被+행위자' 앞에 위치한다.
   ① 自行车**大概**被弟弟骑走了。
      자전거는 아마 동생이 타고 갔을 것이다.
   ② 我**快**被你弄糊涂了。
      나는 너 때문에 막 헷갈리려고 한다.
   ③ 小偷**没**被警察发现。
      도둑은 경찰에게 발각되지 않았다.
   ④ 手机使不了了，**别**被孩子玩坏了吧?
      핸드폰을 사용할 수 없게 되었어요. 애들이 가지고 놀다가 망가뜨리지 못하게 한 거죠?

2. 기점이나 방향을 나타내거나 행위나 동작을 묘사하는 부사어는 일반적으로 '被+행위자' 뒤, 술어동사 앞에 위치한다.
   ① 你的箱子是被人**从这儿**拿走的。
      너의 상자는 어떤 사람이 여기에서 가져가 버렸다.
   ② 我的自行车被人**往外**挪了。
      나의 자전거는 어떤 사람이 밖으로 옮겼다.
   ③ 衣服被妈妈**一件一件地**洗干净了，不用再洗了。
      옷은 엄마가 하나하나 깨끗하게 세탁해서 다시 빨래할 필요가 없어.

---

(5) 被구문의 사용 오류

예문

오류문:

① *在入口**被**查了我的口袋和行李。
② *踢球的时候,可能**被**伤了脚。

③ *留学生一进学校就**被**考试。

④ *第一个徒弟的棋艺提高很快，第二个徒弟呢，　还和原来差不多，因此**被**他们进行了一次比赛。

정문:

⑤ 在入口查了我的口袋和行李。

入口에서 나의 주머니와 짐을 조사하였다.

⑥ 踢球的时候，可能伤了脚。

축구를 할 때 아마도 발을 다친 거 같다.

⑦ 留学生一进学校就考试。

유학생은 학교에 들어가자마자 바로 시험을 본다.

⑧ 第一个徒弟的棋艺提高很快，第二个徒弟呢，还和原来差不多，因此安排他们进行了一次比赛。

첫 번째 제자의 바둑실력이 빠르게 향상되었고, 두 번째 제자는 여전히 원래와 비슷하다. 그래서 그들에게 자리를 마련하여 시합을 한번 치르도록 했다.

분석

被구문의 주어는 동작이나 행위의 영향을 받는 대상이다. 예문①, ②의 행위 대상인 我的口袋和行李와 脚는 각각 동사 查와 伤의 목적어이지 주어가 아니므로 被구문을 사용하는 것은 적합하지 않다. 또한 被구문의 술어동사는 전형적인 타동사이어야 하므로 예문③과 예문④의 考试, 进行과 같은 동사는 被구문에 사용할 수 없다. 이때 예문④의 他们 앞에는 동사 安排를 첨가해야 의미적으로 성립한다.

(6) 被구문을 '为…所+동사'로 잘못 사용한 경우

예문

오류문:

① *孔子**为**人民**所**称作伟大的思想家。

② *美元**为**大家**所**称为重要的货币。

③ *李舜臣**为**我们**所**看作英雄。

④ *这位老师**为**学生**所**当作好老师。

정문:

⑤ 孔子**被**人民称作伟大的思想家。

　　공자는 사람들에게 위대한 사상가로 칭해진다.

⑥ 美元**被**大家称为重要的货币。

　　미화는 사람들에게 중요한 화폐로 일컬어진다.

⑦ 李舜臣**被**我们看作英雄。

　　이순신은 우리들에게 영웅으로 여겨진다.

⑧ 这位老师**被**学生当作好老师。

　　이 선생님은 학생들에게 좋은 선생님으로 여겨진다.

분석

'为…所+동사'는 피동을 나타내는 문어적 표현으로 술어동사 뒤에는 목적어를 사용할 수 없다. 예문①-④의 술어동사 称作, 称为, 看作, 当作 뒤에는 모두 목적어가 쓰이고 있으므로 '为…所+동사' 구문을 사용하는 것은 적합하지 않다. 이 경우 예문⑤-⑧과 같이 일반적인 被구문을 사용해야 바른 문장이 된다. 중국어의 被구문과 '为…所+동사' 구문은 모두 피동을 나타내지만 용법에서 차이가 있다. 학습자들이 그 차이를 구분하지 못하여 위와 같은 오류가 자주 발생한다.

보충설명 80　被구문과 '为…所+동사' 구문의 차이

1. 被구문

　被구문은 '(주어)+被+(목적어)+동사+기타성분'의 형식으로 구성된다.

　① 那个大苹果**被**弟弟吃了。

　　　저 사과는 동생이 먹었다.

　② 哥哥的手机**被**我用坏了。

　　　오빠의 핸드폰은 내가 망가트렸다.

　③ 他的自行车**被**偷走了。

　　　자전거는 도둑맞았다.

(1) 被구문의 목적어 : 被 뒤의 행위자 목적어는 생략될 수 있다. 일반적으

로 명사(구)가 被의 목적어로 쓰이며 청자나 화자가 이미 알고 있는
대상일 수도 있고 아닐 수도 있다는 점에서 把구문과 차이가 있다.

① 那本书被**我**还了。('我'는 아는 대상)

   그 책은 내가 돌려주었다.

② 衣服都被**妈妈**洗干净了。('妈妈'는 아는 대상)

   옷은 모두 엄마가 깨끗하게 세탁하셨다.

③ 我的书被**谁**拿走了。('谁'는 모르는 대상)

   내 책은 누군가가 가져갔다.

④ 她被**人**骗了。('人'은 모르는 대상)

   그녀는 어떤 사람에게 속았다.

⑤ 你的自行车被**一个人**骑走了。('一个人'은 모르는 대상)

   너의 자전거는 어떤 사람이 타고 갔다.

(2) 被구문의 술어동사 : 被구문의 술어동사는 타동사이어야 한다. 보어,
목적어, 동태조사 등은 술어동사 뒤에, 부사어는 동사 앞에 위치한다.

① 空调被老师**关上了**。

   에어컨은 선생님이 끄셨다.

② 衣服都被妈妈**洗干净了**。

   옷은 모두 엄마가 깨끗하게 세탁하셨다.

③ 那本书被我**送给那个孩子了**。

   그 책은 내가 그 아이에게 선물했다.

④ 手机里的短信都被我**删了**。

   핸드폰에 있는 문자는 내가 다 지웠다.

⑤ 他的建议被大会**全票否决了**。

   그의 건의는 총회에서 만장일치로 부결되었다.

참고

1. 被구문의 술어동사 뒤에는 동태조사 了와 过를 사용할 수 있으나 着는
사용할 수 없다.

① 那个孩子被人打了。

   그 아이가 누군가에게 맞았다.

② 她被人骗**过**。

　　그녀는 누군가에게 속은 적이 있다.

2. 被구문의 술어동사로 가능보어 형식은 사용될 수 없다.

　① *老师写的字很大, 被我们**看得到**。

　② *啤酒太多了, 被我们**喝不完**。

2. '为···所+동사'구문

'为···所+동사'구문은 피동을 나타내는 문어적 표현으로, 중심동사는
목적어를 수반할 수 없다.

　① 大家**为**她的歌声**所**吸引, 纷纷围过来。

　　모두 그녀의 노래 소리에 매혹되어 잇달아 모여들었다.

　② 我们**为**孩子的行动**所**感动。

　　우리는 아이들의 행동에 감동받았다.

　③ 这个道理已经**为**无数的事实**所**证明。

　　이러한 이치는 이미 무수한 사실로 증명되었다.

6. 连구문의 오류

(1) 连의 후행 성분 오류

예문

오류문:

　① *人太多, 连**空地**也找不到了。

　② *最近太忙, 连**时间**也找不出来。

　③ *北京物价比天津贵, 连**衣服**都很贵。

　④ *我觉得深圳比广州更干净, 连**建筑物**都干净。

정문:

　⑤ 人太多, 连**一点儿空地**也找不到了。

　　사람이 너무 많아서 약간의 빈곳조차도 찾을 수 없었다.

⑥ 最近太忙, 连**一点儿时间**也找不出来。

요즘 너무 바빠서 조금의 시간조차도 낼 수가 없다.

⑦ 北京物价比天津贵, 连**水**都很贵。

베이징의 물가는 톈진보다 비싸서 물까지도 비싸다.

⑧ 我觉得深圳比广州更干净, 连**厕所**都干净。

나는 선전이 광저우보다 더 깨끗하다고 생각해. 심지어 화장실도 깨끗해.

분석

连구문은 일종의 강조 구문으로 일반적으로 '连…都/也…'형식을 구성한다. 连의 후행성분은 가장 많거나 가장 적은 것 혹은 가장 좋거나 가장 나쁜 것과 같이 양극단의 사물이나 상황을 나타내며, 이러한 극단적인 상황을 통해 보통의 경우는 더욱 그러하다는 것을 강조한다. 예문 ①의 空地 자체는 극단적인 상황이 아니지만 그 앞에 一点儿을 첨가하여 최소량, 즉 극단적인 상황을 나타낼 수 있다. 예문②의 时间도 一点儿을 첨가한다면 최소한의 시간, 즉 극단적인 상황을 나타내게 된다. 예문③의 경우, 衣服만으로는 극단적인 상황을 나타낼 수 없기 때문에 이 경우 水를 사용하면 적합한 표현이 된다. 중국인에게 있어서 水는 가장 값싼 것으로 인식되므로 물조차도 비싸다는 것은 물가가 비싸다는 것을 의미하기 때문이다. 예문④의 建筑物도 극단적인 상황을 나타낼 수 없으므로 厕所 등을 사용하는 것이 적합하다. 중국인에게 있어서 厕所는 가장 깨끗하지 않은 공간 중의 하나이기 때문에 만약 화장실조차도 깨끗하다는 것은 다른 공간들도 모두 깨끗하다는 것을 의미하기 때문이다. '连…都/也…'형식은 한국어에서 '…도…하다'로 해석되는데, 이 표현은 항상 극단적인 상황을 나타내는 것은 아니기 때문에 학습자들이 连의 후행성분을 잘못 사용하는 오류가 자주 발생한다.

(2) 连구문의 사용 오류

예문

오류문:

① *刚来中国的时候, 那个朋友**连**汉字都不认识。

② *刚开始学汉语的时候，他**连**拼音都不知道。

③ *来中国的所有的外国人都会胖，怎么**连**中国人每天吃中国菜，　也还那么瘦？

④ *他很努力，怎么**连**天天写汉字，字也不好？

정문:

⑤ 刚来中国的时候，那个朋友汉字都不认识。

막 중국에 왔을 때 그 친구는 한자도 알지 못했다.

⑥ 刚开始学汉语的时候，他拼音都不知道。

중국어 공부를 막 시작했을 때 그는 병음도 몰랐다.

⑦ 来中国的所有的外国人都会胖，怎么中国人每天吃中国菜，也还那么瘦？

중국에 온 모든 외국인은 살이 찌는데 중국인은 매일 중국 음식을 먹는데도 어째서 저렇게 말랐지?

⑧ 他很努力，怎么天天写汉字，字也不好？

그는 정말 노력하고 있어. 어째서 매일매일 한자를 쓰는데 글자도 잘 못 쓰지?

분석

예문①-④는 连구문을 잘못 사용한 오류문이다. 예문①의 汉字는 중국어를 기록하는 문자로 외국인들이 보편적으로 어려워하는 것은 사실이다. 하지만 한자를 모른다는 것으로 한자 외의 어휘나 문법 등 기타 언어 지식은 더 모른다는 것을 강조할 수 없기 때문에 连구문을 사용할 수 없다. 예문②도 拼音이 중국어 학습의 기초가 되는 것은 사실이지만 병음을 모른다는 것을 통해 한자나 어휘 등을 더욱 모른다는 것을 강조하고자 하는 것은 아니므로 连구문을 사용할 수 없다. 예문③의 中国人每天吃中国菜는 일종의 상황을 나타낼 뿐 극단적인 상황으로 볼 수는 없으므로 连구문을 사용할 수 없다. 예문④의 天天写汉字 역시 중국어를 학습하는 일종의 상황일 수는 있지만 극단적인 상황으로 볼 수는 없으므로 连을 삭제해야 한다. '连…都…'나 '连…也…'는 한국어에서 모두 '-도'로 대응된다. 한국어의 '-도'는 정도가 비교적 심할 경우에 사용할 수는 있지만 항상 극단적인 상황을 나타내는 것은 아니기 때문

에 이러한 영향으로 학습자들이 连구문을 잘못 사용하는 오류가 자주
발생한다.

보충설명 81　连구문의 용법

1. '连+명사(구)+都/也…'
   ① 这个道理连孩子都知道！
      이런 이치는 아이들도 다 안다!
   ② 今天非常忙，大家连午饭都没吃。
      오늘 너무 바빠서 모두들 점심밥도 먹지 못했다.
   ③ 爸爸连电话也不打，太不像话！
      아빠가 전화도 안 하시다니, 정말 말도 안돼!
   ④ 弟弟连老师的话也不听。
      남동생은 선생님의 말씀도 듣지 않는다.

2. '连+수량(명사)+都/也…'
   ① 这个星期我们连一天都没休息。
      이번 주에 우리들은 하루도 쉬지 못했다.
   ② 妈妈连一件像样的衣服都没有。
      엄마는 번듯한 옷 한 벌도 없다.
   ③ 弟弟连一次电影也没看过。
      남동생은 영화도 한번 보지 못했다.

3. '连+동사+都/也…'
   ① 我的事爸爸连问都不问。
      나의 일을 아빠는 물어보지도 않으신다.
   ② 看到那件衣服很漂亮，她连想都没想就买了。
      그 옷이 예쁜 것을 보더니 그녀는 생각도 하지 않고 바로 샀다.
   ③ 弟弟拿起苹果，连洗都不洗就吃。
      남동생은 사과를 집어 들고는 씻지도 않고 바로 먹는다.

---

7. 给구문의 오류

(1) '给+목적어'의 어순 오류

예문

오류문:

① *我一定要陪你, 还要亲手做菜**给你**, 怎么样？

② *如果下次有机会的话我做**给你**饭。

③ *注意身体, 有空的话写**给我**一封信。

④ *来, 我泡**给你**一杯茶。

정문:

⑤ 我一定要陪你, 还要亲手**给你**做菜, 怎么样？

　제가 꼭 당신을 모셔서 직접 요리를 해 드릴게요, 어떠세요?

⑥ 如果下次有机会的话我**给你**做饭。

　만약에 다음에 기회가 있다면 제가 당신에게 밥을 해 드리겠습니다.

⑦ 注意身体, 有空的话**给我**写一封信。

　건강 조심하고 시간나면 나에게 편지 한 통 써라.

⑧ 来, 我**给你**泡一杯茶。

　오렴, 내가 너에게 차 한 잔 타줄게.

분석

술어동사가 做만들다, 炒볶다, 沏(차를)타다, 织(옷감을) 짜다, 写쓰다 와 같이 '제작하다, 만들다'의 의미를 포함할 때, 동작의 수혜자를 나타내는 '给+목적어'는 동사 앞에 사용해야 한다. 예문①, ②의 做, 예문③의 写, 예문 ④의 泡는 모두 '만들다'의 의미를 가지고 있지만 '给+목적어'가 술어 동사 뒤에 쓰이고 있으므로 이를 모두 동사 앞으로 이동시켜야 한다. 这部手机卖给你 이 핸드폰을 너에게 판다 와 作业发给学生 숙제를 학생에게 내주다 와 같이 수령인을 강조하는 경우에는 '给+목적어'가 동사 뒤에 사용되 기도 한다. 이 때문에 학습자들이 '给+목적어'의 위치를 혼동하여 위와 같은 오류가 자주 발생한다.

1. '给+명사(구)+동사'는 크게 다음의 다섯 가지 의미를 나타낸다.

 (1) 명사(구)가 지불이나 전달의 수령인을 나타낸다.

  ① 到了中国以后给**我**打电话。

   중국에 도착하고 나서 나에게 전화해.

  ② 我给**妈妈**发短信了，让妈妈放心。

   나는 엄마에게 문자를 보내서 엄마가 안심하게 했다.

  ③ 有事给**我**发邮件。

   일 있으면 나에게 메일을 보내.

 (2) 명사(구)가 동작의 수혜자를 나타낸다.

  ① 大夫给**病人**看病。

   의사가 환자에게 진찰을 해 준다.

  ② 我工作很忙，只好让妈妈来给**我**看孩子。

   나는 일이 너무 바빠서 엄마에게 오셔서 아이를 봐 달라고 할 수밖에 없다.

  ③ 哥哥到北京来玩，我给**他**当翻译。

   오빠가 베이징에 놀러 와서 내가 그에게 통역을 해 주었다.

 (3) 명사(구)가 동작의 피해자를 나타낸다.

  ① 真倒霉，手机我给**他**弄丢了。

   정말 운이 없어. 내가 그에게 핸드폰을 잃어버리게 했어.

  ② 你看这孩子，窗户的玻璃给**邻居家**打破了。

   이 아이 좀 봐라. 이웃집 창문 유리를 깨뜨렸다.

 (4) 화자의 의지를 나타낸다.

  ① 今天你在家，把衣服给**我**洗洗。

   오늘 네가 집에 있으니 옷을 세탁해 주어라.

  ② 把电视给**我**关了，赶快去睡觉!

   텔레비전을 끄고 어서 가서 자라!

(5) 명사(구)가 행위의 주체자이며, '给+명사(구)+동사'는 피동을 나타낸다.

  ① 我的手机给**孩子**摔坏了。

    나의 핸드폰은 아이가 떨어뜨려서 고장 났다.

  ② 我的头发全给**雨**淋湿了, 太难看了。

    내 머리는 비에 다 젖었다. 너무 보기 싫다.

  ③ 窗户给**风**吹开了, 你去关一下吧。

    창문이 바람에 열렸다. 네가 가서 좀 닫아라.

2. '동사+给+명사(구)'에서의 동사는 일반적으로 留남기다, 送보내다, 发건네주다, 借빌려주다, 卖팔다, 租세를 주다, 还돌려주다, 寄부치다 등과 같이 수여의 의미를 나타낸다.

  ① 作业老师**发给**大家了, 你没看见吗?

    숙제를 선생님께서 우리에게 내주셨는데 너는 보지 못했니?

  ② 那本书我**还给**图书馆了。

    그 책은 내가 도서관에 반납하였다.

  ③ 圣诞礼物妈妈**寄给**我了。

    크리스마스 선물을 엄마가 나에게 부쳐주셨다.

(2) 给구문의 사용 오류

예문

오류문:

  ① *请你们告诉**给**贵公司香水的价格, 包装方式, 香水的种类等情况。

  ② *老师通知**给**学生考试的时间。

  ③ *当然政府交**给**一些钱, 但那些钱并不多。

  ④ *圣诞节的时候爷爷送**给**了一件礼物。

정문:

  ⑤ 请你们告诉贵公司香水的价格, 包装方式, 香水的种类等情况。

    여러분이 귀사에 향수 가격, 포장방식, 향수의 종류 등의 상황을 알려주세요

⑥ 老师通知学生考试的时间。

　　선생님께서 학생들에게 시험 시간을 알려주었다.

⑦ 当然政府交一些钱，但那些钱并不多。

　　당연히 정부가 일부의 돈을 지불했지만 그 돈은 결코 많지 않았다.

⑧ 圣诞节的时候爷爷送了一件礼物。

　　성탄절에 할아버지께서 선물을 하나 보내주었다.

분석

동사 告诉, 通知의 간접목적어 앞에는 给를 사용할 수 없으므로 예문 ①, ②의 给는 삭제해야 한다. 동사 交와 送은 수혜자인 간접목적어를 수반할 때 给를 사용할 수 있지만 예문③의 一些钱과 예문④의 一件礼物는 모두 수혜자가 아닌 전달되는 사물, 즉 직접목적어이므로 给를 사용할 수 없다. 告诉, 通知, 交, 送은 모두 이중목적어를 가지는 수여동사로서 한국어로 각각 '-에게 (-을/를) 알려 주다', '-에게 (-을/를) 알리다', '-에게 (-을/를) 주다', '-에게 (-을/를) 주다/선물하다'로 해석할 수 있기 때문에 '-에게'와 대응되는 성분으로 给를 잘못 사용하는 오류가 자주 발생한다.

8. 有존재문의 주어 오류

예문

오류문:

① *在韩国每年有几个节日？

② *在广州有这么多东西，而且很便宜。

③ *在这里有朋友和我表弟。

④ *在那边有毛巾和肥皂。

정문:

⑤ 韩国每年有几个节日？

　　한국은 매년 명절이 몇 번 있나요?

⑥ 广州有这么多东西，而且很便宜。

광저우에는 물건이 이렇게 많고 게다가 싸기도 하다.

⑦ 这里**有**朋友和我表弟。

여기에는 친구와 외사촌 동생이 있습니다.

⑧ 那边**有**毛巾和肥皂。

저기에 수건과 비누가 있습니다.

분석

有존재문에서는 주어로 처소사가 쓰이며, 처소사 앞에는 전치사 在를 사용할 수 없다. 예문①-④는 모두 有존재문이지만 주어인 韩国, 广州, 这里, 那边의 앞에 在가 쓰이고 있으므로 이를 모두 삭제해야 한다. 한국어에서 처소를 나타내는 조사 '-에'는 처소사가 문장에서 어떤 위치에 출현하더라도 생략할 수 없다. 이러한 영향으로 학습자들이 주어로 사용되는 처소사 앞에도 在를 사용하는 오류가 자주 발생한다.

9. 让구문을 使구문으로 대체한 오류

예문

오류문:

① *首尔的交通**使**游客觉得很方便。
② *这学期的汉语课**使**大家觉得汉语很有意思。
③ *这件事**使**我们终生难忘。
④ *这部电影**使**我记住了李连杰。

정문:

⑤ 首尔的交通**让**游客觉得很方便。

서울의 교통은 여행객들로 하여금 편리하다고 느끼게 한다.

⑥ 这学期的汉语课**让**大家觉得汉语很有意思。

이번 학기의 중국어 수업은 모두로 하여금 중국어가 재미있다고 느끼게 하였다.

⑦ 这件事**让**我们终生难忘。

이번 일은 우리로 하여금 평생 잊을 수 없게 하였다.

⑧ 这部电影**让**我记住了李连杰。

이 영화는 나로 하여금 리롄제를 기억하게 하였다.

使구문와 让구문은 모두 사동의 의미를 나타내지만 使구문은 일반적으로 '어떠한 상황으로 인해 (좋지 않은) 결과가 초래되다'라는 소극적인 상황에서 사용된다. 예문①-④는 모두 소극적인 상황이라고 볼 수 없으므로 使구문 대신 让구문을 사용하는 것이 적합하다. 한국어에서는 使와 让이 모두 '-게 하다/만들다' 혹은 '시키다'로 해석되며, 의미적으로 좋고 나쁨의 구별이 없다. 이러한 영향으로 让과 使의 의미적 차이를 구분하지 못하고 이 둘을 혼용하는 오류가 자주 발생한다.

보충설명 83 　使와 让의 차이

1. 使

(1) 使 뒤의 후행술어는 이미 발생한 결과나 상태를 나타낸다.

① 这件事**使**我难受了好几天。

　　이 일은 나로 하여금 며칠을 힘들게 했다.

② 这次大火**使**山林的面积减少了一半。

　　이번 큰불은 산림 면적을 절반으로 줄게 했다.

③ 虚心**使**人进步, 骄傲**使**人落后。

　　겸손은 사람을 발전시키고 교만은 사람을 후퇴시킨다.

(2) 使 뒤의 피사동주는 명사성과 동사성 성분이 모두 쓰일 수 있다.

① 为了不**使**大家丧失信心, 应多说一些鼓励的话。

　　모두가 자신감을 잃지 않도록 격려의 말을 더 많이 하여야 한다.

② 改革开放**使**学习外语达到了一个高潮。

　　개혁개방은 외국어 학습 풍조를 절정에 이르게 했다.

③ 这么做只会**使**积极变成消极。

　　이렇게 하는 것은 적극적인 것을 소극적으로 변하게 할 뿐이다.

(3) 使는 일반적으로 문어에 사용되고 좋지 않은 상황에 많이 사용된다.

2. 让

(1) 让 뒤의 후행술어는 일반적으로 목적을 나타낸다.

① 我要**让你知道**我的厉害。

　　나는 너로 하여금 나의 대단함을 알게 하겠다.

② 你这么做, 是想**让我**在别人面前**难堪**。

　　네가 이렇게 하는 것은 나로 하여금 다른 사람 앞에서 난처하게 만들고 싶었던 것이다.

③ 有什么办法能**让**不喜欢动的孩子**动起来**呢？

　　움직이기 싫어하는 아이를 움직이게 할 수 있는 방법으로는 무엇이 있을까?

(2) 让 뒤의 후행술어도 결과나 상태를 나타낼 수 있지만 일반적으로 지각동사나 형용사인 경우에만 使와 호환이 가능하다.

① 这件事**让我难受**了好几天。

　　이 일은 나로 하여금 며칠을 힘들게 했다.

② 你这么做太**让我高兴**了。

　　네가 이렇게 해서 내가 매우 기쁘구나.

(3) 让 뒤의 피사동주는 명사성 성분만 쓰일 수 있다.

① 我要**让你**知道我的厉害。

　　나는 너로 하여금 나의 대단함을 알게 하겠다.

② 这事只**让弟弟**高兴了两天。

　　이 일은 동생으로 하여금 단지 이틀 동안만 기쁘게 하였다.

(4) 让은 구어와 문어에 모두 사용될 수 있고, 좋은 상황과 좋지 않은 상황에서 모두 사용될 수 있다.

제4장 단락에서의 주요 오류 유형

1. 잉여 오류

(1) 주어의 잉여 오류

예문

오류문:

① *儿子拉着爸爸向那个植物奔去，儿子大声喊："爸爸那个植物是什么？去看一看吧。"

② *爸爸也吓了一跳，爸爸张大了嘴，爸爸和孩子一起发呆。

③ *妈妈走进房间，妈妈看到孩子的东西都在地上，很吃惊。

④ *那个时候，儿子发现了一支笔，儿子立刻兴高采烈地拉着爸爸的手。

정문:

⑤ 儿子拉着爸爸向那个植物奔去，大声喊："爸爸那个植物是什么？去看一看吧。"

아들은 아버지를 끌고 그 식물을 향해 뛰어가며 큰소리로 외쳤다. "아버지, 저 식물은 뭐에요? 가서 좀 봐요."

⑥ 爸爸也吓了一跳，张大了嘴，和孩子一起发呆。

아버지도 깜짝 놀라서 입을 쩍 벌리고 아이와 함께 어리둥절했다.

⑦ 妈妈走进房间，看到孩子的东西都在地上，很吃惊。

어머니가 방에 들어와서 아이의 물건이 모두 바닥에 있는 것을 보고는 매우 놀랐다.

⑧ 那个时候，儿子发现了一支笔，立刻兴高采烈地拉着爸爸的手。

그때 아들은 펜 한 자루를 발견하고는 이내 매우 기뻐하며 아버지의 손을 잡아끌었다.

하나의 화제에 대한 서술이 여러 개의 절로 이어질 때 후행절들의 주어는 일반적으로 영(零) 형식, 즉 생략이 가능하다. 예문①의 선행절과 후행절은 모두 儿子에 대해 서술하고 있으므로 후행절의 주어 儿子를 생략해야 자연스러운 문장이 된다. 예문②의 연속된 세 개의 절 또한 모두 爸爸에 대한 서술이므로 두 번째와 세 번째 절의 爸爸는 생략해야 한다. 예문③과 예문④도 후행절의 주어 妈妈와 儿子를 생략해야 자연스럽다. 이와 같이 학습자들이 연속된 절에서는 동일 주어를 생략해야 하는 것을 숙지하지 못하여 오류가 자주 발생한다.

(2) 관형어의 잉여 오류

오류문:

① *儿子看起来非常想知道, **儿子的**眼睛好像黑黑的珍珠一样。

② *妈妈打扫完房间, **妈妈的**脸上都是汗。

③ *我很紧张, **我的**手心里出了很多汗。

④ *我认真地吃火锅时, 突然**我的**朋友很焦急地说："你的头发！你的头发！头发着了"

정문:

⑤ 儿子看起来非常想知道, 眼睛好像黑黑的珍珠一样。

  아들은 매우 알고 싶어 하는 듯 보였고, 눈은 마치 까만 진주와도 같았다.

⑥ 妈妈打扫完房间, 脸上都是汗。

  어머니가 방 청소를 다 마치셨을 때 얼굴은 온통 땀으로 가득했다.

⑦ 我很紧张, 手心里出了很多汗。

  나는 너무 긴장해서 손바닥에 땀이 많이 났다.

⑧ 我认真地吃火锅时, 突然朋友很焦急地说："你的头发！你的头发！头发着了"

  내가 열심히 훠궈를 먹고 있을 때 갑자기 친구가 다급하게 말했다. "네 머리카락! 네 머리카락! 머리카락에 불이 붙었어."

선행절의 주어가 후행절 주어의 관형어로 쓰일 때는 일반적으로 생략해야 한다. 예문①-④는 선행절의 주어 儿子, 妈妈, 我가 후행절의 주어 眼睛, 脸上, 手心里, 朋友와 소유관계를 나타내는 관형어로 쓰이고 있다. 따라서 후행절의 儿子的, 妈妈的, 我的는 모두 생략해야 자연스러운 문장이 된다.

(3) 목적어의 잉여 오류

예문

오류문:

① *等了几分钟来了一辆出租汽车，我立即坐上去出租汽车。
② *我们看着她们的手语，一边笑着一边模仿起来了她们的手语。
③ *韩国人都爱吃辣的菜，所以他们每天吃辣的菜。
④ *那里有好吃的韩国菜，我周末去吃好吃的韩国菜。

정문:

⑤ 等了几分钟来了一辆出租汽车，我立即坐上去。
　　몇 분을 기다리니 택시 한 대가 왔고, 나는 바로 (택시에) 올라탔다.
⑥ 我们看着她们的手语，一边笑着一边模仿起来了。
　　우리는 그녀들의 수화를 보며, 웃으면서 (그녀들의 수화를) 따라 하기 시작했다.
⑦ 韩国人都爱吃辣的菜，所以他们每天吃。
　　한국인은 모두 매운 음식 먹는 것을 좋아해서 매일 (매운 음식을) 먹는다.
⑧ 那里有好吃的韩国菜，我周末去吃。
　　그곳에는 맛있는 한국음식이 있다. 나는 주말에 (한국음식을) 먹으러 갈 것이다.

분석

선행절과 후행절의 목적어가 동일할 때 후행절의 목적어는 일반적으로 생략할 수 있다. 예문①-④의 선행절과 후행절은 각각 出租汽车, 她们的手语, 辣的菜, 好吃的韩国菜라는 동일한 목적어를 가지고 있지만 후행절의 목적어를 생략하고 있지 않으므로 이를 모두 생략해야 자연스러운 문장이 된다. 한국어에서는 선행절에서 이미 언급된 목적어라도 후행절에서 생략하지 않는 경우가 많기 때문에 학습자들이 동일 목적어를 중복하여 사용하는 오류가 자주 발생한다.

2. 누락 오류

(1) 주어의 누락 오류

예문

오류문:

① *终于他开始航海，发现了新大陆。就是相信自己的结果。
② *那位口语老师鼓励我，帮我找到自信。终于，口语考试得了93分。
③ *他每天帮我复习，我的汉语越来越好。最后通过了HSK。

정문:

④ 终于他开始航海，发现了新大陆。**这**就是相信自己的结果。

드디어 그는 항해를 시작했고 신대륙을 발견했다. 이것은 바로 자신을 믿은 결과였다.

⑤ 那位口语老师鼓励我，帮我找到自信。终于，口语考试**我**得了93分。

그 회화 선생님은 나를 격려했고, 내가 자신감을 찾을 수 있도록 도와주었다. 결국 회화 시험에서 나는 93점을 받았다.

⑥ 他每天帮我复习，我的汉语越来越好。最后，**我**通过了HSK。

그가 매일 내가 복습하는 것을 도와줘서 나의 중국어는 점점 좋아졌다. 결국 나는 HSK 시험에 통과했다.

분석

선행절과 후행절의 주어가 동일한 경우를 제외하고 중국어에서 주어는 일반적으로 생략할 수 없다. 예문①의 就是相信自己的结果는 주어가 생략되어 있으므로 선행문의 기술 내용을 지시하는 这를 첨가해야 바른 문장이 된다. 예문②의 口语考试得了93分과 예문③의 通过了HSK도 모두 주어가 생략되어 의미가 불분명하므로 술어동사 得와 通过 앞에 각각 주어 我를 첨가해야 한다.

(2) 관형어의 누락 오류

예문

오류문:

① *她培养了这么出众的儿子，可以把她当成贤妻良母的代表，而且画和诗很好，真是多才多艺。

② *他有很多优秀的学生，而且品德也很好。

③ *还有他的朋友也受了伤，他用布把下巴包扎起来。

④ *骑自行车的时候，他和朋友撞了，他用纸把腿上的血擦干净。

정문:

⑤ 她培养了这么出众的儿子，可以把她当成贤妻良母的代表，而且**她的**画和诗很好，真是多才多艺。

그녀가 이렇게 출중한 아들을 길러냈기 때문에 그녀를 현모양처의 대표라고 여길 수 있다. 게다가 그녀의 그림과 시는 매우 훌륭했으니 참으로 다재다능했다.

⑥ 他有很多优秀的学生，而且**学生的**品德也很好。

그에게는 많은 우수한 학생이 있고 게다가 학생들의 인품도 매우 좋다.

⑦ 还有他的朋友也受了伤，他用布把**朋友的**下巴包扎起来。

그리고 그의 친구도 부상을 당했다. 그는 천으로 친구의 턱을 싸맸다.

⑧ 骑自行车的时候，他和朋友撞了，他用纸把**朋友**腿上的血擦干净。

자전거를 탈 때 그는 친구와 부딪혔고, 그는 휴지로 친구 다리 위의 피를 깨끗하게 닦아 주었다.

분석

예문①은 画和诗의 관형어가 생략되어 있어서 그것이 그녀(她)의 것인지, 아들(儿子)의 것인지 의미가 분명하지 않다. 따라서 画和诗 앞에 소유관계를 나타내는 她的를 첨가해야 정확한 문장이 된다. 예문②의 品德 역시 누구의 품성을 말하는지 불분명하므로 学生的를 첨가해야 하며, 예문③의 下巴와 예문④의 腿上도 그 앞에 각각의 대상을 한정시키는 朋友的와 朋友를 첨가해야 정확한 의미를 전달할 수 있다.

(3) 목적어의 누락 오류

예문

오류문:

① *那时妈妈不但没有批评还鼓励，所以我鼓起了勇气，第二年考上了大学。

② *他努力学习，但老师没有表扬，所以不自信。

③ *老师经常称赞，他越来越骄傲。

정문:

④ 那时妈妈不但没有批评还鼓励**我**，所以我鼓起了勇气，第二年考上了大学。

그때 어머니는 나를 꾸짖지 않고 오히려 격려해주었다. 그래서 나는 용기를 냈고 이듬해에 대학에 합격했다.

⑤ 他努力学习，但老师没有表扬**他**，所以不自信。

그는 열심히 공부했지만 선생님이 그를 칭찬해주지 않아서 자신이 없었다.

⑥ 老师经常称赞**他**，他越来越骄傲。

선생님이 자주 그를 칭찬하자 그는 자부심을 가지게 되었다.

분석

예문①의 鼓励는 목적어가 필요한 타동사인데도 목적어가 누락되어 있으므로 그 뒤에 목적어 我를 첨가해야 바른 문장이 된다. 예문②의 表扬과 예문③의 称赞 역시 모두 타동사이므로 그 뒤에 각각 목적어 他를 첨가해야 한다. 중국어 동사 鼓励, 表扬, 称赞 등은 한국어에서 '격려를 하다', '칭찬을 하다'와 같이 '-을/를 하다'라로 표현할 수 있다. 따라서 학습자들이 鼓励, 表扬, 称赞 뒤에 행위 대상을 나타내는 목적어를 사용할 경우, 한국어의 '그를 격려를 하다', '그를 칭찬을 하다'와 같이 부자연스러운 문장이 된다고 생각하기 쉬우며, 따라서 대상 목적어가 없어도 어색하지 않다고 생각하기 쉽다. 이 때문에 鼓励, 表扬, 称赞 등의 동사를 사용할 때 행위의 대상을 나타내는 목적어가 누락되는 오류가 자주 발생한다.

3. 지시성분과 선행사의 불일치 오류

예문

오류문:

① *正当小明认真地听爷爷讲话的时候，一只饥饿的小老鼠看到了**路边的麦子**，就把麦子吃了个精光。小明很气愤，向那只老鼠喊道："你这个可恶的小东西，种**这个麦子**的时候你一滴汗水也没有流过，现在却把麦子吃光了，你太缺德了。"

② *他回家的时候很饿，看到**桌子上的饭菜**，他把**这菜**吃光了。

③ *妈妈在打扫中发现了**很多小玩具**，看起来已经坏了，还很脏，所以把**它**都拿走放在很大的垃圾桶里，然后继续擦地。

④ *他有**很多不用的书**，搬家时把**它**都扔掉了。

정문:

⑤ 正当小明认真地听爷爷讲话的时候，一只饥饿的小老鼠看到了**路边的麦子**，就把麦子吃了个精光。小明很气愤，向那只老鼠喊道："你这个可恶的小东西，种**这些麦子**的时候你一滴汗水也没有流过，现在却把麦子吃光了，你太缺德了。"

샤오밍이 열심히 할아버지 말씀을 듣고 있던 바로 그때, 굶주린 생쥐 한 마리가 길가의 보리를 발견하고는 바로 보리를 다 먹어버렸다. 샤오밍은 너무 화가 나서 그 생쥐를 향해 소리쳤다. "너 이 나쁜 것아, 이 보리들을 심을 때 너는 땀 한 방울도 흘린 적 없으면서 이제 와서 보리를 다 먹어버리다니. 넌 정말 양심도 없구나!"

⑥ 他回家的时候很饿，看到**桌子上的饭菜**，他把**这些菜**吃光了。

그가 집으로 돌아왔을 때 배가 고파서 탁자 위의 음식을 보고는 음식들을 다 먹어버렸다.

⑦ 妈妈在打扫中发现了**很多小玩具**，看起来已经坏了，还很脏，所以把**它们**都拿走放在很大的垃圾桶里，然后继续擦地。

어머니가 청소를 하던 중에 많은 장난감을 발견했는데 보기에 이미 망가져 있었으며 더럽기까지 했다. 그래서 그것들을 모두 가져다가 큰 쓰레기통에 넣어버리고 계속 바닥을 닦았다.

⑧ 他有**很多不用的书**，搬家时把**它们**都扔掉了。

그는 사용하지 않는 책들이 많이 있었는데 이사할 때 그것들을 모두 내다버렸다.

분석

예문①의 这个麦子에서 麦子는 선행절에서 언급하고 있는 路边的麦子를 가리키므로 단수 这个가 아니라 복수 这些를 사용해야 바른 문장이 된다. 예문②의 这菜 역시 선행절의 복수 명사 桌子上的饭菜를 가리키므로 这가 아닌 这些를 사용해야 한다. 마찬가지로 예문③, ④의 3인칭 단수 대명사 它는 각각 很多小玩具와 很多不用的书를 가리키므로 이를 모두 복수 대명사 它们으로 고쳐야 바른 문장이 된다.

4. 지시대명사의 오류

(1) 지시대명사의 누락 오류

예문

오류문:

① *一只狗发现自己的样子很大, 另一只狗发现自己的样子很小, **一只**自己认为自己的样子很大的狗得意洋洋地吸着烟。

② *我们可以从霍金和**一位**篮球运动员这两个例子可以看到外表不能决定一切, 人的内心才更重要。

③ *那时候, 一只老鼠过来了, 它很饿, 受不了了。它一看见那个植物, 就有了胃口。爸爸和儿子因为不停地聊天, 所以没注意到**一只**小老鼠。

④ *一辆车开过来, 他过马路没有注意, **一辆**车撞了他。

정문:

⑤ 一只狗发现自己的样子很大, 另一只狗发现自己的样子很小, **那只**自己认为自己的样子很大的狗得意洋洋地吸着烟。

한 마리의 개는 자신의 모습이 큰 것을 발견했고, 다른 한 마리는 자신의 모습이 매우 작다는 것을 발견했다. 스스로 자신의 모습이 매우 크다고 여기던 그 개는 득의양양하게 담배를 피우고 있었다.

⑥ 我们可以从霍金和**那位**篮球运动员这两个例子看到外表不能决定一切, 人的内心才更重要。

우리는 호킹과 그 농구선수의 이 두 가지 예를 통해 겉모습이 모든 것을 결정할 수 없다는 것을 알 수 있다. 사람의 마음이야말로 더 중요하다.

⑦ 那时候，一只老鼠过来了，它很饿，受不了了。它一看见那个植物，就有了胃口。爸爸和儿子因为不停地聊天，所以没注意到**这只小老鼠**。

그때 생쥐 한 마리가 다가왔다. 생쥐는 너무 배가 고파서 참을 수 없었기에 그 식물을 보자마자 식욕이 돋았다. 아버지와 아들은 끊임없이 수다를 떨고 있었기 때문에 이 생쥐에게 주의를 기울이지 못했다.

⑧ 一辆车开过来，他过马路没有注意，**那辆**车撞了他。

차 한 대가 다가오고 있었는데 그가 길을 건너며 주의하지 못했고, 그 차는 그를 들이받았다.

분석

예문①의 一只自己认为自己的样子很大的狗, 예문②의 一位篮球运动员, 예문③의 一只小老鼠, 예문④의 一辆车는 모두 선행문에서 이미 언급된 것이기 때문에 한정성을 가지는 지시대명사 这나 那를 사용해야 한다. 따라서 예문①의 一只는 那只로, 예문②의 一位는 那位로, 예문③의 一只는 这只로, 예문④의 一辆은 那辆으로 고쳐야 바른 문장이 된다. 한국어에서는 선행절에서 이미 언급되어 맥락적으로 충분히 의미를 파악할 수 있는 성분이 후행절에 다시 등장하는 경우 반드시 지시대명사를 사용해야 하는 것은 아니다. 이러한 영향으로 학습자들이 지시대명사를 누락시키는 오류가 자주 발생한다.

(2) 지시대명사의 첨가 오류

예문

오류문:

① *随着科学的发展，每个家庭里都有电脑，而且**那个**电脑里有电脑病毒。

② *现在很多人都有手机，但**那个**手机里的软件不一样。

③ *我们一定要看很多方面，不要一看就决定**那个**场景。

④ *考试时慢慢来，不要马上做**那个**考题。

정문:

⑤ 随着科学的发展，每个家庭里都有电脑，而且电脑里有电脑病毒。

과학이 발전함에 따라 모든 가정에는 컴퓨터가 있고, 컴퓨터에는 컴퓨터 바이러스가 존재한다.

⑥ 现在很多人都有手机，但手机里的软件不一样。

현재 많은 사람이 모두 핸드폰을 가지고 있지만, 핸드폰 속의 소프트웨어는 다 다르다.

⑦ 我们一定要看很多方面，不要一看就决定场景。

우리는 반드시 다양한 방면을 봐야 하며, 보자마자 바로 상황을 결정해서는 안 된다.

⑧ 考试时慢慢来，不要马上做考题。

시험을 치를 때 느긋하게 해야지, 바로 문제부터 풀어서는 안 된다.

분석

예문①에서 电脑里有电脑病毒의 电脑는 특정 컴퓨터를 가리키는 것이 아니라 컴퓨터라는 사물을 통칭하고 있다. 따라서 한정성을 가지는 지시성분 那个를 삭제해야 바른 문장이 된다. 예문②에서 那个手机里的软件不一样의 手机 역시 특정 핸드폰을 가리키는 것이 아니므로 그 앞의 한정 성분인 那个를 삭제해야 한다. 또한 예문③의 一看就决定场景과 예문④의 不要马上做考题 역시 특정 상황이나 문제에 대한 서술이 아니므로 각각 명사 场景, 考题 앞의 한정 성분 那个를 삭제해야 한다.

(3) 这를 那로 잘못 사용한 경우

예문

오류문:

① *为什么两只狗中，一只狗是大摇大摆的样子，而另一只狗是完全没力气的样子呢？**那**是因为那只看起来没有力气的狗轻视自己，对自己没有信心。

② *为什么我的朋友学汉语时间很短，但汉语说得很好呢？**那**是因为他每天都和中国人聊天。

③ *世界上大多数的孩子认为自己的父母说什么都是对的，但是**那**句话

可能是吹牛。

④ *总之，中国的饮食有很多特点。我想说品尝一个国家的饮食，是了解**那**个国家文化的一种最好的方法。

정문:

⑤ 为什么两只狗中，一只狗是大摇大摆的样子，而另一只狗是完全没力气的样子呢？**这**是因为那只看起来没有力气的狗轻视自己，对自己没有信心。

왜 두 마리 개 중에서 한 마리는 으쓱거리고 다른 한 마리는 기운이 하나도 없는 모습일까? 그것은 기운이 없어 보이는 그 개가 자신을 소홀히 여겨 자신에 대한 자신감이 없기 때문이다.

⑥ 为什么我的朋友学汉语时间很短，但汉语说得很好呢？**这**是因为他每天都和中国人聊天。

왜 내 친구는 중국어를 배운 시간도 짧은데 중국어를 잘하는 것일까? 그것은 그가 매일 중국인과 이야기를 나누기 때문이다.

⑦ 世界上大多数的孩子认为自己的父母说什么都是对的，但是**这**句话可能是吹牛。

세상의 대부분의 아이들은 자신의 부모가 무슨 말을 하던 다 옳다고 생각한다. 그러나 이 말은 아마 과장된 것일 것이다.

⑧ 总之，中国的饮食有很多特点。我想说品尝一个国家的饮食，是了解**这**个国家文化的一种最好的方法。

아무튼 중국의 음식은 많은 특징을 가지고 있다. 나는 한 나라의 음식을 맛보는 것은 그 나라의 문화를 이해하는 가장 좋은 방법이라고 말하고 싶다.

분석

예문①의 那是因为那只看起来没有力气的狗轻视自己，对自己没有信心과 예문②의 那是因为他每天都和中国人聊天은 모두 선행절에서 언급하고 있는 문제에 대한 견해를 밝히고 있다. 이처럼 선행절의 내용을 주어로 삼을 때는 원거리 지시대명사 那가 아닌 근거리 지시대명사 这를 사용해야 한다. 예문③의 那句话可能是吹牛 역시 선행문인 世界上大多数的孩子认为自己的父母说什么都是对的에 대한 견해이므로 那를 这로 고쳐야 바른 문장이 된다. 예문④의 我想说品尝一个国家的

饮食, 是了解那个国家文化的一种最好的方法에서 那个国家도 바로 앞선 문장에서 언급된 것이므로 那 대신 근거리 지시대명사 这를 사용해야 한다. 한국어에서는 선행문에서 이미 제시된 내용을 가리킬 때, 화자의 입장에서 '이, 이것'을 사용하기도 하지만 청자의 입장에서 '그, 그것'을 사용할 수도 있다. 이 때문에 这를 사용해야 하는 상황에서 '그, 그것'에 해당하는 那를 사용하는 오류가 자주 발생한다.

5. 시간 연결 성분의 오류

(1) 동시성 시간 연결 성분의 오류

예문

오류문:

① *有一天, 两只狗向相反的路上走, 第一只狗发现凹面的镜子, 镜子里面的自己样子变大了。**同时间**, 在别的地方, 另一只狗发现凸面的镜子, 但这只狗的样子在镜子里变小了。

② *暑假的时候, 同学们去旅游了。**这时间**, 他在家里复习。

③ ***当时**, 它开始吃米, 但爸爸和孩子还不知道。

④ ***那时候**, 儿子看到一个东西, 他问爸爸：“爸爸, 这个是什么？”

정문:

⑤ 有一天, 两只狗向相反的路上走, 第一只狗发现凹面的镜子, 镜子里面的自己样子变大了。**同一时间**, 在别的地方, 另一只狗发现凸面的镜子, 但这只狗的样子在镜子里变小了。

어느 날 두 마리의 강아지가 서로 반대 방향으로 가고 있었다. 첫 번째 강아지는 오목거울을 발견하였는데 거울 안의 자신의 모습이 커져 있었다. 같은 시간에 다른 곳에서 다른 한 마리가 볼록한 거울을 발견하였는데 이 강아지의 모습은 거울 안에서 작아져 있었다.

⑥ 暑假的时候, 同学们去旅游了。**这段时间**, 他在家里复习。

여름 방학 때 급우들은 여행하러 갔다. 그 기간에 그는 집에서 복습을 했다.

⑦ **这时**, 它开始吃米, 但爸爸和孩子还不知道。

그 때 그것이 쌀을 먹기 시작했지만 아빠와 아이는 아직 모르고 있었다.

⑧ **这时候**，儿子看到一个东西，他问爸爸："爸爸， 这个是什么？"

그때 아들이 물건 하나를 보더니 아빠에게 "아빠, 이것은 뭐예요?" 하고 물었다.

분석

중국어에서 '같은 시간(에)'를 나타낼 때는 同一时间을 사용하며 예문 ①의 同时间과 같은 표현은 존재하지 않는다. 또한 '이 기간'을 나타내 는 표현으로 这段时间과 这期间은 사용할 수 있지만 예문②의 这时间 은 사용할 수 없다. 当时는 과거의 어느 시점을 나타낼 때 사용되는데 예문③이 기술하고 있는 것은 현재 발생하고 있는 사건이므로 当时 대 신 这时를 사용해야 한다. 예문④ 역시 현재 발생한 사건을 기술하고 있으므로 那时候가 아닌 这时候를 사용해야 한다.

(2) 후시성 시간 연결 성분의 오류

예문

오류문:

① *孩子听完后开心地对爸爸说："爸，那么我们也养那个东西吧。" **后**看那个东西， 可是那个东西已经被一只老鼠吃掉了。

② *复习生词以后，他看电视，**后**睡觉了。

③ *所以妈妈抱着玩具出去，**然后**把玩具扔在垃圾桶里面，**然后**回去继 续打扫。

④ *妈妈不满地说："我上次已经说了，再不整理的话全部扔掉！" **然 后**她把那些玩具扔在垃圾桶里，**以后**把刚才那个地方都擦完后去市 场了。

정문:

⑤ 孩子听完后开心地对爸爸说："爸，那么我们也养那个东西吧。" **然 后**看那个东西，可是那个东西已经被一只老鼠吃掉了。

아이는 다 들은 뒤에 기뻐하며 아빠에게 "아빠, 그럼 우리도 쟤를 키워요"라고 말했다. 그런 후 그것을 보았지만 그것은 이미 생쥐에게 잡아 먹혀 버렸다.

⑥ 复习生词以后，他看电视，**然后**睡觉了。

새 단어를 복습한 후에 그는 텔레비전을 보았고 그 다음에 잠을 잤다.

⑦ 所以妈妈抱着玩具出去， 把玩具扔在垃圾桶里面， **然后**回去继续打扫。

그래서 엄마가 장난감을 안고 나가서 그것을 쓰레기통에 버렸다. 그런 후에 돌아와서 계속해서 청소를 하였다.

⑧ 妈妈不满地说：“我上次已经说了，再不整理的话全部扔掉！” 然后她把那些玩具扔在垃圾桶里，把刚才那个地方都擦完后去市场了。

엄마는 불만스럽게 "내가 지난번에 또 정리하지 않으면 전부 버릴 거라고 이미 말했지!"라고 말했다. 그런 후에 엄마는 그 장난감들을 쓰레기통에 버리고 방금 전의 그 곳을 다 닦은 후에 시장에 가졌다.

분석

방위사 后가 시간을 나타낼 때는 부사 先과 함께 '先+동사…后+동사…'의 형식으로 자주 사용된다. 예문①, ②는 后만 사용되고 先이 누락되어 있으므로 后 대신 然后를 사용해야 바른 문장이 된다. 예문③의 두 개의 후행절은 모두 접속사 然后로 시작하고 있는데 문맥상 첫 번째 然后는 불필요한 성분이므로 두 번째 然后만 사용하는 것이 적합하다. 또한 예문④의 두 개의 후행절에서 사용된 然后와 以后는 모두 후시성 연결 성분으로 以后는 문맥상 불필요하므로 삭제해야 한다. 然后에 대응되는 한국어로는 '그 다음', '그 후', '동사+후' 등의 여러 표현이 존재하며, 한국어에서는 문장을 연결할 때 여러 후시성 연결 성분을 연속하여 사용할 수 있다. 이 때문에 학습자에게서 후시성 연결 성분을 중복하여 사용하는 오류가 자주 발생한다.

보충설명 84 시간 연결 성분의 종류

절과 절 사이의 시간 관계를 나타내는 성분으로는 선시성 시간 연결 성분, 동시성 시간 연결 성분, 후시성 시간 연결 성분 세 가지가 있다.

(1) 선시성 시간 연결 성분은 어떤 사건이 다른 사건에 앞서 발생한 것을 나타낸다. 대표적으로 先먼저, 首先우선, 以前이전에, 从前예전에, 原来원래, 本来원래, 过去과거에, 事先미리, 直到现在지금까지, 直到那时그때까지 등이 있다.

① 你**先**说，我后说。

네가 먼저 말해. 내가 나중에 말할게.

② **以前**我家住在上海，2013年才搬到北京。

예전에 우리 가족은 상하이에 살았고, 2013년에야 베이징으로 이사했어.

③ 他结婚**事先**我们都不知道，结婚的当天我们才知道。

그가 결혼하는 것을 사전에 우리는 알지 못했고, 결혼 당일에서야 비로소 알았어.

(2) 동시성 시간 연결 성분은 두 개 이상의 사건이 동일한 시간에 발생한 것을 나타낸다. 대표적으로 同时동시에, 这时이때, 那时그 당시, 与此同时 이와 동시에, 就在这个时候바로 그때 등이 있다.

① 你们这边准备着，让那边的人也**同时**准备。

너희들은 여기에서 준비하고 있어라, 저쪽의 사람들도 동시에 준비하도록 하고

② **那时**如果有人能够帮他一下，他也不会出事。

그때 만약에 누가 그 사람을 좀 도울 수 있었더라면 그에게 일이 생기지도 않았을 거야.

(3) 후시성 시간 연결 성분은 어떤 사건이 다른 사건에 뒤이어 발생한 것을 나타낸다. 대표적으로 以后이후에, 后来그 후, 此后이후, 随后뒤따라, 随即바로, 接着이어서, 接下来다음으로, 从此以后이 다음에, 马上곧, 立刻즉시, 过了一会儿잠시 후에, 不一会儿머지않아, 一会儿以后조금 후에 등이 있다.

① 今天没请假可以原谅，**以后**不请假就不可原谅了。

오늘 결석계를 내지 않은 것은 양해해 줄 수 있지만 이후에는 결석계를 내지 않으면 양해해 줄 수 없을 것이다.

② 毕业以后我们见过一面，**后来**就再也没见过。

졸업한 후에 우리는 한 번 만난 적이 있지만 이후에 다시는 만나지 못했어.

③ 你们先吃吧，我们**马上**就到。

너희 먼저 먹어라. 우리는 곧 도착한다.

6. 공간 연결 성분의 오류

예문

오류문:

① *这个地方很好，从**这个地方**能看到很美的北京夜景。

② *但六岁的我，没想到**那个地方**是那么高，就直接跳下来了，但腿感到特别痛以后才知道，**那个地方**很高，如果我从**那个地方**下边看的话，不会从**那个地方**跳下去的。

③ *然后他带着笑容，打开礼物，**里面**有在越南容易看到的白色的箱子。他高兴地说："啊，可以了，我也有圣诞节礼物了。" **里面**有他最喜欢的羽毛球用品。

④ *昨天我出去买水，天气很冷，-10度而且刮大风。我走在路上看到一个游泳馆，**这里面**有几个人在游泳。

정문:

⑤ **这个地方**很好，从**这里**能看到很美的北京夜景。

　　이곳은 정말 좋아. 여기에서 아름다운 베이징의 야경을 볼 수 있어.

⑥ 但六岁的我，没想到**那个地方**是那么高，就直接跳下来了，但腿感到特别痛以后才知道，**那里**很高，如果我从**那儿**下边看的话，不会从**那里/那儿**跳下去的。

　　그러나 여섯 살의 나는 거기가 그렇게 높다고 생각을 못해서 바로 뛰어내렸는데 다리가 너무 아픈 후에야 거기가 매우 높은 곳이라는 것을 알았어. 만약에 내가 그 아래에서 보았다면 거기에서 뛰어내리지 않았을 거야.

⑦ 然后他带着笑容，打开礼物，**里面**有在越南容易看到的白色的箱子。他高兴地说："啊，可以了，我也有圣诞节礼物了。" **箱子里面**有他最喜欢的羽毛球用品。

　　그런 후에 그는 미소 지으며 선물을 열었는데, 안에는 베트남에서 쉽게 볼 수 있는 흰색의 상자가 있었다. 그는 기뻐하며 "아, 됐어, 나도 성탄 선물이 생겼어."라고 말했다. 상자 안에는 그가 가장 좋아하는 배드민턴 용품이 있었다.

⑧ 昨天我出去买水，天气很冷，-10度而且刮大风。我走在路上看到一个游泳馆，**那里面**有几个人在游泳。

　　어제 내가 물을 사러 나갔을 때 날이 매우 추웠다. 영하10도에 바람도 많이 불었다. 내가 길을 걷다가 수영장을 하나 보았는데 그 안에서는 몇 사람이 수영을 하고 있었다.

분석

예문①의 这个地方은 선행절에서 이미 출현하고 있으므로 후행절의 这个地方은 这里로 표현하는 것이 적합하다. 예문②의 那个地方 역시 선행절에서 이미 출현하였으므로 후행절의 那个地方은 那里나 那儿를 사용해야 한다. 예문③은 문장의 주어로 두 개의 里面을 사용하고 있다. 그러나 첫 번째 里面과 두 번째의 里面이 가리키는 대상이 각각 다르므로 두 번째의 里面 앞에는 箱子를 추가하여 이 둘을 구분해야 한다. 예문④는 과거의 경험을 언급하고 있다. 과거의 경험을 언급할 때에는 근거리 지칭인 这里面이 아닌 원거리 지칭인 那里面을 사용해야 바른 표현이 된다.

7. 논리 연결 성분의 오류

(1) 논리 연결 성분의 잉여 오류

예문

오류문:

① *有的人不愿意去医院，不舒服时就自己买药吃。**再说**，我觉得这样的话比较好。
② *我同屋每天学习，**还**跑步，**还**喝茶。
③ *他喜欢中国武术，**而且**爱唱流行歌曲，**而且**爱吃中国菜。
④ *韩国的拌饭很多外国人觉得特别辣，**但是**让人惊奇的是，虽然很辣，**但是**他们很喜欢吃。

정문:

⑤ 有的人不愿意去医院，不舒服时就自己买药吃。我觉得这样的话比较好。

어떤 사람들은 병원에 가기를 원하지 않아 몸이 불편할 때 스스로 약을 사 먹는다. 나는 이렇게 한다면 비교적 괜찮다고 생각한다.

⑥ 我同屋每天学习, 跑步, **还喝茶**。

내 룸메이트는 매일 공부하고 달리기 하고 또 차도 마신다.

⑦ 他喜欢中国武术, 爱唱流行歌曲, **而且爱吃中国菜**。

그는 중국 우슈를 좋아하고 유행가 부르기를 좋아하며 게다가 중국요리를 먹는 것도 좋아한다.

⑧ 韩国的拌饭很多外国人觉得特别辣, **但是让人惊奇的是**, 虽然很辣, 他们却很喜欢吃。

한국의 비빔밥은 많은 외국인이 매우 맵다고 느낀다. 그러나 정말 놀라운 것은 비록 맵더라도 그들이 오히려 아주 좋아한다는 것이다.

분석

再说는 한 단계 더 나아감을 나타낸다. 예문①의 我觉得这样的话는 선행절에서 서술한 상황을 정리한 것으로 한 단계 더 나아간다는 의미는 없으므로 再说를 삭제하는 것이 적합하다. 还는 추가의 의미를 나타내고 而且는 한 단계 나아간다는 의미를 나타내는데 이 둘은 일반적으로 한 문장에서 한 번만 사용한다. 예문②는 두 번째 절과 세 번째 절에서 부사 还를 중복 사용하고 있으므로 두 번째 절의 还는 삭제해야 하며, 예문③ 역시 두 번째 절과 세 번째 절에서 점층관계를 나타내는 접속사 而且를 중복 사용하고 있으므로 두 번째 절의 而且는 삭제해야 한다. 예문④의 경우 두 번째 절과 네 번째 절에서 모두 접속사 但是를 사용하고 있다. 전환관계를 나타내는 접속사가 但是만 있는 것은 아니므로 네 번째 절의 但是는 虽然과 호응을 이룰 수 있는 却를 사용하는 것이 적합하다.

(2) 논리 연결 성분을 잘못 사용한 경우

예문

오류문:

① *首先, 把堆满的玩具拿起来放在墙上挂着的袋子里, **其次**把抹布拿过来打扫。

② *小孩在房间里玩了半个小时, **而且**回去睡觉了。

③ *近来考虑结婚的年轻人越来越少, **同时**有人跟爱人结了婚, 不能解决问题的时候他们就急切地离婚。

④ *但是有时候, 传统观念给我们的影响还是很大的, 同居问题也是一样。**那么**, 我详细说一下我的看法。

정문:

⑤ 首先, 把堆满的玩具拿起来放在墙上挂着的袋子里, **然后**把抹布拿过来打扫。

우선 가득 쌓인 장난감들을 가져다가 벽에 걸려 있는 자루 안에 넣었다. 그런 후에 걸레를 가져와서 청소하였다.

⑥ 小孩在房间里玩了半个小时, **然后**回去睡觉了。

아이들은 방에서 30분을 놀았다. 그런 후에 돌아가 잠을 잤다.

⑦ 近来考虑结婚的年轻人越来越少, **虽然**有人跟爱人结了婚, 不能解决问题的时候他们就急切地离婚。

요즘 결혼을 고려하는 젊은이들이 점점 적어지고 있다. 설령 배우자를 만나 결혼을 했더라도 문제를 해결할 수 없을 때 성급하게 바로 이혼한다.

⑧ 但是有时候, 传统观念给我们的影响还是很大的, 同居问题也是一样。**下面**, 我详细说一下我的看法。

그러나 때로는 전통 관념이 우리에게 미치는 영향은 여전히 매우 크다. 동거 문제도 마찬가지이다. 다음은 내가 자세하게 나의 생각을 말해보겠다.

> **분석**

예문①은 연이어 발생한 두 개의 동작을 기술하고 있다. 따라서 항목을 나열할 때 사용하는 연결 성분 其次가 아닌 사건의 선후 관계를 나타내는 然后를 사용해야 한다. 예문② 역시 연이어 발생한 두 개의 동작을 기술하고 있지만 문장에서는 점층관계를 나타내는 연결 성분 而且가 쓰이고 있으므로 而且 대신 然后를 사용해야 한다. 예문③의 近来考虑结婚的年轻人越来越少와 有人跟爱人结了婚은 병렬관계를 나타내지 않으므로 병렬관계를 나타내는 同时가 아닌 전환을 나타내는 虽然을 사용하는 것이 적합하다. 那么는 한국어로 '그렇다면'으로 해석되는데 한국어의 '그렇다면'은 앞의 내용을 종합하거나 자신의 견해를 밝힐 때 사용할 수 있다. 중국어에서는 앞의 내용을 종합하거나 자신의 견해를 밝힐 때 下面을 사용하므로 예문④는 那么가 아닌 下面을 사용해야 한다.

8. 명사 앞 수량 성분의 누락 오류

예문

오류문:

① *爸爸在石头上坐着一边抚摸儿子, 一边跟儿子聊天儿。儿子也靠在爸爸的腿上仔细听。这时候, **黑黑的小老鼠**也发现了胖胖的米。

② *就在这时, **又黑又瘦的小老鼠**, 像朝气蓬勃、可爱的孩子一样, 托着腮, 抬头盯着在高处的米花, 馋得直咽唾沫。

③ *可是, 这时**小动物**偷偷过来了, 好像要来偷吃米。

④ *中午的时候, **胖胖的小孩儿**走进了教室。

정문:

⑤ 爸爸在石头上坐着一边抚摸儿子, 一边跟儿子聊天儿。儿子也靠在爸爸的腿上仔细听。这时候, **一只黑黑的小老鼠**也发现了胖胖的米。

아빠가 돌 위에 앉아서 아들을 어루만지면서 아들과 이야기를 나누었다. 아들도 아빠의 다리에 기대어 잘 듣고 있었다. 이때 새까만 생쥐 한 마리도 통통한 쌀을 발견하였다.

⑥ 就在这时, **一只又黑又瘦的小老鼠**, 像朝气蓬勃, 可爱的孩子一样, 托着腮, 抬头盯着在高处的米花, 馋得直咽唾沫。

바로 이때 검고 마른 생쥐 한 마리가 마치 생기발랄하고 귀여운 아이처럼 볼을 받치고는, 머리를 들어 높은 곳에 있는 쌀과자를 주시하면서 먹고 싶어 연신 군침을 삼켰다.

⑦ 可是, 这时**一只小动物**偷偷过来了, 好像要来偷吃米。

그러나 그때 작은 동물 한 마리가 몰래 다가왔는데 마치 쌀을 훔쳐 먹으려는 듯했다.

⑧ 中午的时候, **一个胖胖的小孩儿**走进了教室。

점심 때 통통한 한 아이가 교실로 걸어 들어왔다.

예문①-④의 주어 黑黑的小老鼠, 又黑又瘦的小老鼠, 小动物, 胖胖的 小孩儿은 모두 비한정적인 대상을 가리킨다. 중국어에서 비한정적인 대상은 일반적으로 수량구의 수식을 받으므로 위의 명사구 앞에 수량구 一只나 一个를 첨가해야 한다. 한국어의 명사 앞에는 일반적으로 수량구를 사용하지 않으므로 학습자들이 중국어의 명사 앞 수량구를 누락시키는 오류가 자주 발생한다.

9. 지시 성분의 오류

예문

오류문:

① *这幅画里的两只狗, 它们虽然是一样的大小, 但一只狗看的是会让自己变大的镜子, **一只别的狗**看的是会让自己变小的镜子。

② *两只狗**各自走别的路**时, 碰到了两个很大的镜子。一只狗看到镜子里比自己更大的摸样, 感到很自信, 而**别的一只狗**看到比自己还小的样子, 感到很沮丧。

③ *爸爸边闭眼睛, 边享受自然。但突然, **谁**抓住了他的一只手, 他吃惊地睁着眼睛看。

④ *外面突然下雨了, 他拿起了**谁**的雨伞就出门了。

정문:

⑤ 这幅画里的两只狗, 它们虽然是一样的大小, 但一只狗看的是会让自己变大的镜子, **另一只狗**看的是会让自己变小的镜子。

이 그림 속의 두 마리 강아지는 비록 같은 크기이지만 한 마리가 본 것은 자신이 커 보이는 거울이고 다른 한 마리가 본 것은 자신이 작아 보이는 거울이다.

⑥ 两只狗**走各自的路**时, 碰到了两个很大的镜子。一只狗看到镜子里比自己更大的摸样, 感到很自信, 而**另一只狗**看到比自己还小的样子, 感到很沮丧。

두 마리의 강아지가 각자의 길을 가다가 우연히 큰 거울 두 개를 보게 되었다. 한 마리는 거울에서 자신보다 훨씬 큰 모습을 보게 되어 매우 자신만만해졌고, 다른 한 마리는 자신보다 더 작아진 모양을 보고 풀이 죽었다.

⑦ 爸爸边闭着眼睛，边享受自然。但突然，**有人**抓住了他的一只手，他吃惊地睁着眼睛看。

아빠는 눈을 감은 채 자연을 느끼고 계셨다. 그런데 갑자기 어떤 사람이 아버지의 한 손을 잡았고 아버지는 놀라 눈을 뜨고 쳐다보았다.

⑧ 外面突然下雨了，他拿起了**某个人**的雨伞就出门了。

밖에 갑자기 비가 내려서 그는 누군가의 우산을 들고 문을 나섰다.

분석

예문①의 一只别的狗는 중국어에서 사용하지 않는 표현이므로 另一只狗를 사용해야 한다. 예문②의 各自走别的路와 别的一只狗도 각각 走各自的路와 另一只狗로 표현하는 것이 적합하다. 또한 비한정적인 대상을 나타내는 谁는 평서문에서 일반적으로 주어나 관형어로 쓰일 수 없다. 따라서 예문③의 주어 谁는 有人으로, 예문④의 관형어 谁는 某个人으로 고쳐야 바른 표현이 된다. 谁는 한국어로 '누구'나 '누가'로 번역할 수 있는데 한국어의 '누구'나 '누가'는 중국어의 谁, 有人, 某个人의 용법을 모두 가지고 있다. 학습자들이 이들의 용법 차이를 제대로 구분하지 못하여 위와 같은 오류가 자주 발생한다.

包丹凤 2012 基于语料的韩国学生汉语语篇衔接手段缺失研究, 华东师范大学硕士学位论文。

边美仙 2012 中高级阶段韩国留学生动态助词'着'的偏误分析, ≪语文知识≫ 第1期。

卞知美 2012 韩国留学生动态助词'着'的习得情况考察, 夏旦大学硕士学位论文。

曹秀玲 2000 韩国留学生汉语语篇指称现象考察, ≪世界汉语教学≫ 第4期。

程誉萱 2013 韩国留学生习得汉语虚词'了'的偏误分析, ≪语文学刊≫ 第7期。

高鲜菊 2010 留学生汉语语篇偏误研究综述, ≪邵阳学院学报≫(社会科学版) 第2期。

华 相 2009 韩国留学生习得介词'给'的偏误分析及教学对策, ≪暨南大学华文学院学报≫ 第1期。

黄玉花 2005 韩国留学生的篇章偏误分析, ≪中央民族大学学报≫(哲学社会科学版) 第5期。

金道荣 2010 '把'字句语序上的'乱插队'特点及其教学策略, ≪云南师范大学学报≫(对外汉语教学与研究版) 第1期。

金英实 2007 非受事把字句与韩国语相关范畴的对比, ≪解放军外国语学院学报≫ 第3期。

贾晓露 2011 基于语料库的韩国学生'被'字句偏误分析, ≪文教资料≫12月号中旬刊。

蒋辰超 2012 韩国留学生'是……的'句习得及相关偏误分析, 苏州大学硕士学位论文。

靳丽君 2011 韩国留学生使用介词'在'的偏误分析, ≪中山大学研究生学刊≫(社会科学版) 第4期。

李大忠 1996 ≪外国人学汉语语法偏误分析≫, 北京：北京语言大学出版社。

刘月华, 潘文娱, 故 韡 2001 ≪实用现代汉语语法≫(增订本), 北京：商务印书馆。

吕叔湘 1999 ≪现代汉语八百词≫(增订本), 北京：商务印书馆。

刘辰洁 2002 对韩国留学生'一点儿'和'有点儿'的偏误分析, ≪齐齐哈尔大学学报≫(哲学社会科学版) 第6期。

刘 瑜 2010 韩国留学生汉语持续体'V着'的习得考察, ≪语言教学与研究≫ 第4期。

柳英绿 1999 ≪朝汉语语法对比≫, 延吉：延边大学出版社。

柳英绿 2000 朝汉语被动句对比-韩国留学生'被'动句偏误分析, ≪汉语学习≫ 第6期。

荣 虹 2008 韩国留学生程度副词使用偏误分析, ≪江西教育学院学报≫(综合) 第3期。

宋珉映 2010 关于韩国学生习得'还'的几点思考：从沐浴的干扰谈起, ≪黑龙江民族丛刊≫ 第5期。

王海峰 2011 ≪国别化：对韩汉语教学法(上)≫, 北京：北京大学出版社。

肖奚强 2008 ≪汉语中介语语法问题研究≫, 北京：商务印书馆。

徐箐玉 2009 韩国学生'比'字句偏误分析, 北京语言大学硕士学位论文。

徐丽华、谢仙丹 2009 韩国留学生习得'了'的偏误分析及教学对策, ≪浙江师范大学学报≫(社会科学版) 第2期。

杨德峰 1999 也说'时间'和'时候', ≪中国语研究≫(日本) 第41号。

杨德峰 2003 朝鲜语母语学习者趋向补语习得情况分析, ≪暨南大学华文学院学报≫ 第4期。

杨德峰 2008≪日本人学汉语常见语法错误释疑≫, 北京：商务印书馆。

杨德峰 2009 ≪对外汉语教学核心语法≫, 北京：北京大学出版社。

杨德峰 2012 朝鲜语母语学习者复合趋向补语引申义习得情况分析,≪语言学研究≫ 第10辑。

杨德峰, 弓耀楠, 姚 骏 2015 韩国学生动态助词'了'的偏误发展及产生原因分析, ≪海外华文教育≫ 第4期。

张武宁 2007 韩国留学生'把'字句习得研究, 南京师范大学硕士学位论文。

郑巧斐, 胡洪显 2009 韩国留学生三种否定比较句式的习得研究, ≪云南师
　　范大学学报≫(对外汉语教学与研究版) 第1期。

周文华 2013 韩国学生不同句法位'在+处所'短语习得考察, ≪华文教学与
　　研究≫ 第4期。

▎보충설명 찾아보기 ▎

B

比较句 비교문

宾语 목적어

并列关系 병렬관계

补语 보어

不及物动词 자동사

C

陈述句 평서문

程度副词 정도부사

程度补语 정도보어

重叠 중첩

抽象名词 추상명사

处置 처치

存在句 존재문

错序 어순오류

D

搭配 결합관계

代词 대명사

单数 단수

单音节 일음절

递加关系 첨가관계

递进关系 점층관계

定语 관형어

定指 한정성, 한정지시

动宾结构 동목구조(동사 - 목적어 구조)
动补结构 동보구조(동사 - 보어 구조)
动词(短语) 동사(구)
动态助词 동태조사
多项定语 다항관형어

F
反义词 반의어
泛指 비한정, 일반지시
方位词 방위사
分句 (선행/후행)절
否定 부정
否定副词 부정부사
补助动词 보조동사
负迁移 부정적 전이
复合趋向补语 복합방향보어
复数 복수
副词 부사

G
概数 어림수
感叹句 감탄문
固定短语 관용구
关联副词 접속부사
光杆动词 원형동사
过去时 과거시제

H
后时性 후시성
话题 화제

及物动词　타동사
给予动词　수여동사
假设句　가정문

J
假设让步　가정양보
假设条件句　가정조건문
间接宾语　간접목적어
兼语句　겸어문
简单趋向补语　단순방향보어
结果补语　결과보어
介宾短语　전치사 - 목적어 구
介宾补语　전치사 - 목적어 보어
介词　전치사(개사)
近指　근거리지시
句式　특수문장형식
句尾　문미
句型　문장형식
句子成分　문장성분

K
可能补语　가능보어
空间连接成分　공간연결성분
口语　구어

L
类推泛化　과잉일반화
离合词　이합사
连词　접속사
连动句　연동문

数词 수사
数量补语 수량보어
数量成分 수량성분
数量短语 수량구
双宾语 이중목적어
双音节 이음절

T
特指问句 의문사의문문
添加 추가오류
同时性 동시성

W
谓语 술어
谓语动词 술어동사
未知 미지정보, 신정보
误代 대체오류
误加 추가오류
误用 대체오류, 사용오류

X
限定 한정
先时性 선시성
先行语 선행어
象声词 의성어
心理动词 심리동사
信息量 정보량
形容词 형용사
形容词重叠式 형용사중첩식
形容词短语 형용사구

性质形容词 성질형용사
修饰成分 수식성분
选择问句 선택의문문

Y
遗漏 누락오류
疑问代词 의문대명사
疑问句 의문문
已知 기지정보, 구정보
语气副词 어기조사
语素 형태소
远指 원거리지시

Z
杂糅 혼합오류
正反问句 정반의문문
直接引语 직접인용
指称成分 지칭성분
指代形式 지시형식
指示代词 지시대명사
中心语 중심어
重读 강세
周遍主语 총칭주어, 편재성주어
主谓短语 주술구
助动词 조동사
助词 조사
转折关系 전환, 역접관계
状态形容词 상태형용사
状语 부사어

한국인이 자주 틀리는
중국어 문법 오류 분석

1판 1쇄 발행 2018년 5월 5일
1판 2쇄 발행 2020년 2월 20일

원   제 韩国人学汉语常见语法错误释疑
지 은 이 양더펑(杨德峰)·야오쥔(姚駿)
옮 긴 이 심소희·김태은·박지영·이소림·김지영
펴 낸 이 김진수
펴 낸 곳 한국문화사
등   록 1991년 11월 9일 제2-1276호
주   소 서울특별시 성동구 광나루로 130 서울숲IT캐슬 1310호
전   화 02-464-7708
팩   스 02-499-0846
이 메 일 hkm7708@hanmail.net
홈페이지 www.hankookmunhwasa.co.kr

책값은 뒤표지에 있습니다.

ISBN 978-89-6817-628-9 93720

이 도서의 국립중앙도서관 출판예정도서목록(CIP)은 서지정보유통지원시스템
홈페이지(http://seoji.nl.go.kr)와 국가자료공동목록시스템(http://www.nl.go.kr/kolisnet)에서
이용하실 수 있습니다.(CIP제어번호: CIP2018012735)